Dagmar Bojdunyk-Rack/Birgit Jellenz-Siegel/Monika Prettenthaler/Silvia Tuider
(Hg.: im Auftrag des Bundesvereins RAINBOWS)

... UND WAS IST MIT MIR?

Kinder im Blickpunkt bei Trennungs- und Verlusterlebnissen

Dagmar Bojdunyk-Rack/Birgit Jellenz-Siegel/Monika Prettenthaler/Silvia Tuider
(Hg.: im Auftrag des Bundesvereins RAINBOWS)

... UND WAS IST MIT MIR?

Kinder im Blickpunkt bei Trennungs- und Verlusterlebnissen

2. Auflage: 2005

SV

Steirische Verlagsgesellschaft

Gefördert durch das
Bundesministerium für soziale Sicherheit und Generationen

Im Auftrag von:
Bundesverein RAINBOWS – »Für Kinder in stürmischen Zeiten«, Graz

Satz: Werbeagentur RoRo + Zec
Gesamtherstellung: Steirische Verlagsgesellschaft m. b. H.
Druck: Druckerei Theiss GmbH

ISBN 3-85489-051-6

Grußwort

Im Laufe unseres beruflichen Werdegangs begegnen wir vielen Menschen, denen wir wichtige Erkenntnisse und Einsichten verdanken, ohne uns später an alle diese Begegnungen noch erinnern zu können. Manchmal aber geschieht es, dass sich ein einzelner Satz unauslöschbar ins Gedächtnis einprägt und zu einer Leitlinie des eigenen Handelns wird. Einer meiner Lehrer war der große Kinderanalytiker Rudolf Eckstein, und er schenkte mir einen solchen Satz: »*Das Wichtigste in einer Kinderpsychotherapie*«, sagte er, »*ist, mit dem Kind eine gemeinsame Sprache zu finden*«. Mit »Sprache« meinte er nun durchaus nicht in erster Linie Sprache im engeren Sinn, also gesprochene Sprache, sondern eine symbolische, auf der das Kind seine bewussten wie unbewussten Probleme, Gedanken, Fantasien und Gefühle auszudrücken vermag, die aber auch vom Therapeuten »beherrscht« wird, sodass er das Kind verstehen und seinerseits mit ihm kommunizieren kann.

Nun wird in den RAINBOWS-Gruppen zwar nicht Psychotherapie gemacht, und Kinder, die unter Trennungserlebnissen leiden, sind auch nicht entwicklungsgestört oder neurotisch: Kinder *müssen* auf die Trennung ihrer Eltern reagieren (und wenn sich keinerlei Veränderung sehen lässt, heißt das lediglich, dass sie ihre Irritation nicht zeigen), doch sind diese Reaktionen für die Wiedererlangung des psychischen Gleichgewichts wichtig und ein Ausdruck psychischer Gesundheit. Und doch haben Kinder mit Trennungs- und Verlusterlebnissen mit den neurotischen Kindern, die in eine Psychotherapie gehen, etwas gemeinsam: sie verfügen über keine »Sprache«, mit der sie ihr Leid und ihre Not ausdrücken könnten. Bei den Psychotherapie-PatientInnen liegt das daran, dass die bedrängenden Gedanken, Wünsche und Gefühle verdrängt werden; bei den Kindern mit Trennungs- und Verlusterlebnissen liegt der Grund für die »Sprachlosigkeit« an der *Unbegreiflichkeit* dessen, was passiert ist.
Eine der wichtigsten Funktionen der RAINBOWS-Gruppen besteht nun aber darin, jenes Unbegreifliche über Zeichnen, Spielen, Geschichten und Gespräche begreifbar zu machen, also eine (oder mehrere) »Sprache(n)« zu

finden, in welcher die Kinder das, was sie bewegt, symbolisch darstellen können.

Das nimmt Druck, ermöglicht das innere Chaos zu ordnen und das, was vorher nur blinder Affekt war, nun anschauen und vernünftig einschätzen zu können. Natürlich darf man die Möglichkeiten von Gruppen wie RAINBOWS auch nicht überschätzen. Die Realisierung der Chancen, die jede Trennung einer nicht mehr funktionierenden Partnerschaft für die langfristige Entwicklung des Kindes in sich birgt, liegt in allererster Linie in den Händen der Eltern, weshalb die Beratung der *Eltern* in den meisten Fällen wohl die wichtigste professionelle Hilfe für die Kinder darstellt. Ebenso aber darf die spielpädagogische Arbeit mit den Kindern selbst nicht unterschätzt werden: Die Verwirrung kann sich verringern; die Ängste können zwar nicht genommen werden, aber durch den Wegfall irrationaler Fantasien oder dadurch, dass die Gefahren realistischer gesehen werden, gemildert werden; das Verstehen der eigenen Gefühle lindert den Schrecken vor dem, was sich im eigenen Innern tut; und die gewonnene Fähigkeit, sich auch sprachlich (im engeren Sinn) ausdrücken zu können, erleichtert auch den Eltern, ihr Kind zu verstehen und auf es einzugehen. Damit kann die Arbeit der RAINBOWS-Gruppen das Bemühen der Eltern, ihren Kindern bei der Bewältigung der Trennung zu helfen, entscheidend unterstützen und erleichtern, und bei Kindern, die von den Eltern die notwendige Unterstützung nicht bekommen, den Schaden zumindest begrenzen.

Die RAINBOWS-Bewegung hat sich in nur wenigen Jahren erstaunlich entwickelt. Meines Wissens existieren heute in Österreich bereits über 190 Gruppen pro Jahr. Damit haben die InitiatorInnen, GestalterInnen und MitarbeiterInnen ein Werk im Dienste der Kinder geschaffen, das Anerkennung und Bewunderung verdient.
Und natürlich die herzlichsten Glückwünsche zum 10. Geburtstag!

Univ.-Dozent Dr. Helmuth Figdor

Dearest Austrian Colleagues,

Happy Anniversary!

So many healing years have passed with Austria and America working side by side to bring healing and hope into the families who are hurting. Austria has been faithful to RAINBOWS, its mission, and its philosophy. And it hasn't been easy. As with any services of care, the hours are long, the struggles can be discouraging ... but the rewards are always present in the faces of the children. The joy of giving is not in the gift but in the hope it brings.

It seems like only yesterday we all were sitting around the table planning and creating the implementation of RAINBOWS across the country. In spite of language and custom barriers, we were able to bring a shared dream into a reality. The extra blessings have the friendships that have formed as well.

Thank you one and all for the faithfulness you have given to the bereaved in Austria.

There are so many individuals who were instrumental to the successes – thank you! A special word of gratitude to Fr. Rudy Kutschera who was the first person to bring RAINBOWS to Austria and to Beate Kopp-Kelter & Birgit Jellenz-Siegel who have been active through all of these 10 years!

My love and gratitude,

Suzy Marta, Founder & President (Chicago/USA)

Inhaltsverzeichnis

Einführung zur 2. Auflage

Seit 1991 nimmt RAINBOWS in Österreich mit seiner Arbeit die Situation von Kindern und Jugendlichen, die Trennung/Scheidung der Eltern oder den Tod eines Elternteils bzw. einer nahen Bezugsperson erlebt haben, ausdrücklich in den Blick.

Im vorliegenden Buch werden in möglichst umfassender Weise verschiedene Facetten der Befindlichkeit von Kindern und Jugendlichen bei familiären Trennungs- und Verlusterlebnissen dargestellt.

In der Konzeption war es uns wichtig, ein Forum zu bieten, das einerseits unseren systemischen Ansatz zum Ausdruck bringen möchte und das andererseits, unterschiedliche Blickwinkel vernetzen und zusammenschauen, aber keineswegs verwischen möchte.

Im ersten Teil des Buches laden anerkannte Fachleute, die sich seit Jahren intensiv mit der Situation von Kindern und Jugendlichen nach Trennung/Scheidung oder dem Tod eines Elternteils beschäftigen, zur Auseinandersetzung mit der Thematik ein.

VertreterInnen aus der psychosozialen, pädagogischen, therapeutischen, juridischen und medizinischen Arbeit mit Kindern, stellen im zweiten Teil aus ihrer jeweiligen beruflichen Sicht dar, wie sie Kinder und Jugendliche nach familiären Verlusterfahrungen erleben.

Mit den Beiträgen von Personen, die persönlich von Trennung/Scheidung oder Tod betroffen sind, soll im dritten Teil des Buches neben der theoretischen Reflexion auch konkreten Zugängen Raum gegeben werden. Diese Texte stellen so etwas wie eine Brücke zur tatsächlichen Arbeit von RAINBOWS dar.

Der vierte Teil möchte den LeserInnen einen möglichst umfassenden Einblick in Leitbild und Ziele, Konzeption, Weiterentwicklungen und Hintergründe der Begleitung von Kindern und Jugendlichen ‚in stürmischen Zeiten' und verschiedene Aspekte aus der Praxis der Arbeit in den Gruppen bieten. All das ermöglicht ein vertieftes Kennenlernen jener grundlegenden Orientierungen und Haltungen, von denen die RAINBOWS-Arbeit geprägt ist.

Die Bilder und Aussagen von Kindern und Jugendlichen, die das Buch bunt machen, wollen keineswegs nur ‚Illustrationen' der theoretischen Auseinandersetzung sein. Vielmehr soll durch sie dem Erleben, den Erfahrungen und den Sichtweisen der Kinder und Jugendlichen auch in dieser Publikation jener Platz gegeben werden, den die kindlichen Zugänge in der praktischen Arbeit von RAINBOWS einnehmen.

Allen AutorInnen danken wir herzlich für Ihre kompetente und engagierte Mitarbeit, besonders danken wir jenen, die aus ihrem persönlichen Betroffensein Einsicht in die Thematik vermitteln.

Liebe Leserin! Lieber Leser!
Wir laden Sie mit diesem Buch ein, die Situation von Kindern und Jugendlichen nach der Trennung/Scheidung ihrer Eltern oder dem Tod eines Elternteils (neu) zu sehen. Wir möchten durch das Aufzeigen verschiedener Zugangsweisen sowohl potentielle Konfliktfelder als auch den Blick für Chancen öffnen und Sie dazu motivieren, dass Sie sich als Personen, die im beruflichen Kontext Kinder und Jugendliche begleiten, als Eltern oder nahe Bezugspersonen, immer wieder von der Frage »... und was ist mit mir?« betreffen und herausfordern lassen.

Dagmar Bojdunyk-Rack, Birgit Jellenz-Siegel, Monika Prettenthaler, Silvia Tuider

TRENNUNG/SCHEIDUNG/TOD
... IM ERLEBEN DER KINDER

Birgit Jellenz-Siegel

Wie Kinder die Trennung oder Scheidung ihrer Eltern erleben

Reaktion auf Irritation

Für Kinder oder Jugendliche, die es gewohnt waren, mit Mutter und Vater zusammenzuleben, bedeutet die Trennung bzw. Scheidung ihrer Eltern – zumindest mittelfristig – den Zusammenbruch ihrer vertrauten Welt.

Die Entscheidung ihrer Eltern konfrontiert sie mit einer für sie fremden Lebenssituation – verbunden mit Veränderungen in vielen Bereichen. Bei den Kindern führt dies zu einer starken *Irritation*, die Psyche des Kindes oder Jugendlichen gerät in ein Ungleichgewicht, seine Welt gerät aus den Fugen.

Grundsätzlich besitzen Kinder die Fähigkeit, mit dieser Irritation – dieser Krise – umzugehen. Sie *reagieren* auf unterschiedlichste Weise – entsprechend ihrer Persönlichkeit, ihres Alters und ihrer Ressourcen, wobei die Reaktionen unterschiedlichste Ausprägungen besitzen können. Die dabei benötigte Unterstützung von Seiten der Eltern ist umso größer, je stärker diese die kindlichen Reaktionen *erwarten* anstatt *befürchten*. Das ist dann möglich, wenn es den Eltern gelingt, die Haltung der »verantworteten Schuld«[1] einzunehmen, die etwa so lauten könnte:

»Wir sehen keine andere Perspektive für unsere Paarbeziehung und entscheiden uns für eine Trennung. Wir wissen, dass wir unserem Kind/unseren Kindern im Moment großes Leid zuführen – glauben aber, dass diese Entscheidung langfristig besser für uns alle ist. Auf unser(e) Kind(er) kommt Schwieriges zu und wir nehmen die Verantwortung auf uns!«

[1] Figdor, 1997.

Erleben der Kinder

Trennungen können noch so unterschiedlich ablaufen und unterschiedlich lange dauern, aber eines ist für uns Erwachsene klar: Die Entscheidung spielt sich auf der Ebene der Erwachsenen ab, die Entstehung und Entwicklung einer Beziehung liegt in der Verantwortlichkeit der Erwachsenen – daher auch ihre Trennung! Deshalb gibt es auch keine direkte Beteiligung der Kinder.

Für die mit beteiligten Kinder ist dies keinesfalls so! Sie entwickeln ihre eigene Sichtweise, eine »kindliche Perspektive« von der Trennung ihrer Eltern.

Schon sehr früh im Trennungsprozess (früher als wir Erwachsene es glauben wollen) nehmen Kinder die veränderte familiäre Atmosphäre wahr. Sie sind bei Auseinandersetzungen dabei, oft sogar beginnt ein Streit »ihretwegen«, wenn es um die Erhöhung des Taschengeldes geht oder wenn über Schulleistungen diskutiert wird. Auch wenn der Trennungsprozess »ruhig« vor sich geht, spüren Kinder mit ihrem feinen Sensorium die veränderten Vorzeichen: die bedrückende Stimmung beim Abendessen, die Abnahme der gemeinsamen Aktivitäten, das versiegende Gespräch.

Informationen bringen Klarheit

Gleichzeitig sind Eltern sehr bemüht, ihren Kindern »soviel wie möglich zu ersparen«. Dies veranlasst sie dazu, ihnen eine bestimmte Zeit lang noch nichts von den familiären Veränderungen zu erzählen. Um sie nicht zu verwirren und um sie bei ihrer Wahrnehmung zu unterstützen, kann man für die Kinder in Worte fassen, was diese *ahnen* und ihnen erzählen, in welcher Situation die Familie sich befindet. Für Kinder ist es wichtig zu erkennen: »Was ich spüre, ist richtig!« Dadurch bleibt kaum Raum für Fantasien und Folgerungen, die sonst lange unwidersprochen mitgeschleppt werden. Auch die Möglichkeit, aktiv Fragen zu stellen und sich wichtige Informationen zu holen, wird für Kinder dadurch erleichtert.

Sobald Kinder die nötigen Informationen besitzen, können sie beginnen, die Veränderungen in ihrer Lebenssituation schrittweise einzuordnen und zu verstehen. Es wird ihnen ermöglicht, aktiv an der Bewältigung ihrer Situation mitzuarbeiten; und dazu sind sie ohne weiteres in der Lage!

Begleitung durch das Gefühlschaos

Da die Kinder ein Teil ihrer Familie sind, und sich auch so fühlen, beginnen sie, ihre »Mitbeteiligung« zu suchen: Welches Verhalten, welche Situation dazu geführt haben könnte, dass die Eltern sich so verändert haben. Sie machen sich auf die Suche, und glauben auch bald fündig geworden zu sein (z. B.: »Weil meine Englischschularbeit negativ ist.«, »Weil ich nicht gefolgt habe.«).

Die Erfahrung zeigt, dass fast alle Kinder überzeugt sind von ihrer »Beteiligung« an der Trennung ihrer Eltern wobei es in Folge zur Entwicklung von – zum Teil massiven – Schuldgefühlen kommt.

An allem beteiligt zu sein bedeutet gleichzeitig, für vieles die Verantwortung zu tragen. Wenn man sich aber für etwas verantwortlich macht, was letztlich auseinander bricht (so wie die Beziehung der Eltern), liegt das Gefühl, daran schuld zu sein, sehr nahe.

Mit Unterstützung der Eltern oder auch angeregt in pädagogischen Kindergruppen kann aber jetzt ein Prozess beginnen, der nicht nur äußerst wichtig für die Entwicklung der kindlichen Persönlichkeit ist, sondern auch entscheidend zur Verarbeitung der Situation beiträgt: *zu erkennen, dass das eigene Wirken und Handeln Grenzen hat.* Das Kind kann sich im Laufe seiner Entwicklung schrittweise mit Situationen und Entscheidungen vertraut machen, die nicht in seinem Einflussbereich liegen – dazu gehört eben die Entscheidung der Eltern, sich zu trennen! So lernt es, sich keinesfalls für die Trennung der Eltern verantwortlich zu fühlen und somit auch keine Schuld zu tragen[2].

Weitere Unterstützung kann durch Signale, wie »ich bin für dich da« und »du kannst zu mir kommen, wenn du Sorgen hast« sowie durch gemeinsam verbrachte Zeit gegeben werden. Auch Gespräche oder Austauschmöglichkeiten mit gleichaltrigen Kindern, die Ähnliches erlebt haben (z. B. in einer pädagogischen Kindergruppe), empfinden die betroffenen Kinder als große Bereicherung und wertvolle Unterstützung, um mit dieser schwierigen Lebenssituation besser zurechtzukommen.

Gleichzeitig ist es wesentlich für das Kind, zu erkennen: »Was kann ich bewirken, wofür bin ich verantwortlich« (Schulaufgaben, Ordnung im Zimmer, Erledigung bestimmter häuslicher Aufgaben, ...), wo es durchaus – seinem Alter entsprechend – Verantwortung übernehmen kann.

Da das Kind für die Trennung nicht verantwortlich ist, ist es auch nicht in der Lage, die Wiederversöhnung der Eltern einzuleiten. Oft versuchen Kinder allerdings, das Geschehene rückgängig zu machen und aktiv an der Versöhnung der Eltern mitzuwirken. Sie werden z. B. krank, um beide Elternteile an ihr Krankenbett zu bringen, oder sie versuchen auf andere Weise ein Treffen zwischen beiden Elternteilen zu arrangieren.

Da diese Versöhnung nicht gelingt, erleben sie sich wiederum schuldig und fühlen sich als Versager (»Nachdem ich die Trennung meiner Eltern nicht verhindern konnte, ist mir auch die Wiederversöhnung nicht gelungen.«)

---

[2] Unterstützend dabei ist die elterliche Haltung der »verantworteten Schuld«, siehe Anmerkung[1].

Die Boxerei

WUT

Heina

Das dabei mitwirkende Gefühl des »Nicht-wahrhaben-Wollens« leitet aber bereits den Prozess des »Abschied-nehmens« ein. Und Kinder müssen von vielem Abschied nehmen: von einer vertrauten Beziehung, vom gewohnten Alltag, von bekannten Regeln u. v. m. Erst mit der Zeit sind sie in der Lage, zu erkennen, dass eine »neue« Beziehung zum weggegangenen Elternteil entstehen kann, dass ein veränderter Alltag vertraut werden kann und die neue Lebenssituation manche Verbesserungen mit sich bringen kann.

Kinder haben auch eine eigene Sichtweise davon, wer sich von wem trennt. Sie erleben es als großen *persönlichen* Verlust, wenn ein Elternteil plötzlich auszieht und empfinden die Trennung ihrer Eltern vorrangig als *Trennung von sich selbst*: »Mama/Papa hat *mich* verlassen!« Auch hier spielt das Gefühl der Mitbeteiligung eine Rolle: »Er/Sie *mag mich* nicht!«

Sie erleben oft zum ersten Mal in massiver Weise, dass sich ihre Eltern nicht nach *ihren* Bedürfnissen richten, sondern dass es Entscheidungen gibt, die Eltern treffen, ohne auf die Kinder zu achten bzw. sie zumindest mit einzubeziehen. Dies zu erkennen, ist sehr schmerzlich für die Kinder und führt zu großer Verwirrung. Ihre Position in der Familie wird plötzlich in Frage gestellt bzw. muss neu definiert werden.

So ist es nachvollziehbar, dass Kinder in ihrem Verhalten oft in eine Entwicklungsstufe zurückgehen, aus der sie gerade entwachsen sind. Sie benötigen plötzlich wieder Mithilfe bei den Hausaufgaben, wollen nicht mehr alleine im Kindergarten bleiben, der Schnuller wird wieder zum Einschlafen gebraucht oder die Windel kommt nochmals zum Einsatz. Das Kind signalisiert: »Ich brauche Sicherheit und Vertrautes um mich.« Gerade diese Veränderungen beim Kind erfordern von den Eltern Geduld und Gelassenheit in einer Zeit, in der sie selbst durch eine Lebenskrise gehen.

Oft wird von den Kindern Streit als Ursache für die Trennung gesehen. Aber es ist nicht der Streit, sondern es sind die fehlenden Versöhnungen danach, die ein zufriedenstellendes Zusammenleben nicht mehr möglich machen. So entwickeln Kinder Angst vor Konflikten und versuchen, keinen Anlass zum Streit zwischen den Eltern zu bieten, sie werden »brav, unauffällig« und ziehen sich zurück.

Diese neue, anfangs unbekannte Situation kann darüber hinaus beim Kind weitere Ängste und Fantasien auslösen. Da wäre zunächst einmal die Angst: »Wenn mein Papa mich verlassen hat, dann kann mich auch meine Mama verlassen.« Für ein Kind, das noch nicht weiß, dass sich Liebesbeziehungen zwischen Erwachsenen von denen zwischen Eltern und Kindern ganz wesentlich unterscheiden, ist diese Angst berechtigt und real. Daraus ist auch folgende Angst erklärbar, von dem fortgegangenen Elternteil nun nicht mehr geliebt zu werden (»Wenn du mich verlässt, kannst du mich nicht mehr so lieb haben.«). Darüber hinaus können sich weitere Ängste entwickeln, wie Angst vor dem Alleinsein, Angst vor einer Prüfung, Angst, Entscheidungen alleine zu treffen usw.

Ein Leben bei Mutter und Vater

Für Kinder beginnt nach der Trennung der Eltern ein Leben in zwei voneinander getrennten Welten. Sie müssen lernen, sich in »Mamas Welt« und in »Papas Welt« zurechtzufinden. Da sie aber beide lieben, geraten sie in einen massiven Loyalitätskonflikt. Sie spüren die mögliche Verunsicherung der Mutter, wenn ein Besuchswochenende beim Vater bevorsteht. Sie können erst beruhigt zum Vater gehen, wenn sie sich vergewissert haben, dass sie sich um die Mutter keine Sorgen zu machen brauchen. Auch den Vater nach einem Besuch alleine zurückzulassen, fällt ihnen zunächst schwer.

Für die Eltern ist es anfangs ebenfalls nicht leicht, die Besuchsregelung zu akzeptieren und zu fördern. Ist doch dies ein Schnittpunkt, wo man dem Vater/der Mutter des Kindes wieder (in irgendeiner Form) begegnet; und das gerade in der Zeit, in der man dabei ist, sich von dieser Frau/von diesem Mann zu lösen!

So wie es für die Eltern neu ist, ihre Kinder dem anderen Elternteil für eine bestimmte Zeit zu überlassen, so lernen Kinder, dass es o. k. ist, von einem zum anderen Elternteil zu wechseln und zu beiden eine Beziehung zu pflegen. Durch die Versicherungen der Eltern, dass die Kinder nach wie vor von beiden Elternteilen geliebt werden, dass auch sie beide Elternteile lieben dürfen und ausreichend Kontakt haben dürfen, kann sich dieser Konflikt verringern.

Und wenn Kinder sich der Liebe ihrer – getrennt lebenden – Eltern sicher sind, erleichtert dies die Bewältigung der vielfältigen Ängste und Sorgen maßgeblich und sie können sich erlauben, mit mehr Zuversicht und Hoffnung in die Zukunft zu gehen.

Literatur:

Dolto F., Scheidung – Wie ein Kind sie erlebt, Stuttgart 1993 (Klett-Cotta).
Figdor H., Kinder aus geschiedenen Ehen: zwischen Trauma und Hoffnung, Mainz 1991 (Grünewald).
Figdor H., Scheidungskinder – Wege der Hilfe, Gießen 1997 (Psychosozial).

AMAMAM
R.P
MaMa
PMRM

AdRiaNa

AD

Wie meine Mama
geschieden ist, habe
ich fest geweint!

Da ist es mir nicht gut
gegangen.

Jetzt geht's uns gut.

Adrianna
6 Jahre

Helmuth Figdor

Neue Familienformen
– und wie geht es den Kindern?

Zeiten überdauernde kulturelle Werke beziehen einen Gutteil ihrer Attraktivität daraus, dass in ihnen Erlebnismuster und psychische Regungen, die vielen Menschen gemeinsam sind, einen symbolischen Ausdruck finden können. Das gilt besonders bei literarischen Werken, aber auch der Oper, sogenannten Kultfilmen und (besonders) bei Märchen und guten Kinderbüchern.[3] Äußerlich zeigt sich der psychische Symbolreichtum daran, dass solche Werke immer wieder gesehen, gehört oder gelesen werden können/müssen. Unser Alltag ist wechselhaft. Personen, Ziele, Aufgaben und Bedürfnisse kommen und gehen; diese Geschichten jedoch drücken in symbolisch-sprachlicher Form aus, was uns mehr oder weniger unbewusst – jenseits bzw. »unterhalb« dieses Alltags, d. h. der sichtbaren Seite unseres Lebens, bewegt. In diesen Geschichten können wir solche Regungen unterbringen und symbolische Befriedigung erfahren, sie ermöglichen ein Stück Katharsis.

1. Triangulierte Objektbeziehungen[4]

Ein solches symbolisches Gesamtkunstwerk von unglaublicher Symbolisierungskraft ist die griechische Mythologie bzw. die ihr verbundene antike

---

[3] Siehe z. B. Bettelheim 1975/76, Figdor 1994.

[4] Unter »Objektbeziehungen« werden in der Psychoanalyse die »inneren Bilder" von den äußeren realen Beziehungen verstanden, die das Subjekt zu seinen »Objekten« (affektiv besetzte Bezugspersonen) unterhält. Diese inneren Bilder enthalten die subjektiven Niederschläge von Erfahrungen mit den Objekten, der eigenen Person sowie Fantasien über die beteiligten Personen und deren Beziehungen miteinander.

Tragödie. So verwundert es nicht, dass *Sigmund Freud* gerade der antiken Tragödie das Herzstück seiner Psychologie des Unbewussten entnahm: nämlich der *Ödipussage*. In ihr findet fast alles, was im Leben affektive Bedeutung hat, seinen Ausdruck:

- die Rivalität zwischen Männern (Vater – Sohn);
- die Ambivalenz von Liebe und Hass (Iokaste und Laios lieben ihren Sohn und verstoßen ihn; sie wollen ihn töten und inszenieren doch seine Rettung; Ödipus liebt Iokaste und hasst sie ...);
- der Konflikt von Trieb und Moral (Mutter-Sohn-Liebe vs. sexuelle Liebe);
- das Problem der Identität (Wer bin ich? Wer sind meine Eltern?);
- die Spannung zwischen gelebten und biologischen Familienbeziehungen, zugleich eine Metapher für die Spannung zwischen äußeren und inneren, bewussten und unbewussten Beziehungen;
- und die schicksalhafte Macht der unbewussten Leidenschaften (das Orakel) über unsere bewusste Lebensgestaltung.

Natürlich ergaben sich für Freud diese Eigentümlichkeiten der Psyche nicht als Resultat einer Interpretation der Ödipussage, sondern aus den Erfahrungen, die Freud in der Arbeit mit seinen PatientInnen (und in seiner Selbstanalyse) machte, durch welche sich ihm die besondere Dynamik, die dem Dreieck Vater-Mutter-Kind innewohnt sowie deren lebenslange Wirksamkeit offenbarte. (Das heißt, Ödipus ist nicht das »Vorbild« der psychoanalytischen Theorie, sondern natürlich nur eine *Metapher* – was mitunter verwechselt wird.)

Aber die Vater-Mutter-Kind-Triade ist nur die erste (außerdem kulturspezifisch bedingte) Form einer ganzen Reihe von Beziehungs-Dreiecken, die dem menschlichen Affektleben seinen sozialen Rahmen geben:

- Vater – Mutter – Kind
- Eltern – Kind – Erzieher/Lehrer/diverse Erwachsene
- Eltern – Kind – andere Kinder
- Eltern – Kind/Jugendlicher – Freunde/Partner
- Mann – Frau – Eltern
- Mann – Frau – Beruf
- Mann – Frau – Nebenbuhler/in
- Mann – Frau – Kind
- Eltern – Kind – Gesellschaft
- Individuum – Angehöriger/Mitglied/Zugehöriger – Außenfeind/Fremder

Betrachtet man diese Beziehungskonstellationen lediglich von außen – etwa unter dem Aspekt der sozialen Rolle – könnte die Betonung der Dreieck-Struktur als willkürliche Abstraktion erscheinen, denn ebensogut ließen sich Reihen von Vier- oder Fünfecken konstruieren. Nicht jedoch, wenn es sich um die psychischen Repräsentanzen dieses Beziehungsgeflechts handelt, also um die inneren Bilder von Beziehungen (»Objektbeziehungen«): Innerpsychisch ist die »Triangulierung der Objektbeziehungen« oder, anders ausgedrückt, das Dreieck als verinnerlichtes Beziehungsmuster die »strukturelle« Voraussetzung dafür, dass ein Individuum in die Lage kommt, die – immer wieder auch konflikthafte – Komplexität sozialer Beziehungen zu integrieren. Jede befriedigende, förderliche, d. h. das Subjekt nicht überfordernde und Autonomie zulassende Beziehung setzt voraus

- die Existenz einer Geborgenheit vermittelnden Dyade[5];
- die Fähigkeit, zu mehr als einer Person (»Objekt«) gleichzeitig eine affektive Beziehung zu unterhalten, selbst wenn das Subjekt im Augenblick mit nur einem der Objekte verkehrt;
- die Fähigkeit, es zu ertragen, (vorübergehend) aus dem Dreieck ausgeschlossen zu werden, also von der Zentralposition selbst zum (ausgeschlossenen) »Dritten« zu werden, ohne den affektiven Kontakt zu den Objekten und hier besonders das Gefühl der sicheren Bindung zum dyadischen Objekt zu verlieren.
- Schließlich ist zu bedenken, dass jede Objektbeziehung in ein oder mehrere Objektbeziehungsdreiecke eingebunden ist und durch den jeweiligen »Dritten« eine besondere Bedeutungsdimension erhält, was heißt, dass sich letztlich auch das Subjekt selbst triangulär definiert[6] , eine Voraussetzung etwa für die Fähigkeit, sich in unterschiedlichen sozialen Rollen realitätsgerecht zu bewähren.

2. Die Bedeutung triangulierter Objektbeziehungen für die psychische Entwicklung

In unserer Kultur wird das erste Objektbeziehungs-Dreieck über der um den Vater erweiterten Kind-Mutter-Dyade aufgebaut. Es erleichtert dem Kind die Lösung aus der frühen »symbiotischen Beziehung« mit der Mutter, das Empfinden und Ausdrücken von Aggression, das Ertragen bzw. Überwinden von Trennungs- und Vergeltungsängsten, das Aushalten von Ambivalenz und die Unterscheidung zwischen eigenen und fremden Affekten und Fantasien, das Konkurrieren; es ermöglicht Schutz vor beängstigender Nähe, die Kompensation

---

[5] Bowlby spricht von der ungefährdeten Bindung.
[6] So definiere ich mich z. B. in der Triade, die ich mit meinem Kind und meiner Frau bilde anders als in der Triade, die sich zwischen mir, meiner Familie und meinem Vorgesetzten ergibt.

von Defiziten in der Beziehung zum einen oder anderen Objekt, fördert die geschlechtliche Identitätsbildung, erleichtert die Beherrschung der (v. a. destruktiven) Affekte, die Wahrung eines Gleichgewichts zwischen regressiven und progressiven Strebungen, erhöht das Selbstvertrauen und das Vertrauen in die Chancen der eigenen Entwicklung.[7]

Dabei geht es jedoch nicht nur um den Gewinn von Sicherheit und Autonomie innerhalb der »ödipalen« Beziehungen der Kernfamilie, sondern jeder dieser Entwicklungsschritte erleichtert dem Kind auch neue Objekte zu erobern, z. B. ErzieherInnen, LehrerInnen, FreundInnen etc. So wie der Vater zuerst *als Anderer* sich der Objektbeziehung zur Mutter gegenüberstellte, nehmen diese Position »des Anderen«, »des Dritten« nun die neuen Objekte gegenüber der Objektbeziehung zu *den Eltern* ein.[8]

3. Kernfamilie versus neue Familienformen

Die Triangulierung wurde hier als innerpsychischer Prozess gefasst. Es versteht sich aber von selbst, dass es hierzu auch eines entsprechenden äußeren Beziehungsangebotes bedarf. Fehlt der Vater (Alleinerzieher-Familien) oder geht er durch Tod, Trennung oder Scheidung verloren, kann auch der innere Triangulierungsprozess nicht stattfinden oder wird erschwert, gestört oder aufgehalten, was Entwicklungsbeeinträchtigungen, soziale Anpassungsschwierigkeiten und pathologische Bildungen nach sich ziehen kann.[9]

Heißt das nun, dass, vom Standpunkt einer gesunden psychischen Entwicklung der Kinder her gesehen, die Kernfamilie (bzw. ihre Erhaltung) gegenüber Trennung/Scheidung oder alternativen Familienformen als absolut überlegene Lebensform zu bewerten ist?

Aus (mindestens) zwei Gründen wäre das freilich ein (ideologischer?) Fehlschluss.

Erstens bedeutet der Umstand, dass sich die frühen inneren Triangulierungsprozesse traditionellerweise innerhalb der biologischen Mutter-Vater-Kind-Beziehung entfalten, natürlich noch keineswegs, dass sich hierfür nicht auch andere Beziehungskonstellationen eignen würden.

Zweitens weist mich dieser Fehlschluss auf eine begriffliche Ungenauigkeit meiner Ausführungen hin. Wenn von der entwicklungsförderlichen Funktion von Dreiecksbeziehungen die Rede war, habe ich stillschweigend vorausge-

---

[7] Vgl. dazu Abelin 1971, 1975; Rotmann 1978, 1981; Figdor 1991.

[8] Daraus lässt sich auch die Definitionsfunktion des Dreiecks eindrücklich zeigen: »Vater«, »Mutter«, »Selbst« sind etwas ganz Verschiedenes, je nachdem, ob sich das Kind affektiv innerhalb der ödipalen Triade bewegt oder seine Aufmerksamkeit nach »außen« richtet.

[9] Vgl. dazu Figdor 1991, 1998; Petri 2000.

setzt, dass es sich dabei um primär *libidinös gefärbte Beziehungen* handelt. Die innere Triangulierung wird nämlich nicht nur aufgehalten oder gestört, wenn ein drittes Objekt nicht existiert oder wegfällt, sondern auch dann, wenn die inneren Beziehungen in hohem Maß aggressiv gefärbt sind. Und zwar gilt das nicht nur für die Beziehungen des Kindes zu seinen Objekten, sondern in besonderem Maße auch für die vom Kind wahrgenommene Beziehung *zwischen* den Objekten, in der traditionellen Familie also zwischen Vater und Mutter. Kann das Kind die Beziehung zwischen seinen Eltern nämlich nicht als *Liebes*beziehung begreifen, muss es sich zwischen beiden *entscheiden*. Und mit jeder Entscheidung setzt es sich zwangsläufig in einen antagonistischen Gegensatz zum jeweiligen Dritten. Statt seine Objektbeziehungen triangulieren zu können, bedeutet jede Beziehungsaufnahme die Negation der anderen Beziehung, die Liebe zum einen den Verlust (»Tod«) des anderen. Statt die (stets ambivalente[10]) Dyade zu entlasten, stürzt die aggressiv getönte Dreiecksbeziehung das Kind zusätzlich in existentielle Loyalitätskonflikte, die nicht nur die psychische Entwicklung schwer beeinträchtigen können, sondern über den Mechanismus der Übertragung das Subjekt mitunter lebenslang unfähig machen, vielfältige Beziehungen aufzunehmen und am Leben zu erhalten, weil ihm jede (neue) Beziehung als zwangsläufige Alternative, als Konkurrenz zu anderen Beziehungen erscheint, bzw. die Besetzung neuer Beziehungen bestehende (alte) verblassen lässt.

Aus diesen Überlegungen lassen sich zwei Folgerungen ableiten:

Erstens bietet die Kernfamilie einen der gesunden psychischen Entwicklung des Kindes förderlichen Rahmen nur dann, wenn sie funktioniert. Das heißt, wenn die Beziehungs-Triade – bei aller natürlichen Ambivalenz – doch überwiegend eine Liebes-Triade darstellt, und das Kind nicht fürchten muss, mit seiner Liebe zu dem einen den anderen zu verletzen, zu verlieren oder sich seinen Hass zuzuziehen. Ist dies nicht der Fall, eröffnen alternative Lebensformen zweifellos bessere Entwicklungschancen.

Zweitens können wir sehen, dass es mit dem bloßen Ersatz der Konfliktfamilie durch eine neue Lebensform allerdings noch nicht getan ist. Soll eine Trennung der Eltern, eine Alleinerzieher-, Stief-, Patchwork- oder Großfamilie nicht die Gefahr eines strukturellen Defizits mit sich bringen, muss gewährleistet sein, dass die für eine gesunde Entwicklung unumgänglichen inneren Triangu-

---

[10] Unter der Ambivalenz (von Beziehungen) versteht man in der Psychoanalyse den Umstand, dass jede Liebesbeziehung auch aggressive Triebregungen und Affekte enthält (und umgekehrt). Ab dem 4., 5. Lebensjahr können ambivalente Regungen – v. a. gegenüber den Eltern – allmählich der Verdrängung anheimfallen oder werden unbewusst umgearbeitet (»abgewehrt«), etwa auf andere Personen »verschoben«, sodass ein Kind z. B. seine Mutter nur liebt, während es eine (eine) andere Person(en) ausschließlich ablehnt. Je größer die Angst ist, die ein Kind angesichts seiner eigenen ambivalenten Gefühle heimsucht, desto massiver muss zu Verdrängungs- und Abwehrmechanismen gegriffen werden, und desto größer ist auch die Disposition für neurotische Störungen – sowohl im Laufe der Entwicklung als auch im späteren Leben.

lierungsmöglichkeiten gewahrt bleiben oder neu geschaffen werden. Dazu bedarf es freilich mehr als bloß »zusätzlicher Bezugspersonen«:
- Die Beziehung(en) zu Dritten müssen ein Mindestmaß an *Intensität* und *Kontinuität* aufweisen, die eine Verinnerlichung der Triade erlauben.
- Das Kind muss Gelegenheit haben, periodische *Ausgeschlossenheit* zu erleben (was z. B. bei einer »Tante«, die immer mit ihm spielt, wenn sie da ist, nicht der Fall ist).
- Zumindest eine für das Kind bedeutsame Triade muss ein *weibliches und ein männliches Objekt* umfassen.

4. Die Bedeutung des Trennungs- und Verlusterlebnisses

Wächst ein Kind nicht von Anfang an in einer alternativen Familienform auf, sondern ergibt sich eine solche als zwangsläufiges Resultat des Todes eines Elternteils oder einer Trennung/Scheidung der Eltern, ist bei der Beurteilung der Entwicklungschancen neben dem strukturellen Aspekt ab dem zweiten, spätestens dritten Lebensjahr noch die u. U. traumatische Wirkung des *Trennungs-* oder *Verlusterlebnisses* zu berücksichtigen. Schuldgefühle, Einbrüche im Selbstwertgefühl, Angst vor Objektverlust (etwa den Vater nach der Trennung ganz oder nach dem Vater auch noch die Mutter zu verlieren), Angst vor Vergeltung, Überwältigtwerden durch aggressive Affekte, wie überhaupt eine allgemeine Regression sind regelmäßige Folgen von Trennungs- oder Verlusterlebnissen, die in unterschiedlichsten Symptomen ihren Ausdruck finden können. (Sie müssen freilich nicht immer auffallen, sodass die Umwelt dieser Kinder der Täuschung unterliegen kann, dem Kind hätten die Ereignisse gar nichts ausgemacht). Gelingt es dem Kind nicht, mit Hilfe seiner Umwelt – v. a. seiner Eltern – sein psychisches Gleichgewicht innerhalb der folgenden Monate wiederzugewinnen, sind posttraumatische Destrukturierungs- und Abwehrprozesse die Folge, welche als signifikante Erhöhung der Disposition zu späteren neurotischen Störungen bewertet werden müssen.[11]

Betrachtet man Trennungs- und Verlusterlebnisse unter dem Aspekt innerer Triangulierungsprozesse, wird deutlich, dass das innere Beziehungsdreieck an drei Stellen erschüttert (oder gar zerstört) wird:
- Der Wegfall des Dritten kann zu einem Zeitpunkt erfolgen, an welchem das Kind für die Ausbildung seiner inneren Strukturen noch der Verfügbarkeit über ein *reales* drittes Objekt bedarf. (Da der Prozess der Verinnerlichung kein punktuelles Ereignis ist, sondern über immer neue Entwicklungsaufgaben – s. Abschnitt 2 – die gesamte Entwicklung bis zur Adoleszenz prägt, müssen wir

---

[11] Vgl. dazu v. a. Wallerstein/Blakeslee 1989, Figdor 1991 und 1998.

mit einem *strukturellen Einbruch* in jedem Alter rechnen).

- Kraft der definitorischen Funktion der inneren Triaden erleidet das Kind durch die Entfernung oder den Verlust eines Objekts eine *Fragmentierung seines Selbstgefühls* (je nach Alter und Geschlecht natürlich im Hinblick auf unterschiedliche Aspekte des Selbstwerdens).

- Die Reduktion der verbleibenden Objektbeziehung auf eine dyadische verändert deren Charakter nicht nur im Sinne einer Regression, sondern erhöht deren Konfliktpotential, sodass das Kind eines wichtigen Stückes innerer Sicherheit und Geborgenheit verlustig geht. Aber nicht nur das. Gerade dieser Verlust an Sicherheit auch in der Dyade, verringert zusätzlich die Bereitschaft bzw. Fähigkeit, zu (entlastenden) dritten Objekten eine Beziehung anzuknüpfen. Bowlby würde sagen, das Bindungssystem ist gefährdet, weshalb sich das Kind auch anderen Bezugspersonen, die dem »Explorationssystem« angehören, nicht widmen kann[12]. In der hier verwendeten Begrifflichkeit heißt das, dass der Zerfall der inneren Triade auf längere Zeit hinaus auch die Chance, neue (innere wie äußere) Beziehungstriaden aufzubauen, verringert.

Wenn ich vorher darauf hingewiesen habe, dass keine Familienform eine gesunde psychische Entwicklung der Kinder lediglich kraft ihrer soziologischen Form gewährleisten kann, dass es dazu – von der soziologischen Form durchaus unabhängig – ganz bestimmter Beziehungsangebote bedarf, lässt sich nun eine weitere Erkenntnis anfügen: Steht die Gründung einer »neuen« Familie in ursächlichem und/oder zeitlichem Zusammenhang mit einem Trennungs- oder Verlusterlebnis, werden die in ihr enthaltenen Möglichkeiten, dem Kind (neue) Entwicklungschancen (wieder) zu eröffnen, sich nur bzw. erst dann entfalten können, wenn die neue Familie nicht verleugnet, ihr Entstehen einer Zerstörung zu verdanken, deren (wenn auch oft nicht einziges) Opfer das Kind ist. Nur wenn die Erwachsenen, die mit ihrer Familiengründung die *Zukunft* im Auge haben, bereit sind, das Kind in seinem schmerzenden Blick in die verlorene *Vergangenheit* zu begleiten, sich durch sein Haften am Gewesenen nicht verletzen oder ängstigen lassen, wird es gelingen, dass die neue Lebensform auch für das Kind zur *Familie* wird. Gelingt es den Erwachsenen nicht, das Kind bei der Verarbeitung seiner Trennungs- oder Verlusterlebnisses zu unterstützen[13], wird die neue »Familie« für das Kind nicht mehr als ein – mehr oder weniger gutes – *Exil* bleiben.

---

[12] Bowlby 1973.
[13] Vgl. dazu Figdor 1998.

5. Zwischen Kontinuität und Wechsel: Das Problem der Identität

Einer der Gründe, warum die Psychoanalyse heilend wirkt, besteht darin, dass sie dem Patienten hilft, verlorene Lebensgeschichte zu rekonstruieren. Verdrängungen beeinträchtigen das Leben nicht nur durch ihren Inhalt, der unbewusst auf allerlei unpassende Situationen übertragen wird, sondern auch dadurch, dass das Ich – und dazu gehört auch die eigene Geschichte – seiner Kontinuität und Kohärenz verlustig geht: Ich vermag mich selbst nicht mehr zu begreifen.

Wie lässt sich nun aber für das Kind angesichts der Veränderungen, des Neuen, das Alleinerzieher-, Stief- oder andere Arten von Familiengründungen mit sich bringen, dennoch jenes Maß an Kontinuität gewährleisten, dass die Erhaltung dessen, was man mit Erikson (1959) Identitätsgefühl nennen kann, nicht gefährdet wird? Auch hier muss die neue Familie auf ein Stück »Autonomie«, d. h. hier, auf die Vorstellung, allein aus sich heraus funktionieren und beglücken zu können, verzichten. Sie muss den Kindern (übrigens nicht nur den Kindern, sondern allen Mitgliedern) die Möglichkeit geben, ihre Geschichte mitzunehmen und in den (neuen) Alltag und seine (neuen) Beziehungen zu integrieren:
- Die Kinder müssen wissen, wo sie herkommen, wer ihre Eltern sind;
- sie müssen wissen, was warum geschehen ist; wie es dazu, wie es jetzt ist, kam;
- sie müssen sich erinnern, sehnen, lieben und trauern dürfen;
- und vor allem muss ihnen die Möglichkeit gegeben werden, »alte« Beziehungen – soweit die betreffenden Personen verfügbar oder bereit sind – auch weiterhin zu pflegen: v. a. natürlich zu den leiblichen Eltern(teilen), von denen sich das Kind trennen musste, aber auch zu ehemaligen PartnerInnen von Mutter oder Vater, zu Großeltern, Freunden usw.

Das heißt, die neue Familie muss jenseits aller förderlichen – und das heißt auch: innere Triangulierungsprozesse ermöglichenden – Beziehungsangebote bereit sein, dem Kind die Errichtung einer neuen Objektbeziehungstriade zu ermöglichen, die durch das Dreieck Kind – »neue« Familie – »alte« Objekte (z. B. der geschiedene leibliche Vater) gebildet wird.

Dazu reicht freilich die bloße Erlaubnis, den Vater, die Mutter etc. besuchen zu dürfen, nicht aus. Wie schon früher, im Zusammenhang mit den Triangulierungsprozessen innerhalb der Kernfamilie ausgeführt, müssten sich die Erwachsenen (»neue« Familie und »alte« Objekte) darum bemühen, einander zumindest zu akzeptieren. Andernfalls kann es nicht zu einer inneren Triade kommen, sondern das Kind gerät in schwere Loyalitätskonflikte, durch welche es sich zwischen alten und neuen Objektbeziehungen aufgespalten erlebt. Gelingt den Erwachsenen hingegen ein gewisses Maß an Kooperation, kann sich das Kind mit diesem Dreieck einen inneren Zwischen- oder besser Verbindungsraum schaffen, in den sich frühere Objektbeziehungen »hineinentwickeln« können, und aus dem »heraus« das Kind nun seinerseits in die neuen familiären Beziehungen eintreten kann, ein Raum also, der somit Vergangenheit und Gegenwart ebenso wie Gegenwart und Zukunft verbindet und mithin dem Kind seine Geschichte und mit seiner Geschichte seine Identität erhält.

Literatur:

Abelin E. L., Role of the father in the seperation-individuation process. In: McDevitt J. B./Settlage C. F. (Hg.): Seperation – Individuation. Essags in Honor of Margaret S. Mahler. New York (Int.Unv.Press) 1971.
Abelin E. L., Some further observations and comments on the earliest role of the Father. Int. Psycho-Anal. 56, 293-302. 1975.
Bettelheim B. (1975), Kinder brauchen Märchen. München 1980 (dtv).
Bowlby I. (1973), Trennung. Frankfurt/M 1986 (Fischer).
Figdor H., Kinder aus geschiedenen Ehen: zwischen Trauma und Hoffnung, Mainz 1991 (Grünewald).
Figdor H., Scheidungskinder – Wege der Hilfe, Gießen 1997 (Psychosozial).
Figdor H. (1997), Verantwortete Schuld und das Wiederentdecken der Freude am Kind. Zwei Prinzipien psychoanalytisch-pädagogischer Erziehungsberatung. In: Datler, W./Figdor H./Gstach, J. (Hg.), Die Wiederentdeckung der Freude am Kind. Psychoanalytisch-pädagogische Erziehungsberatung heute. Gießen 1998 (Psychosozial).
Rotmann M. (1978), Über die Bedeutung des Vaters in der Wiederannäherungsphase, Psyche 12, 1105–1147.
Rotmann M., Der Vater der frühen Kindheit – ein strukturbildendes drittes Objekt. In: Bittner, G. 1981.
Wallerstein J./Blakeslee S., Gewinner und Verlierer. Frauen, Männer, Kinder nach der Scheidung. München 1989 (Droemer Knaur).

Gertrude Bogyi

Kindliches Erleben
und Psychodynamik
bei Tod eines Elternteils

Der Tod eines Elternteils stellt zweifelsohne für jedes Kind eine schwere Belastung dar. Gleich zu Beginn sei jedoch darauf verwiesen, dass wir niemals die individuelle Situation eines Kindes außer acht lassen dürfen. Somit können zwar sicherlich allgemeine Gesichtspunkte gefunden werden, wir dürfen jedoch nie die gesamte Einzelsituation des Kindes aus den Augen verlieren. Anna Freud schreibt: »Der endgültige Ausgang ist einerseits vom Gesamtcharakter und der Persönlichkeit des Kindes, andererseits von der Gesamtheit der äußeren Umstände abhängig. Wie auf allen Gebieten des kindlichen Lebens entscheidet auch hier die Wechselwirkung zwischen äußeren und inneren Kräften, ob es zu normaler Weiterentwicklung, zu einer pathologischen Fehlentwicklung oder zu einer mehr oder weniger totalen Entwicklungshemmung kommt.«[14]

In meiner langjährigen Arbeit mit Kindern, die Mutter oder Vater durch Tod verloren haben, scheint mir besonders wichtig, die Umstände des Todes zu berücksichtigen. So stellt es eine Extremstbelastung dar, wenn ein Kind gleichzeitig – etwa durch einen Unfall – beide Elternteile verliert. Dies ist eine existentielle Bedrohung, die die Persönlichkeit des Kindes schwerst erschüttert. Als allergrößte Belastung erachte ich jedoch, wenn ein Kind Zeuge des Mordes eines Elternteiles durch den anderen wurde. Die Tatsache, dass ein ja auch geliebtes Objekt zum Täter wird, der eine geliebte Person tötet, ist für das Kind

---

[14] Anna Freud, 1977, S. 7.

kaum verkraftbar. Ebenso fordert der Suizid eines Elternteiles das Kind in einer ganz anderen Weise, als dies bei einem natürlichen Tod der Fall ist.

Wenn ein Kind einen Elternteil durch Tod verliert, reagieren auch die Erwachsenen sehr häufig in ihrem Schock und Entsetzen unnatürlich und erschweren dem Kind damit die Situation. Existentielle Umstände des Todes und Reaktion der Umwelt stellen für mich dabei die bedeutendsten Faktoren dar.

Sich Gesprächen mit Kindern über Tod und Sterben zu stellen, setzt unweigerlich die Auseinandersetzung mit den eigenen Gefühlen voraus, was von vielen Erwachsenen lieber vermieden wird. Angesichts der eigenen Hilflosigkeit möchte man dem Kind das Leid und den Schmerz ersparen und bedenkt nicht, dass durch diese wohlgemeinte Schonhaltung dem Kind nicht selten die Trauerarbeit erschwert oder unmöglich gemacht wird.

Wie sich ein Kind nach dem Tod einer Bezugsperson weiterentwickeln wird, ob es sich still und verschlossen in sich selbst zurückziehen oder ob es misstrauisch und aggressiv wird oder aber die Fähigkeit entwickeln kann, sich kreativ mit dem Leben auseinanderzusetzen, hängt – wie bereits erwähnt – einerseits von der Gesamtpersönlichkeit des Kindes ab und ist andererseits von der das Kind umgebende Gesamtsituation bestimmt.

Zu berücksichtigen sind:
- Alter des Kindes und erreichte Entwicklungsstufe sowie Persönlichkeitsstruktur.
- Entwicklung des Todesbegriffes – Informationsstand.
- An- bzw. Abwesenheit des Kindes beim Tod der Bezugsperson.
- Begleitumstände und Art des Todes – Informationsstand des Kindes.
- Rolle der verlorenen Person im Leben des Kindes (alleinerziehender Elternteil).
- Art der Beziehung zwischen verstorbener Person und Kind.
- Anzahl der schwerwiegenden Verluste, die das Kind bisher bewältigen musste.
- Soziales Umfeld des Kindes bzw. des Verstorbenen.

Bedeutung des Verlusterlebnisses ist abhängig vom Alter
Der Verlust von primären Bezugspersonen im frühen Kindesalter stellt zweifelsohne eine massive Beeinträchtigung für die kindliche Entwicklung dar, wie wir aus der Hospitalismusforschung wissen. Je jünger das Kind ist, desto weitreichender und größer sind die Auswirkungen der Verletzung. Dabei ist natürlich von Bedeutung, welche Entwicklungsstufe das Kind zum Zeitpunkt des

Todesereignisses erreicht hat, welche inneren Verarbeitungsmöglichkeiten bzw. Abwehrmechanismen dem Kind zur Verfügung stehen. Aus der entwicklungspsychologischen Forschung ist bekannt, dass sich Konzepte von Leben und Tod nach und nach entwickeln. Das Todeskonzept der verschiedenen Altersstufen beinhaltet jeweils eine kognitive und eine emotionale Komponente, und es ist unbestritten, dass der kognitive Entwicklungsstand beim Erfassen des Todes eine bedeutende Rolle spielt. Trotzdem wissen wir, dass Kinder schon sehr früh um einen Verlust trauern können, schon lange bevor sie den Tod kognitiv wirklich erfasst haben. Selbstverständlich wird die Entwicklung des Todesverständnisses durch die elterliche Einstellung, durch Kultur und Religion sowie konkrete Todeserfahrung beeinflusst.

Rolle der verstorbenen Person im Leben des Kindes

Einen wesentlichen Faktor stellt die Rolle des Verstorbenen im Gesamtleben des Kindes dar. Man muss sich klar darüber sein, dass sich das Kind jeweils in einer Entwicklungsphase befindet, in der die Bezugsperson eine ganz spezielle Bedeutung hat. Zu berücksichtigen ist dabei nicht nur, was das Kind verloren hat, sondern auch das, was dem Kind für seine weitere Entwicklung verloren bleibt. So wird etwa die Entwicklungsphase der Adoleszenz, die als Aufgabe die Ablösung von den Eltern hat, anders verlaufen, wenn ein Elternteil schon früh verstorben ist.

Verschiedenheit kindlicher Reaktionen

Die Reaktionen eines Kindes auf den Verlust eines Elternteils hängen auch sehr davon ab, welche Art von Trost, Erklärung und Hilfe es in diesem Zusammenhang erhält, wie sehr es sich in seiner Trauer und manchmal recht ungewöhnlichen Reaktionsweise verstanden und unterstützt fühlt. Kinder reagieren wesentlich sensibler auf alle Begleitumstände des erlittenen Verlusts, als im ersten Moment sichtbar ist bzw. angenommen wird. Erwachsene können sich Trost und emotionale Unterstützung auf ihre Weise und auch dort suchen, wo sie sie am ehesten finden. Das Kind aber ist auf die Hilfe der unmittelbar verbleibenden Bezugspersonen angewiesen. Kinder trauern anders als Erwachsene. Sie trauern viel punktueller, d. h. Gefühlsschwankungen scheinen weitaus intensiver zu sein und in schnellerer Abfolge aufzutreten als bei Erwachsenen. Sind Kinder in dem einen Moment tieftraurig und weinen, laufen sie im nächsten Moment weiter und spielen und lachen. Dies birgt die Gefahr in sich, dass die Erwachsenen der Meinung sind, das Kind traure nicht. Manchmal verhalten sich trauernde Kinder auch übertrieben ausgelassen, übermäßig aktiv, überdurchschnittlich aggressiv. Dann bleiben sie meist unverstanden, da ihre Aggression selten als Trauerreaktion erkannt wird. Meist tritt eine vermehrte Angstbereitschaft auf. Dunkelheitsängste, Verlassenheitsängste, Angstträume und Trennungsängste sind zu beobachten, d. h. die Angst vor einem weiteren Verlust steht im Vordergrund. Fast immer tritt beim Tod eines Elternteiles die Angst auf, der zweite Elternteil könne verloren gehen – entweder durch dessen Tod oder durch Verlassen. Kinder klammern an den anderen Elternteil, wollen ihn nicht aus den Augen lassen, kontrollieren ihn oft in seinem Tun. Diese Angst wird dann verschlimmert, wenn ein weiterer Todesfall eintritt oder aber, wenn der andere Elternteil erkrankt. Natürlich tritt auch die Angst auf, das Kind selbst müsse sterben. Wird den Kindern die Todesursache nicht richtig erklärt, kann es sein, dass das Kind jede Krankheit mit der Angst sterben zu müssen verknüpft. Oft treten Ängste vor Ärzten und Krankenhaus auf.

Manchmal wünschen sich die Kinder zu sterben, um wieder mit dem toten Elternteil vereint zu sein. Ist das Todeserlebnis mit einem Unfall bzw. einer Katastrophe oder ähnlichem verknüpft, kommt es in Situationen, wo das Kind mit ähnlichen Umständen konfrontiert wird, oft zu massiven Angstreaktionen. Auch Schuldgefühle sind ein wesentlicher Bestandteil kindlicher Trauer und dürfen nicht unterschätzt werden. Schon beim natürlichen Tod machen sich die Kinder Vorwürfe, schlimm gewesen zu sein und deshalb etwa den Herzinfarkt des Vaters verursacht zu haben; beim gewaltsamen Tod machen sie sich Vorwürfe, den Tod nicht verhindert zu haben, den Elternteil zu wenig beschützt zu haben.

Für Kinder, die von einem Todesfall betroffen sind, ist es sehr wichtig, Fragen stellen zu dürfen. So ist es für ein Kind von existentieller Bedeutung, wer nach dem Tod der Mutter für es sorgen bzw. kochen wird. Nach dem Tod des Vaters fragen Kinder nicht selten, wer nun das Geld nach Hause bringen würde. Auch hierin bleiben Kinder oft unverstanden, wenn nicht bedacht wird, wieviel Sicherheit dem Kind die Alltagsroutine bietet.

Je nach Altersstufe sind auch Sachfragen, wie z. B. was mit dem Leichnam geschieht, von eminenter Bedeutung. Die Kinder suchen nach dem Verursacher des Todes und stellen auch dazu immer wiederkehrende Fragen. Idealisierungstendenzen des Verlorenen treten besonders dann verstärkt auf, wenn Grenzsetzungen stattfinden. »Meine Mama hätte mir das und das erlaubt!« Nicht selten unterstreichen Kinder ihre Ähnlichkeit mit dem Verstorbenen oder sie versuchen ihm nachzueifern. Sie nehmen etwa Gesten des Verstorbenen an, möchten »Partnerersatz« werden. Die Identifikation mit dem verstorbenen Elternteil ist ein wichtiger Schritt in der Trauerarbeit. Identifikation hilft, sich dem Verstorbenen anzunähern. Wenn das Kind wie der Verstorbene ist, hat es ihn nicht verloren. In dieser Phase übernehmen Kinder nicht selten die Symptome der Erkrankung des verstorbenen Elternteils. Später wird der Prozess der Identifikation idealerweise durch Erinnerung und die verinnerlichten Anteile des Elternteils sowie mit Hilfe des überlebenden Elternteils fortgesetzt. Dann ist es wichtig, über den toten Elternteil mit all seinen positiven und negativen Eigenschaften immer wieder zu sprechen. Teilweise zeigen Kinder Schwierigkeiten, sich an Ersatzbezugspersonen zu binden, sei es aus Angst vor einem erneuten Verlust oder aber aufgrund von Schuldgefühlen dem verstorbenen Elternteil gegenüber. Sie lassen den anderen Elternteil nie unbeobachtet, sind böse, wenn neue Partner gefunden werden, denken dann, der Vater etwa habe die Mutter nie geliebt.

Manchmal wird der Tote auch entwertet, um den Schmerz nicht in all seiner Wucht spüren zu müssen, oder aus einer tiefen Wut darüber, dass die verstorbene Bezugsperson das Kind allein gelassen hat. Im Zuge dessen entstehen oft allzu schnelle und undifferenzierte Bindungen an Ersatzpersonen. Viele Kinder versuchen, für ihre Mutter oder ihren Vater, die Rolle des verfügbaren Trösters zu spielen. Sie möchten den trauernden Elternteil wieder aufrichten, ihn beschützen. Dieser Wiedergutmachungswunsch ist ebenso ein wichtiger Verarbeitungsschritt, ist für das Kind auch Zeichen, dass das »Leben« weitergeht. Dies kann auch zur Suche nach einer »neuen Mama« oder einen »neuen Papa« führen, um sich selbst und dem verbleibenden Elternteil zu trösten und die Zukunft zu sichern. Auch verschiedene andere Abwehrmechanismen helfen dem Kind, sich Distanz von der Wirklichkeit zu verschaffen.

Nicht selten wird die Trauer massiv abgewehrt, z. B. indem der Tod verleugnet wird. Sie erzählen dann, der Vater sei auf »Geschäftsreise« und komme irgendwann zurück. Kinder versuchen die Realität zu ignorieren, z. B. dann, wenn sie immer wieder deutlich den Wunsch äußern, dass alles normal weitergehen soll. Grund für das Verleugnen ist der unerträgliche Schmerz beim Realisieren des Ereignisses, der oft zum Wunsch führt, selbst zu sterben. Manchmal kommt es zur Affektisolation, d. h. das Kind verhält sich so, als ob nichts geschehen wäre.

Es kann aber auch zu einer Umkehr der Affekte kommen, d. h. mit gespielter Sorglosigkeit und Unbeschwertheit wird die Verzweiflung übertönt. Die Umwandlung von Passivität in Aktivität hilft dem Ich über die erste Zeit hinwegzukommen. Weiters finden sich regressive Momente, d. h. ein Zurückfallen auf frühere Entwicklungsstufen, wo die Welt noch in Ordnung und Mutter oder

Vater noch am Leben war. Es kann zur kognitiven Blockierung kommen, ebenso aber auch zu körperlicher Abfuhr, etwa zu Schmerzen, Ess-Störungen, Schlafstörungen, Verdauungsstörungen, Bettnässen etc.

Manchmal weinen Kinder, wenn damit nicht mehr gerechnet wird, und dann, wenn ein kleineres aktuelles Verlusterlebnis eine Reaktivierung eines früheren gravierenden Verlustes darstellt. Nicht selten kommt es bei Kindern zur Verschiebung, d. h. der Tod der Mutter löst äußerlich sichtbar kaum Betroffenheit aus, während beim Tod des Meerschweinchens die Abwehr nicht mehr länger aufrecht erhalten werden kann und die Welt für das Kind zusammenstürzt. Hier werden Kinder oft missverstanden, es wird nicht bedacht, dass ein mühsam errichteter Schutzwall nun durchbrochen ist und die in den Augen der Erwachsenen als Kleinigkeit bezeichnete Situation eine massive Trauerreaktion auslösen kann. Den idealen Verlauf der Trauerarbeit gibt es nicht, die Gleichzeitigkeit widerstreitender Gefühle (Schmerz, Sehnsucht, Schuld, Wut, Enttäuschung, Hoffnung) ist charakteristisch und zeigt sich bei Kindern wesentlich deutlicher als bei Erwachsenen.

Im Folgenden seien nun – anhand einiger Beispiele – die psychodynamischen Faktoren verdeutlicht:

Suizid eines Elternteils

Suizidiert sich ein Elternteil eines Kindes, so sieht sich dieses Kind vor viele Aufgaben gestellt, die es bewältigen muss. Spielen bei jedem Todesfall Schuldgefühle eine große Rolle, so fühlen sich solcherart betroffene Kinder besonders schuldig. Auch hier ist die gesellschaftliche Situation zu berücksichtigen. Schwierig ist für diese Kinder die deutliche Tabuisierung solcher Ereignisse. Üblicherweise traut sich ein Kind nicht darüber zu sprechen, weil es die Unsicherheit des Umfeldes merkt. Oft wird diesen Kindern auch der Selbstmord verschwiegen, obwohl wir sicher sein können, dass das Kind darum weiß. Oft wird Kindern auch gesagt, sie dürften in der Schule nicht die wahre Todesursache erzählen, was sie überdies in einen massiven Konflikt bringt.

Der 10-jährige Markus kam wegen massiver Lernschwierigkeiten an unsere Klinik. Hintergrund des Leistungsabfalls war der Selbstmord des Vaters. Markus wusste ganz genau, dass sich dieser vor den Zug geworfen hatte, meinte aber zu mir, dass die Mutter von seinem Wissen keine Ahnung hätte und fügte hinzu, dass sie darüber unglücklich wäre. In solch einer Konstellation bleibt das Kind mit seinen Gefühlen total alleine. Markus konnte nicht offen und ehrlich mit seiner Mutter über den Tod des Vaters reden, da sie ihm erzählte, der Vater sei in der Firma an einem Herzinfarkt gestorben. Markus fuhr täglich mit dem Fahrrad zur Unfallstelle, um sich irgendwie mit dem Suizid des Vaters auseinandersetzen zu können. Es war für Mutter und Kind eine große Erleichterung, als sie endlich offen und ehrlich miteinander sprechen konnten.

Extreme Todeserfahrungen verbunden mit extremer Gewalt

Thomas ist knapp 6 Jahre alt, als er Zeuge wird, wie sein Vater seiner Mutter und seiner mütterlichen Großmutter die Kehle durchschneidet. Kratzspuren zeigen, dass auch an ihm ein Mordversuch unternommen wurde. Nach der Tat verübt der Vater mit dem Auto Selbstmord, Thomas bleibt in der Nacht einige Stunden mit den beiden Leichen allein. Mühsam versucht er – wie er später erzählte – die beiden Leichen vom Blut zu befreien, indem er sie ins Bad schleppt und sie mit der Brause absprüht. Nachher hat er große Schuldgefühle, weil er meint, er habe dadurch die beiden zum Verbluten gebracht. Am nächsten Tag geht er mit einem kleinen gepackten Rucksack, worin sich eine Haarbürste, ein Stück Brot und Papiertaschentücher befinden, zur Nachbarin und erklärt ihr, er müsse jetzt auswandern, weil »alle seine Leute seien gestorben«. Die Nachbarin belächelt ihn zunächst, worauf er in den apathischen Schock fällt. Er wird mit der Rettung an die Klinik gebracht. Thomas erzählt im Folgenden punktgenau die Ereignisse, wobei er aber sehr affektdistanziert ist. Dies ist ein Phänomen bei allen Kindern, die einen schweren Schock erlitten haben, dass sie oft unmittelbar danach alles ganz genau erzählen können, einige Zeit später, wenn sie die Dramatik realisieren, beginnen die Abwehrprozesse und die Bearbeitung in der Fantasie. Diese Tatsache ist besonders bei Zeugenaussagen zu bedenken. So erzählt Thomas einige Zeit später, dass der Mörder zwar so groß gewesen sei wie sein Vater, so ausgesehen habe wie sein Vater, seine Stimme gehabt habe, aber er betonte auch ganz deutlich, dass es nicht sein Vater gewesen sei. Die Tatsache, dass der ja auch geliebte Vater diese Schreckenstat begangen hatte, musste einige Zeit verdrängt werden. Hier ist es therapeutisch wichtig, sich zwar mit den Kindern in ihre Fantasien zu begeben, gleichzeitig aber dennoch die Wahrheit nicht zu leugnen.

Wie schwer es für Kinder ist, die einen Mord miterlebt haben, übrigens auch für Kinder, bei denen sich ein Elternteil suizidiert hat, in der Gesellschaft nicht abgelehnt zu werden, zeigte sich zwei Jahre später, als Thomas in der 2. Klasse Volksschule in die letzte Bank versetzt wurde, da sich Eltern bei der Lehrerin beschwerten und meinten, sie möchten nicht, dass ihr Kind neben einem »Mörderkind« sitze. Diese Situation reaktivierte das Geschehen, Thomas wurde aggressiv, ein Schulwechsel war unvermeidbar. Prinzipiell sollte man, wenn ein

Kind so viel verloren hat, darauf achten, dass wenigstens irgend etwas konstant bleibt. Dies ist oft die Kindergartengruppe oder die Schulklasse. In diesem Fall jedoch war Thomas sosehr in der Außenseiterposition, dass ein Schulwechsel unerlässlich schien.

Ein Kind, bei dem ein Elternteil den anderen ermordet, verliert gleichzeitig beide Elternteile, verliert seine vertraute Umgebung, verliert oft auch andere wichtige Bezugspersonen, wenn es zu heftigem Streit und Schuldzuweisungen der mütterlichen und väterlichen Familie kommt. Thomas kam zum Bruder der Mutter und dessen Lebensgefährtin. An dieser Stelle sei angemerkt, wie wichtig es ist, sehr gut zu überlegen, wohin Kinder in so einer dramatischen Verlustsituation, wo sie beide Elternteile verloren haben, untergebracht werden sollen. Üblicherweise melden sich Verwandte, die es für eine Selbstverständlichkeit erachten, das Kind zu sich zu nehmen. Gleichzeitig ist es wichtig, dass Fachleute in solchen Situation die betreffenden Bezugspersonen unterstützen, denn oft kann die Tragweite nicht abgeschätzt werden. Als Beispiel dafür sei angeführt, dass nach der Ermordung der Mutter durch den Vater ein Kleinkind mit 1,5 Jahren und ein 3-jähriges Zwillingspaar zurückblieben. Die Schwester der Mutter erklärte sich sofort bereit, die 3 Kleinkinder zu sich zu nehmen, hatte aber selbst vier Kleinkinder. In diesem Fall war es ganz wichtig, mit der Schwester der Mutter die Situation zu reflektieren, und ihr klar zu machen, dass es sicherlich für die Entwicklung ihrer eigenen Kinder und ihrer Nichten günstiger wäre, wenn sie in der Tantenrolle bleiben könne und die Kinder fremd-untergebracht würden.

Zurück zu Thomas. Thomas machte in der Pubertät, die ja die Aufgabe hat, sich von den Elternfiguren abzulösen, eine schwere Krise durch. Es erfolgte damals neuerlich eine kurzfristige Betreuung. Als er 16 Jahre alt war, trennten sich seine Tante und sein Onkel, was den Jugendlichen wieder in eine schwere Krise brachte, in der er auch kriminell auffällig wurde. Als er eines Nachts von der Polizei aufgegriffen wurde, weil er Mülltonnen anzündete, bat er, wieder an unsere Klinik gebracht zu werden. Dies geschah auch. Es war deutlich, wie schwer es für Thomas war, als sein »zu Hause« ein zweites Mal zerbrach.

Dieses Beispiel von Thomas zeigt, wie labil das seelische Gleichgewicht dieser Kinder ist, auch wenn sie von Anfang an betreut werden. Es kommt darauf an, welche Lebensereignisse dazukommen, wie die Entwicklung verlaufen wird. Wir müssen davon ausgehen, dass solche seelische Traumata nie heilbar sind, sondern jederzeit dramatisch reaktiviert werden können. Der gewaltsame Tod eines Elternteils stellt – wie bereits gesagt – eine Extremstbelastung für das betroffene Kind dar. Hier ist besonders wichtig zu beachten, was das Kind alles zu verarbeiten hat. Die besondere Affinität zu allem Gewaltsamen lässt diese Kinder bzw. Jugendlichen oft große Angst vor sich selbst haben. Die unbeschreibliche Wut, die als Reaktion auf solche Ereignisse sehr stark ist – wobei Wut ja prinzipiell ein Bestandteil von jedem Trauerprozess ist – zeigt sich besonders dramatisch. Es ist wichtig, dass diese Kinder bzw. Jugendlichen »ausgehalten« (»toleriert«) werden, denn es besteht die gesellschaftliche Gefahr der Stigmatisierung und der Zuschreibung, aus einem »mörderischen Milieu« zu stammen. Dies stellt Betreuer vor eine große Aufgabe, bietet aber die einzige Chance, diese Kinder und Jugendlichen nicht wirklich in eine Gewaltkarriere abgleiten zu lassen.

Trauerarbeit durch Teilnahme am Begräbnisritus

Jedwede Tabuisierung und Beschönigung erschwert es den Kindern, Trauerarbeit zu leisten. Kinder wollen die Wahrheit wissen, wollen am Geschehen teilhaben. Leider besteht häufig die Meinung, dass vor allem kleinere Kinder nicht zum Begräbnis mitkommen sollten. Viele Kinder beklagen sich anschließend, dass sie nicht mitgenommen worden sind.

Das Beispiel der 5-jährigen Sylvia soll zeigen, wie erlösend das Ritual des Begräbnisses sein kann: Die Mutter von Sylvia starb an einem plötzlichen Herzversagen, der Vater war zu diesem Zeitpunkt beruflich im Ausland tätig. Sylvia schilderte das Warten im Kindergarten als massiv bedrohlich, weil sie zu diesem Zeitpunkt wusste, dass etwas Schreckliches passiert sei. Die Großmutter holte sie viel später als üblicherweise die Mutter ab, wollte sie beruhigen und meinte, der Mutter sei etwas dazwischen gekommen. Sylvia sagte der Großmutter, sie wisse, dass mit Mama etwas Schlimmes passiert sein müsse, denn sonst wäre sie gekommen oder hätte sie angerufen. Sie fragte die Großmutter spontan, ob Mami tot sei.

Am Begräbnis erkundigte sie sich, wo der Kopf im Sarg sei, riss sich von der Hand des Vaters los, lief zum Sarg, drückte ihm an der Stelle des Kopfes einen Kuss darauf, rief mit verzweifelter Stimme »Mami, Mami, ich hab mich ja gar nicht von dir verabschiedet«, gab ihr noch ein Abschiedsbussi und lief erleichtert und strahlend zurück in die Arme ihres Vaters.

Das Begräbnis oder sonstige Trauerrituale stellen auch für Kinder eine Möglichkeit dar, den Tod als endgültig zu realisieren bzw. Abschied zu nehmen.

Einzigartigkeit des verstorbenen Elternteils

Schmerzlich bewusst wird das Fehlen der Mutter oder des Vaters aber oft in vielen kleinen Alltagssituationen. So erzählen viele Kinder, dass nur die Mutter oder der Vater mit ihnen wirklich lernen konnte, und es bestehen dann große Ängste, die Schule nicht mehr zu schaffen. Oft wird von der Umwelt versucht, den Elternteil zu ersetzen. Hier muss allen klar gemacht werden, dass weder die Mutter noch der Vater ersetzt werden kann, es können Funktionen übernommen werden, aber niemand wird es so machen können, wie die Mutter oder der Vater. Als Beispiel dazu die 7-jährige Lisa, deren Mutter verstorben ist: Lisa war nach dem Tod der Mutter bei ihrer Tante untergebracht, die sich sehr bemühte, alles so zu tun, wie es die Mutter von Lisa getan hat. Auffällig wurde Lisa, weil sie sehr trotzig und widerspenstig wurde und die Tante immer wieder beschimpfte. Die Tante wollte so absolut die Mutter ersetzen, dass sie sogar die Kleider der Mutter trug. Lisa verbot ihr dies und meinte, die gehörten doch ihrer Mutter. Extrem auffällig war jeden Morgen die Weigerung von Lisa, ihr Frühstücksmüsli zu essen. Sie behauptete täglich, die Tante könne das Müsli nicht so wie die Mutter zubereiten. Die Tante versuchte sämtliche Müslimischungen, brachte das gewünschte Resultat aber nicht zustande. Es war wichtig für Lisa, der Tante zu zeigen, dass niemand das Müsli so wie die Mutter zubereiten konnte. Nach dieser Erklärung und dem Gespräch mit Kind und Tante, wo wir festhielten, dass die Tante eben die Tante sei und daher niemals die Mutter ersetzen konnte, weil die Mutter eben unersetzbar sei, verschwand die Symptomatik.

Mitgefühl statt Mitleid

Wenn die Mutter oder der Vater eines Kindes stirbt, reagiert die Umwelt – vor allem beim Tod der Mutter – meist mit extremem Mitleid. Dieses Mitleid wollen die Kinder oft nicht, sondern sie möchten im Kindergarten und in der Schule wie andere Kinder behandelt werden. So war die kleine Hanna in der 1. Volksschulklasse sehr unglücklich, weil ihr die Lehrerin keine Aufgaben gab, weil sie immer mit der Begründung bevorzugt wurde, dass Hanna ja so arm sei, weil ihre Mutter gestorben sei. Hanna war sehr wütend auf die Lehrerin und wünschte sich, wie jedes andere Kind zu sein. Als ihr die Lehrerin jedoch sagte, sie möge die Mutter erinnern, dass sie ihr am nächsten Tag für den Werkunterricht eine rote Wolle mitgeben solle, war Hanna zutiefst erschüttert, dass die Lehrerin den Tod der Mutter vergessen hatte.

Dieses Beispiel zeigt, wie feinfühlig Erwachsene im Umgang mit Kindern sein sollten, wie sehr aber auch Kinder zeigen, was ihnen guttut. Die falsche Mitleidsreaktion kann ein Kind in solch einer Situation total entmündigen. Der Tod der Mutter stellt noch lange keine Therapieindikation dar. Kinder haben oft erstaunlich viele Ressourcen, um mit dem natürlichen Tod eines Elternteils umzugehen bzw. ihn zu betrauern, wenn man sie lässt. Kinder suchen gerne

Gesprächspartner selber aus, oft außenstehende Personen oder Gleichaltrige, wo sie spüren, dort ihre Fantasien und Gefühle ausdrücken zu können.

Abschied nehmen

Der verbleibende Elternteil wird nicht selten von den Kindern »verschont«. So ist es wichtig, dass Kinder etwa auch sterbende Eltern besuchen dürfen oder aber auch vom bereits klinisch toten Elternteil Abschied nehmen dürfen. Freilich muss den Kindern erklärt werden, dass sie nicht mit Mutter oder Vater in üblicher Weise sprechen können, es muss ihnen die Apparatur der Intensivstation nahe gebracht werden und dann darauf geachtet werden, wie lange das Kind verweilen möchte. Üblicherweise bringen die Kinder Zeichnungen mit, erzählen Geschichten aus dem Kindergarten oder der Schule, sagen ein Gedicht auf, geben einen Abschiedskuss und möchten dann die Intensivstation wieder verlassen. Auch hier ist es für die weitere Verarbeitung ganz wichtig, dass wir Kindern diese Möglichkeit geben. Aber gerade hier scheuen sich oft betreuende Ärzte, ein Kind zu einem sterbenden Elternteil vorzulassen oder wie vor kurzem vorgefallen, dem Vater fast verboten, seiner 10-jährigen Tochter die Wahrheit über den plötzlichen Gehirntod der Mutter zu sagen und empfahlen dringend psychologischen Beistand. Der Vater, kam zwei Tage später mit schlechtem Gewissen in die Ambulanz, weil er seiner Tochter den Tod der Mutter mitgeteilt hatte. So darf psychologische Hilfestellung nicht aussehen! Die 10-jährige Maria sagte übrigens, sie wüsste ja sowieso, dass die Mutter gestorben sei, weil sie die ernsten Gesichter des Arztes und des Vaters gesehen hätte. Sie war sehr froh, dass es ihr der Vater selbst am selben Abend mitgeteilt hatte. Der betreuende Arzt meinte es sicher gut, war selbst sehr betroffen und konnte sich nicht vorstellen, wie das Kind diesen Schicksalsschlag eine Woche vor Weihnachten verkraften solle. Im Gespräch war auch wichtig anzusprechen, dass es richtig ist, sich über die Geschenke, die man zu Weihnachten bekommen hat zu freuen, obwohl die Mutti gestorben ist. Die Ermutigung an die Erwachsenen, vor den Kindern ihre Gefühle und Tränen zu zeigen, ist oft sehr wesentlich und erleichtert die Kinder. Schlimm ist, wenn man nicht miteinander weinen darf. Zwei Tage vor Weihnachten, rief mich Maria an und betonte, ich hätte doch gemeint, sie dürfe sich freuen, auch wenn die Mutter gestorben sei. Ich bejahte dies und sie meinte, sie würde viel lieber auf den Christkindlmarkt gehen als zu mir und ob ich ihr nicht einen Termin nach Weihnachten geben könnte. Nach Weihnachten berichteten der Vater und Maria wie schön und wie traurig Weihnachten gewesen sei, sie hätten viel über die Mutter geredet und hätten das intensive Gefühl gehabt, dass sie bei ihnen wäre.

Beziehung mit dem Verstorbenen

Alle Kinder haben irgendwelche Vorstellungen davon, dass ihr verstorbener Elternteil sie beschützen würde, haben die Vorstellung, dass sie mit ihm in Verbindung treten könnten. Viele Kinder erzählen in berührender Weise, wie sie sich den Himmel vorstellen würden, bzw. was die Eltern dort machen würden. So erzählte einmal ein kleiner Bub, der Vater würde in einem roten Ferrari im Himmel spazieren fahren, weil er sich dies auf der Erde immer gewünscht habe. Ein kleines Mädchen meinte, Mama würde jetzt im Himmel endlich zum Fernsehen Zeit haben. Was Kinder allerdings nicht wollen ist, wenn man ihnen tröstend vermittelt, dass der Vater oder die Mutter jetzt immer auf sie herabsehen würden. Da sagen dann Kinder in etwa: »Können die nicht irgendwann einmal wegschauen.« Auch wo es den »Himmel« nicht gibt, suchen sich Kinder irgend etwas, um mit dem Toten in Verbindung zu treten. So sagte ein kleines Mädchen, dass sie überzeugt sei, die Mutter sitze in einem Sonnenstrahl, und sie laufe jeden Tag in den Garten und begrüße die Sonne. Ein anderes Kind meinte, die Mutter sitze auf einem Baum, und immer wenn sich die Blätter im Wind bewegen, winke sie ihm. Ein kleiner Bub meinte, er freue sich, wenn es regne, dann gebe ihm die Mutter immer einen Kuss.

Diese Beispiele zeigen, wie viele Ressourcen Kinder haben, trotz dramatischer Elternverluste aktive Bewältigungsmechanismen zu suchen und zu finden. Diese müssen von den Erwachsenen ernst genommen und dürfen nicht belächelt werden. Wenn Mutter oder Vater stirbt, so führt dies zu einer Erschütterung des seelischen Gleichgewichtes, egal, ob es sich dabei um Kinder, Jugendliche oder Erwachsene handelt. Nichts ist mehr so wie es war, es wird auch nie wieder so sein. Die Endgültigkeit des Todes zu begreifen, stellt uns vor einen hohen Anforderungsprozess, der in der Trauerarbeit zu bewältigen ist. Trauerarbeit ist ein individueller Prozess, setzt Vertrauen ins eigene Ich und eine verständnisvolle Umgebung voraus, die nicht einengt, sondern ermöglicht.

Literatur:

Freud A., Vorwort in: Furman E., Ein Kind verwaist. Stuttgart 1977 (Klett).

Birgit Jellenz-Siegel

Trauer von Kindern und Jugendlichen

1. Trauer von Kindern und Jugendlichen

Der Begriff *Trauer* wird in der Literatur »als gesunde, lebensnotwendige und kreative Reaktion auf Trennungs- und Verlusterlebnisse«[15] definiert. Wer schon jemals um einen geliebten Menschen oder eine verlorengegangene Beziehung getrauert hat, weiß mit welcher Intensität uns die Trauer auf all unseren Ebenen, in all unseren Bereichen begegnet. Trauer ist keineswegs *ein Gefühls-ausdruck*, sondern wird als Zusammentreffen unterschiedlichster und divergierender Symptome wahrgenommen: Auf der Ebene der Gefühle zeigt sie sich etwa als Angst, Hilflosigkeit, Zorn, Hass, Sehnsucht, Schuld, Verzweiflung. Auf der körperlichen Ebene nehmen wir z. B. Beklemmungen, Herzklopfen, Zittern, Gefühle der Leere, Müdigkeit, Schwindelgefühle wahr. Im kognitiven Bereich erleben wir uns etwa unkonzentriert, Gedanken bewegen sich im Kreis, sind unklar, konfus.

Kinder und Jugendliche reagieren auf Verlusterlebnisse – Verlust einer vertrauten Beziehung oder eines Menschen – mit vergleichbaren Gefühlen und trotzdem gibt es bedeutsame Unterschiede, deren Kenntnis es erleichtert, Kinder in ihrer Trauer besser wahrzunehmen und zu begleiten:

---

[15] Canacakis, Ich sehe deine Tränen, 1997.

Was unterscheidet die Trauer der Kinder von der Erwachsener?

Sprache und Bilder

Oft sind Erwachsene Handelnde (Scheidung) oder Augenzeugen (Todesfall), jedenfalls sind sie meist näher am Geschehen, oft auch schon in gewisser Hinsicht vorbereitet. Kinder hingegen erfahren von den Ereignissen vor allem durch »Erzählungen und Berichte«. Ihr inneres Bild davon wird zum großen Teil durch die Sprache der Erwachsenen geformt. So sind Kinder und ihre Verarbeitungsmechanismen in hohem Maße davon abhängig, *wie* und *mit welchen Worten* ihnen von dem Ereignis berichtet wird.

Für Erwachsene kann ein Verlusterlebnis bereits mit Vorstellungen, mit Bildern vielleicht auch mit Erfahrungen verbunden werden. Die Bedeutungen spezieller Begriffe (Alimente, Besuchsrecht, Verlassenschaft, Begräbnis, ...) sind im Wesentlichen bekannt. Erwachsene haben zumindest eine *Ahnung* davon, was ihnen bevorsteht. Nicht so bei Kindern – für sie ist es ein Eintritt in eine neue, unbekannte Welt! Es ist wie eine Ansammlung von Puzzleteilen, bei der nicht bekannt ist, welches Motiv beim Zusammenbauen entsteht. Kinder benötigen daher in gleichem Maße Informationen darüber, was sich ändert, wie darüber, was sich *nicht* ändert.

Wir Erwachsene sind – vor allem im Zusammenhang mit einem Todesfall – oft gewillt, Metaphern zu verwenden ohne zu bedenken, dass diese von den Kindern oft wörtlich aufgefasst werden. So können Formulierungen dieser Art bei den Kindern zu Verwirrungen (»er ist heimgegangen«), zu Ängsten oder Schlafstörungen (»sie ist eingeschlafen«) oder zu Hassgefühlen (»Gott hat ihn zu sich genommen«) führen. In diesem Zusammenhang ist die Mitteilung wesentlich, dass der Verstorbene nie mehr wiederkommt und keine Möglichkeit mehr besteht, ihn in dieser Welt wieder zu treffen. Weiters ist es für Kinder hilfreich zu wissen, wohin der Leichnam gebracht wird und dass in einem Bestattungsritus vorgesehen ist, sich vom Toten zu verabschieden.

Oftmals ist es auch die Entscheidung von Erwachsenen, *wann* das Kind davon erfahren soll. Hierbei gewinnt meist der beschützende Faktor – der Impuls, sie vor der Wahrheit zu schützen und vor dem Leid zu bewahren – Oberhand. Dass Kinder bereits mit größter Wahrscheinlichkeit *ahnen* und *spüren*, ja in einigen Fällen sogar *wissen*, kann von den – ebenfalls trauernden, geschockten – Erwachsenen oft nicht wahrgenommen werden.

Die notwendige Information, die dazu dienen soll, die kindliche Wahrnehmung zu ergänzen und somit ein vollständiges Bild zu schaffen – auch wenn dieses schrecklich ist wird oft spät gegeben oder bleibt sogar aus. Kinder wiederum neigen dazu, fehlende Informationen durch Fantasien und Angstgedanken aufzufüllen, bei Zweideutigkeiten oder unvereinbaren Informationen länger zu verweilen. Klare Informationen unterstützen aber den kindlichen Trauer- und Abschiedsprozess und erleichtern die Verarbeitung der neuen Lebenssituation. Jeder Mensch ist in diesen Augenblicken gefordert, seine eigenen Worte zu finden – eine wichtige Basis stellt das eigene Glaubens- und Weltbild dar, wobei Kinder auch in diesem Fall gute Seismographen für die Authentizität der Gespräche sind. Auch liegt es in der Verantwortung der Erwachsenen, den Kontakt zu suchen und ein *Gesprächsangebot* zu stellen; zu warten, bis Kinder das Gespräch suchen, würde wohl eine Überforderung dieser bedeuten.

Prägung durch das Verhalten der sie umgebenden Erwachsenen

Menschen in Trauersituationen brauchen Stütze und Begleitung durch vertraute Menschen ihrer Umgebung, sie benötigen Zuspruch und die Vergewisserung, dass sie trauern *dürfen* und dass ihre Art zu trauern »richtig« ist. Fehlende Rituale und die gesellschaftliche Ausgrenzung von Krankheit und Tod führten in den letzten Jahrzehnten zu stärker werdender Verunsicherung und zum Nicht-mehr-Wahrnehmen des »inneren Wissens«[16].

Kinder sind in weitaus höherem Maße von den Reaktionen der sie umgebenden Erwachsenen geprägt. Der Ausspruch eines 12-jährigen Buben »Wie kann ich weinen, wenn ich deine Tränen nie gesehen habe«[17] , verdeutlicht dies. »Kinder werden von ihren Gefühlen ‚überschwemmt‘, sie wissen nicht, wie ihnen geschieht. Erst durch einen Erwachsenen, der sie versteht und darüber spricht, werden ihnen ihre Gefühle klar«[18].

So wie Erwachsene in vielem Modellfunktion für die Kinder besitzen, so sind sie es in Verlust- und Abschiedssituationen noch um einiges mehr, »wenn eigene Tränen und Trauer nicht verschlossen sondern gezeigt werden, können Erwachsene lebenswichtige Vorbilder sein und dem Kind glaubhaft vermitteln, dass Trauer und Freude zusammengehören und dass auch ein abschiedliches Leben sinnvoll und lebensfroh gelebt werden kann.«[19]

Erst ab dem 7. Lebensjahr sind Kinder in der Lage, ein eigenständiges Trauerverhalten zu entwickeln, aber auch hier gilt, dass die wirklichen Modelle dafür die sie umgebenden Erwachsenen sind. Wenn Kinder ihre Eltern alleine trauern sehen, erleben sie Trauer keineswegs als positiv. Wenn begleitende Personen anwesend sind, können sie Schutz und Geborgenheit sehen und auch selbst erfahren. Kinder spüren sehr wohl die Trauer der Erwachsenen, nehmen aber oft gleichzeitig das Tabu wahr, darüber zu sprechen. Kinder neigen vielmehr

---

[16] In diesem Zusammenhang soll auf die Bedeutsamkeit des Bestattungsritus auch für Kinder hingewiesen werden, als Möglichkeit, gemeinsam mit anderen den Toten auf seinem letzten irdischen Weg zu begleiten und sich zu verabschieden.
[17] Figdor, Kinder aus geschiedenen Ehen, 1991.
[18] Finger, Mit Kindern trauern, S. 33, 1998.
[19] Canacakis, Auf der Suche nach den Regenbogentränen, S. 210.

dazu, die eigenen Bedürfnisse zurückzustellen, um die Erwachsenen zu schützen. Manche Kinder hindert auch ein Gefühlsgemisch aus Hass-Wut-Schuld-Angst – welches sich abwechselnd auf sich selbst, auf den abwesenden oder auf den verbleibenden Elternteil beziehen kann – das Thema anzuschneiden oder wichtige Fragen zu stellen.

So kann es sein, dass sich Mitglieder einer Familie durch gegenseitiges »Schonverhalten« voneinander zurückziehen und isolieren und in ihrer Trauer alleine bleiben, anstatt *miteinander* zu trauern, zu weinen, und sich in gemeinsamen Gesprächen zu erinnern – an frühere gemeinsame Zeiten oder an Erlebnisse mit dem Fortgegangenen bzw. Verstorbenen. Sich zu erinnern ist eine Form, aktiv Trauerarbeit zu leisten, und Trauerarbeit gelingt in der Gemeinschaft eher – nicht nur bei Kindern! Förderlich für die Erinnerungen sind dabei Gegenstände, die an den abwesenden Elternteil erinnern (wie Fotos, Lieblingsjacke, Buch etc.), denen ein besonderer Platz gegeben wird oder die in den Besitz des Kindes übergehen.

In der Gegenwart lebend

Da Kinder verstärkt in der Gegenwart leben, sind Zeiten, in denen sie sich mit dem Verlusterlebnis beschäftigen meist kürzer, weiters sind oft Stimmungsschwankungen zu beobachten. Bei Kindern ist es manchmal nur ein kurzes Gespräch, eine Frage, ein Satz – der uns ihre Beschäftigung mit den Erlebnissen zeigt. Sehr schnell wechseln Kinder zwischen der belasteten Situation und ihrem Alltag. Sie besitzen die großartige Fähigkeit, nicht auf den Alltag zu vergessen: auf den Kindergartenausflug, die Schuljause, die Verabredung mit Freunden, ... Auch spielen faktische Bedürfnisse eine größere Rolle (»Wer sorgt für mich?«, »Wer verdient jetzt das Geld?«). Hier sind Kinder uns Erwachsenen oft überlegen. Sie erfahren, dass das Leben auch Schönes und Lustiges für sie bereithält und sammeln Kraft für die weitere Auseinandersetzung mit dem Trauererlebnis. So bestimmt der Wechsel zwischen Verzweiflung und Hoffnung, Einsamkeit und Geborgenheit, Tränen und Lachen, das Leben der Kinder in dieser Zeit.[20]

2. Unterstützung für Kinder und Jugendliche im Trauerprozess

Zusätzliche Veränderungen vermeiden

Verlusterlebnisse bedeuten – nicht nur – für Kinder große Veränderungen, Irritationen ihres bisherigen Weltbildes (»die Welt stürzt ein«). Daher kann die Aufrechterhaltung der bekannten Struktur, des vertrauten Alltags eine wesentli-

---

[20] Jellenz-Siegel/Kopp-Kelter, Kinder erleben den Tod. In: Umhüllt von einem Regenbogen. RAINBOWS Informationsbroschüre Graz 2000.

che Stütze und ein Gefühl der Sicherheit vermitteln. Seine »alten Freunde« zu treffen, bedeutet für den 12-jährigen Roman ein Stück »heiler Welt«, wo er auch jetzt noch so sein kann, wie bisher. So ist jede zusätzliche Veränderung für das Kind, wie z. B. Schulwechsel, Wohnungswechsel, gut zu bedenken und die jeweiligen Vor- und Nachteile genau abzuwägen. Manchmal sind diese Veränderungen unumgänglich, manchmal kann man sie aber auch auf einen späteren Zeitpunkt verlegen.

Rituale geben Halt

Rituale sind eine weitere Möglichkeit, Struktur und Sicherheit zu vermitteln. Kinder an Ritualen teilhaben zu lassen, mit ihnen gemeinsam welche zu entwickeln, wie z. B. bewusst zu überlegen, »wie das Sonntagsfrühstück ab nun zelebriert werden kann«, bedeutet, die Kinder aktiv an der gemeinsamen Zukunft mitgestalten zu lassen. In einer Krise vermitteln Rituale allein durch ihr Vorhandensein, dass diese Krise »normal«, Teil des Lebens, der Wirklichkeit ist. Vor allem *Übergangsrituale*[21] bedeuten auch Chancen zur Veränderung, »geben dem Unausdrückbaren manchmal eine bessere, adäquatere Form ... und sie können sich tiefer in die Seele senken«[22] . Kinder spüren selbst sehr genau, ob und in welcher Form sie an Ritualen, wie z. B. den Trauerfeierlichkeiten, teilnehmen möchten. Bei einer Teilnahme ist darauf zu achten, dass sie sowohl auf den Verlauf der Feier als auch auf das mögliche eigene Verhalten und das der Erwachsenen vorbereitet werden. Sie sollen wissen, dass alle Gefühle »richtig und erlaubt« sind und sie sich nicht zu schämen brauchen.

Aufbau neuer Beziehungen

Verlusterlebnisse führen oft zu einer Veränderung des Freundes- und Bekanntenkreises. Viele ziehen sich zurück, aus Unsicherheit, »wie sie sich verhalten sollen« oder aus Angst, sich mit diesen Ereignissen zu beschäftigen. Auch den übrigen Familienmitgliedern ist es oft nur bis zu einem gewissen Grad möglich, den Kindern Unterstützung zu gewähren, zu groß sind die eigene Trauer und der Schmerz.

In diesen Zeiten ist es wichtig, Kinder und Jugendliche dabei zu unterstützen, neue Beziehungen aufzubauen mit Menschen, die ihnen einfühlsam und wertschätzend entgegentreten und die bereit sind, Kinder auf ihrem Weg zu begleiten, denn »es führt kein Weg an der Trauer vorbei, sondern nur durch sie hindurch«[23].

---

[21]rites de passages. In: Spiegel, Der Prozess des Trauerns. Kaiser 1995.
[22]Moser, In: Kiss, Brücken und Flügel, 1999.
[23]Canacakis, Ich sehe deine Tränen, [7]1997.

BASTIAN 4 J.

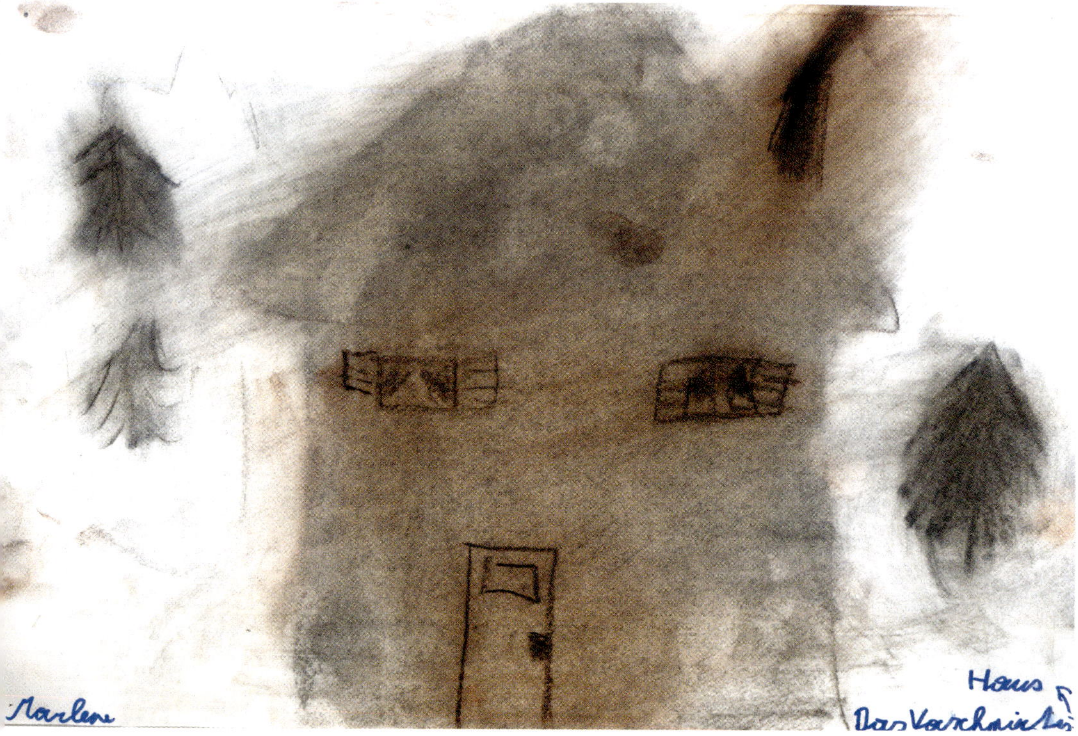

Marlen

Haus
Das Vorchain...

Was heißt die Begleitung trauernder Kinder für den/die BegleiterInnen?

Grundsätzlich bedeutet die Begleitung trauernder Kinder für uns Erwachsene eine intensive Auseinandersetzung mit den eigenen Verlusterlebnissen, die Reflexion des eigenen Umgangs mit Verlust, Abschied und Trauer sowie die Bereitschaft, eigene Trauer wahrzunehmen und zuzulassen. Erst wenn wir bereit sind, uns den eigenen Ängsten stellen, können wir die Kinder in ihrer Situation entsprechend (förderlich) begleiten und unterstützen.

3. Der kindliche Prozess des Trauerns

Sich der neuen Realität – dem Verlust durch Tod oder Trennung – anzunähern, bedeutet für den – kindlichen wie erwachsenen – Organismus eine umfassende Leistung, die er nur schrittweise bewältigen kann. Der Prozess des Trauerns findet daher in verschiedenen Phasen statt, unter Verwendung überlebensnotwendiger *Schutzfilter*.

Die ersten Minuten, Stunden, Tage nach dem Ereignis sind geprägt durch ein Gefühl des **Nicht-wahrhaben-Wollens**[24] – »das gibt es doch gar nicht!« (vgl. auch **Zeit des Leugnens**). Die körperlichen Empfindungen sind auf ein Minimum zurückgeschraubt, und Trauernde erleben sich starr und »roboterhaft«. »Diese Empfindungslosigkeit entspricht ja nicht einer Gefühllosigkeit, sondern einem Gefühlsschock.«[25]

Die Kinder/Jugendlichen versuchen aufkommende Gedanken über eine mögliche Trennung der Eltern bzw. über den Tod eines Elternteils von sich fernzuhalten. Manche reagieren durch Rückzug von FreundInnen und Familie, andere suchen Kontakte und haben das Bedürfnis, ständig über das Unbegreifliche zu sprechen. Manche wiederum wollen nicht ständig an die veränderte Situation erinnert werden und lenken sich ab, indem sie viel unternehmen. Oft wechseln sich auch Zeiten des Rückzugs mit Zeiten der Aktivität ab.

Sera[26] ist fix und fertig! Erst gestern hat sie mit Karl telefoniert und mit ihm über die geplante Geburtstagsparty gesprochen. Heute früh meldete sich seine Mutter – Karl hatte in der Nacht einen Motorradunfall und ist kurz darauf im Krankenhaus gestorben. Sie kann es nicht glauben,

»Das gibt es doch gar nicht, ... vielleicht ist es eine Verwechslung ....!« – Irgendetwas hat ihr den Boden unter den Füßen mit einem Ruck weggezogen! Sera zieht sich in den ersten Tagen nach Karls Tod zurück. Sie will, sie kann mit niemanden darüber sprechen! Alle Versuche des Gesprächs weist sie von sich. »Worüber noch reden! Ist ja eh alles sinnlos!«

---

[24] Kast 1982, vgl. auch Kübler-Ross 1969, Finger 1998.

[25] Kast in: Finger 1998. Anmerkungen auf Punkt 25 bezogen in weiterer Folge als: *

[26] Jellenz-Siegel, Erst gestern ... In: Zeitsprünge. Informationszeitschrift der katholischen Jugend Steiermark. 2000.

Die allmähliche Auseinandersetzung mit diesen Verlustgefühlen führt das Kind/den Jugendlichen in die **Zeit der Gefühlsausbrüche*** – »Trauern bedeutet auf einer seelischen Achterbahn zu leben. ...«[27] Diese aufbrechenden Gefühle (Wut, Schuld, Ängste, ...) führen zu Stimmungsschwankungen und allgemeiner Reizbarkeit und können sich sowohl gegen sich selbst richten als auch gegen die sie umgebenden Erwachsenen und Gleichaltrigen.

Sera bekam nach einiger Zeit eine unheimliche Wut auf Karl. Darauf, dass er sie »allein zurück gelassen hat«, dass »er ihr die Geburtstagsparty verhaut hat«. Sie hatten doch noch soviel vor! Gleichzeitig bekam sie aber ein schlechtes Gewissen. Gedanken, wie »ich darf doch nicht wütend sein«, »ich lebe ja« tauchten auf. Erst durch Gespräche mit ihren FreundInnen und ihrer Tante wurde ihr klar, dass diese Gefühle berechtigt waren und sie sich dieser nicht zu schämen brauchte.

Wenn die neue Situation als mögliche Wirklichkeit erkannt wird, beginnt die Rebellion dagegen. Bei Trennung oder Scheidung versuchen Kinder, durch Verhaltensänderungen (»abweisend«, »besonders lieb«) oder durch Krankheit die getrennten Eltern wieder zusammenzubringen – es ist die **Phase des Verhandelns***. Wenn sie erfahren, dass ihnen das nicht gelingt, werden sie hilflos; noch immer beherrscht das Gefühl des Beteiligtseins (Verantwortlichkeit) ihr Handeln.

Bei einem Todesfall ist diese Zeit vor allem gekennzeichnet durch erhöhte Ruhelosigkeit und ziellose Aktivität; Kinder ziehen sich in ihre Welt zurück, sind unfähig, sich auf das Jetzt zu konzentrieren. Aber es ist auch eine Zeit, wo Erinnerungen langsam zugelassen werden dürfen, Träume über Begegnungen mit dem Toten entstehen, innere Zwiegespräche mit dem Toten beginnen und Rituale entwickelt werden (Gang zum Friedhof, Gestaltung eines Erinnerungsplatzes für den Toten daheim) – es ist eine **Zeit des Abschiednehmens***. »Jetzt geht es darum, das Leben, das man miteinander gelebt hat, in der Erinnerung sozusagen »auferstehen« zu lassen.«[28]

Im Laufe der Zeit hatte Sera auch wieder Lust, bei Aktivitäten der FreundInnen mitzumachen. Oft ergab es sich aber, dass sie alle über die gemeinsame Zeit mit Karl sprachen, manchmal wurden Fotos herumgereicht oder die Musik aufgelegt, die er besonders gern mochte.

Sie entdeckte aber auch ihre Liebe zur Natur. In zahlreichen Spaziergängen, die sie im nahen Wald machte, führte sie viele Gedanken-Gespräche mit Karl – manch-

---

[27] D´Arcy, 1993 in Finger 1998.
[28] Kast, 1996.

mal weinte sie, manchmal schrie sie die Bäume an, manchmal lief sie wie ein Pfeil los um davonzurennen .... Aber diese Spaziergänge taten ihr gut, sie hatte das Gefühl, als löste sich langsam ein dicker Kloß, der abwechselnd in ihrem Hals und Bauch saß.

Wenn ein Kind erkennt, dass seine Versuche bei den Eltern nichts ändern, bzw. wenn das Kind realisiert, dass die verstorbene Person nicht mehr zurückkommt, beginnt die **Zeit der Depression oder Erschöpfung***. Dies kann zu einer Verstärkung von aggressiven oder klagenden Verhaltensweisen, aber auch zur Abnahme des Kontaktes zur Außenwelt führen. Kinder erfahren ein *Gefühl der inneren Leere* und ziehen sich erschöpft zurück. »Heilung braucht Zeit, und Traurigkeit und Niedergeschlagenheit gehören zum Heilungsprozess.«[29] Zeitweise besteht die einzige Möglichkeit, innere Kräfte zu sammeln, indem Außenaktivitäten verringert werden.

Sera hatte nun wieder das Bedürfnis sich zurückzuziehen, spürte eine große Traurigkeit in sich und fragte sich immer wieder: »Warum er, warum nicht ich?«, »Hätte ich das verhindern können?«, »Warum habe ich ihm nur zugeredet?«. Immer öfter kam aber auch das Gefühl der Gewissheit: »Nie mehr wieder werde ich mit Karl in dieser Welt zusammen sein!«

Im Laufe des Trauerprozesses anerkennt das Kind/der Jugendliche seine Realität (je nach Alter auch die Realität des Todes), es/er erkennt, dass sich in seinem Leben Wesentliches geändert hat – jetzt beginnt die **Zeit des Neubeginns und der Zustimmung***. In dieser Phase erfolgt zu irgendeinem Zeitpunkt die *Entscheidung zum Leben*. Das trauernde Kind hat gelernt, die veränderte Situation in sein Leben zu integrieren und es erfährt, dass es individuelle Stärken hat, diese Veränderung zu bewältigen. Es entwickelt mehr Verständnis für seine Beziehung zu den Elternteilen bzw. den umgebenen Bezugspersonen und es hat gelernt Hilfe anzunehmen.

Zu Karls erstem Todestag veranstalteten Sera und ihre FreundInnen ein kleines Erinnerungsfest, um gemeinsam an die Zeit mit Karl zu denken. In vielen Gesprächen wurde die Zeit aufgerollt, sie erinnerten sich an viele Erlebnisse, es wurde geweint und auch gelacht. Karl war tot – seit einem Jahr. Aber er bekam immer mehr einen Platz im Herzen seiner FreundInnen – bei den Gefühlen und Erinnerungen.

---

29 D´Arcy, 1993 in Finger 1998.

Literatur:

Canacakis J./Bassfeld-Schepers A., Auf der Suche nach den Regenbogentränen, München 1994 (Bertelsmann).

Canacakis J., Ich sehe deine Tränen, Stuttgart [7]1997 (Kreuz).

Figdor H., Kinder aus geschiedenen Ehen: zwischen Trauma und Hoffnung, Mainz 1991 (Grünewald).

Figdor H., Scheidungskinder – Wege der Hilfe, Gießen 1998 (Psychosozial).

Finger G., Mit Kindern trauern, Stuttgart 1998 (Kreuz)

Jellenz-Siegel B., Erst gestern ... In: Zeitsprünge. Informationszeitschrift der katholischen Jugend Steiermark 2000.

Jellenz-Siegel B./Kopp-Kelter B., »Kinder erleben den Tod« In: Umhüllt von einem Regenbogen. RAINBOWS Informationsbroschüre 2000.

Kast V., Trauern. Phasen und Chancen des psychischen Prozesses, Stuttgart 1982 (Kreuz).

Kübler-Ross E., Interviews mit Sterbenden, 1992 Stuttgart (gtb Sachbuch).

Spiegel, Y., Der Prozess des Trauerns. Analyse und Beratung. Gütersloh 1995 (Kaiser).

Monika Aichhorn

Veränderungen
im Beziehungsdreieck:
Kind – Mutter – Vater

Die Beziehungen eines Kindes zur Mutter und/oder zum Vater, aber auch zu den Geschwistern verändern sich oft schlagartig nach einer Trennung/Scheidung seiner Eltern oder nach dem Tod eines Elternteils. Bestehende Beziehungen wie z. B. die zwischen Vater-Sohn oder Mutter-Tochter aber auch Triangulierungen oder andere (ritualisierte) Beziehungsstrukturen, die viel Sicherheit vermitteln, werden plötzlich gegenstandslos, lösen sich in nichts auf und sind auch nur schwer ersetzbar. Denken wir an unsere eigenen Reaktionen nach einem Verlusterlebnis, wie Verwirrung, Trauer, Orientierungslosigkeit und Schuldgefühle, können wir uns das Ausmaß an emotionaler Turbulenz, die bei Kindern in solchen Situationen auftreten muss, vorstellen.

Fortgesetzte Traumatisierung mit weitreichenden Folgen für die physische und psychische Gesundheit oder aber kreative Neugestaltung wichtiger Beziehungsmuster grenzen das Spektrum der weiteren Entwicklungsmöglichkeiten ein. Wohin die Entwicklung letztendlich geht, hängt unter anderem von den Ressourcen aller Beteiligten ab. Das sind natürlich an erster Stelle Mutter und/oder Vater, dazu gehören aber auch Geschwister, Großeltern und Mitglieder einer Stieffamilie. Das Ziel, die neu zu ordnenden Beziehungen aus Sicht der Kinder zu hinterfragen, liegt darin, möglichst günstige Lebensbedingungen für die weitere kindliche Entwicklung zu schaffen. Der Meinung, dass eine Trennung grundsätzlich schon ungünstige Langzeitfolgen nach sich zieht, muss hier klar widersprochen werden. Trennungen können vielmehr ein Indikator für bereits vorher bestehende ungünstige Konstellationen sein. Der Verlust eines Elternteils wird mit hoher Wahrscheinlichkeit erst dann zum Risikofaktor für die psychische Entwicklung eines Kindes, wenn er auf lange Sicht mit traumatisierenden Lebensbedingungen verbunden ist.

Allein mit einem Elternteil

Es ist eine Tatsache, dass bei Scheidungen der mit dem Kind lebende Elternteil immer noch zu über 90 % die Mutter ist. In eher seltenen Fällen bekommt der Vater die Kinder zugesprochen oder übernimmt einvornehmlich das Sorgerecht.

Der Elternteil, bei dem das Kind nicht wohnt, wird aus Sicht des Kindes mehr in den Hintergrund treten. Er kann für das Kind zu einer sich entfremdenden Person werden und »eignet sich hervorragend« für Idealisierungen und unterschiedlichste Projektionen.

Dies bedeutet aber auch, dass der jetzt alleinerziehende Elternteil eine herausragende Bedeutung für die Beziehungssuche und emotionale Neuorientierung seiner Tochter/seines Sohnes bekommt.

Leider ist es eine häufige Tatsache, dass Kinder nach der Trennung/Scheidung mit ihren Müttern in erheblich verschlechterten sozioökonomischen Verhältnissen leben müssen. Die neuen Einkommensverhältnisse zwingen die Mutter oft, wieder rasch berufstätig zu werden – nicht selten in familienunfreundlichen Berufssparten wie Handel und Gastgewerbe. Die Folge ist, dass viele Kinder »Pflichten« übernehmen müssen, die sonst von Erwachsenen wahrgenommen werden.

Das folgende Szenario soll dieses Phänomen näher beschreiben: Die neunjährige Theresia holt seit Beginn der scheidungsbedingten Berufstätigkeit der Mutter ihren kleinen Bruder nach der Schule vom Kindergarten ab, wärmt danach das vorbereitete Mittagessen auf und erledigt den Abwasch bis die Mutter nach Hause kommt. Die Mutter ist natürlich über diese Unterstützung sehr erfreut, da sie jetzt selbst durch eine Lebenskrise geht. Manchmal genießt Theresia ihre neue Rolle. Sie fühlt sich dann wie eine »fast schon Erwachsene« und hat sich auch für Außenstehende, die sie auch vor der Scheidung schon kannten, deutlich verändert. Wenig ist geblieben von diesem fröhlichen und häufig lachenden Mädchen, sie wirkt reifer, ruhiger, aber nicht traurig – man meint, sie hätte die Scheidung wohl gut überstanden.

Wie dieses Beispiel zeigt, kann die Alltagsdynamik der Nachscheidungszeit dazu führen, dass Kinder zum Teil Aufgaben übernehmen, die zuvor der/die jetzt abwesende Partner/in inne hatte. Sie fühlen sich oft hauptverantwortlich für das Wohlergehen des Elternteils, mit dem sie leben und möchten diesen auf keinen Fall enttäuschen oder (erneut) kränken.

Hier zeigt sich, wie sich Kinder innerhalb des bestehenden Loyalitätskonflikts nach Scheidungen bzw. Trennungen behaupten können. Es scheint oft der einfachste Weg zu sein, sich mit dem einen Elternteil zu identifizieren und den anderen abzulehnen. Beide Elternteile lieb zu haben bedeutet, einen von beiden, vielleicht sogar beide zu enttäuschen, zu verraten und im Weiteren zu verlieren. Gefühle der Liebe zum anderen Elternteil erzeugen Schuldgefühle und in der Folge Angst vor Bestrafung oder Angst, von beiden Eltern verlassen zu werden.

Figdor[30] nennt drei Hauptformen, wie mit diesem Loyalitätskonflikt umgegangen wird:

1. Gemeinsam mit der Mutter wird der Vater abgewertet, ohne dass die Beziehung zum Vater aufgegeben wird. Der Vater erträgt diese Abwertung und vermeidet damit Schuldgefühle bei seinem Kind, gleichzeitig gibt er sich und dem Kind Zeit, sich neu auf die geänderte Beziehungsstruktur einzustellen.

2. Oft ist die Angst vor weiterer Enttäuschung und Liebesentzug so groß, dass das Kind seine Gefühle von den Eltern abwendet und einen Ersatz in der Befriedigung materieller Bedürfnisse sucht. Die Eltern beginnen ihrerseits, sich gegenseitig in »Zuwendungen« für ihre Kinder zu überbieten und versuchen sich die Liebe und Wertschätzung ihrer Kinder geradezu »zu erkaufen«.

3. Eine weitere Möglichkeit liegt in der Abwertung der eigenen Person. Das Lieben beider Elternteile interpretiert das Kind als eigene Schwäche, denn dem gegenüber steht der (nicht) ausgesprochene Appell der Mutter/des Vater an das Kind, den jeweils anderen Elternteil nicht zu lieben.

Auch wenn die Eltern noch so »böse« aufeinander sind, sollten sie ihren Kindern eine eigenständige Beziehung zum jeweilig anderen Elternteil ermöglichen. Nur so kann man den unvermeidlichen Konflikt etwas entschärfen und zum Abbau aufkeimender Schuldgefühle beitragen.

Besuchskontakte

Für die Kinder bedeutet die Trennung oder Scheidung, dass ein Elternteil seinen Wohnsitz ändert und aus dem alltäglichen Beziehungsrahmen herausfällt. Die Besuchsregelung wird üblicherweise zwischen den beiden Elternteilen vereinbart und dies zu einer Zeit, in der oft keine Gesprächsbasis zwischen den beiden vorhanden ist. Gekränktheit und Vorwürfe prägen meist die Atmosphäre dieser Übergangszeit.

Fast ein Viertel aller Kinder verliert innerhalb von zwei Jahren den Kontakt zu dem Elternteil, der weggezogen ist[31]. Betrachtet man die Zeitspanne bis zum Erwachsenwerden der Kinder brechen sogar 40 % der geschiedenen Väter die Beziehung zu ihren Kindern ab[32].

---

[30] Figdor H., Scheidungskinder – Wege der Hilfe. 1998.
[31] Swan-Jackson A., Zwischen den Stühlen, 1998.
[32] Figdor H., Scheidungskinder – Wege der Hilfe. 1998.

Neben eher »pragmatischen« Gründen – wie Entfernung des neuen Wohnortes, das Fehlen eines eigenen Zimmers in der Wohnung des Vaters – sind Einstellungen oder Verhaltensweisen (z. B. Gekränktheit des Vaters, Rückzug des Kindes von einem Elternteil), die aufgrund der neuen Situation entstehen, dafür verantwortlich, dass es zu Schwierigkeiten bei der Besuchsregelung kommen kann. Die Folge kann Entfremdung und Verlust einer wichtigen emotionalen Beziehung sein.

Um sich vom Partner/von der Partnerin trennen zu können, ist es für eine gewisse Zeit notwendig, den/die andere/n zum/zur »Bösen« zu machen. Daher ist es gleichzeitig umso schwieriger, in diesem Menschen den liebevollen, fürsorglichen Elternteil zu sehen, dem man das eigene Kind anvertrauen möchte. Diese Form der Spaltung macht eine vernünftige Besuchsregelung aber fast unmöglich.

Ein Teil der Verwirrung und Verunsicherung der Kinder nach einer Scheidung oder Trennung entsteht durch den Verlust ordnungsgebender Rituale. Private und gesellschaftliche Rituale prägen unsere persönliche Sozialisation und sind als wichtige Wegweiser unserer emotional libidinösen Bedürfnisse im familiären Kontext einzuordnen.
Die Scheidung per se ist das Ende einer rituell geregelten Zeit. Die Zeit danach, insbesonders die Beziehung zwischen den geschiedenen Eltern und ihren Kindern steht außerhalb geordneter gesellschaftlicher Rituale.
Die Vereinbarung der Besuchsregelungen, die den neuen Lebenssituationen entsprechen, ist eine der wichtigsten Aufgaben beider Elternteile. Gelingt dies, ist das eine der Voraussetzungen für die weitere gesunde Entwicklung der Kinder.

Wie diese Besuchsregeln aus der Sicht der Kinder erlebt werden, was sie sich wünschen und worunter sie leiden, ist ein z. B. wiederkehrendes Thema von Kindern und Jugendlichen in den RAINBOWS–Gruppen. Zusammenfassend sollen hier einige der wichtigsten Anliegen Platz finden:
- An oberster Stelle steht der regelmäßige Rhythmus der Besuchskontakte. Feste Abmachungen müssen auch eingehalten werden. Wie oft hören wir den Satz: »Er hat doch so fest versprochen, dass er wenigstens dieses Wochenende kommt, er hatte ja schon letzte Woche keine Zeit.« Wie viele Kindertränen wurden deswegen schon vergossen? Der Wechsel zum Vater/zur Mutter soll zur Gewohnheit werden, man hat jetzt zwei Zuhause und das hat ja auch viele Vorteile.

- Wichtig für die Kinder ist auch die Übergabesituation. Zwischen Tür und Angel wird man geholt oder abgegeben – »Ich bin doch kein Gegenstand«! Die Atmosphäre bei der Übergabe trägt wesentlich zum Gelingen des gemeinsamen Wochenendes bei. Es bedeutet einen großen Unterschied, ob bei der Übergabe feindliche Blicke ausgetauscht werden und betretenes Schweigen herrscht oder aber ein paar freundliche Worte, ein gemeinsamer Kaffee den Kindern eine viel raschere Anpassung an die neue Situation ermöglichen.

- Oft wird auch der fehlende Platz in der neuen Wohnung des Vaters angesprochen. Ich habe dort kein eigenes Zimmer, keinen Ort wo ich mich zurückziehen kann, »Ich glaube, ich gehöre dort gar nicht hin«. Es ist selbstverständlich, dass ein eigener Raum, es muss kein eigenes Zimmer sein, ein eigenes Bett, ein paar persönliche, lieb gewordene Gegenstände an den Platz gehören, wo man sich zu Hause fühlt. »Papa lebt momentan alleine und er hat nur eine Garçonnière. Ich glaube, es ist im gar nicht recht, wenn ich bei ihm übernachte.« (Sandra, 11 Jahre).

- Regelmäßige Kontakte sollten für alle zum Alltag werden. Spaß miteinander zu haben, heißt nicht, dass jeder Tag ein »Feiertag« sein muss. Viele Kinder haben kein Interesse daran, immer noch mehr und Außergewöhnliches geboten zu bekommen. Viel lieber würden sie manchmal zu Hause bleiben und einfach nur reden oder faul sein. Nicht selten entstehen Konflikte, wenn Kinder am Besuchswochenende mit Freund/inn/en weggehen wollen. Oft ist der betroffene Elternteil gekränkt, dass die spärliche gemeinsame Zeit so wenig geschätzt wird, und die Kinder bekommen ein schlechtes Gewissen, bleiben unmutig zu Hause. Eltern täten gut daran, ganz konkrete Abmachungen mit ihren Kindern zu treffen, durch die beides möglich wird.

– Besuchskontakte können eher gelingen, wenn darauf geachtet wird, die vereinbarten Zeiten einzuhalten. Nur zu schnell werden bei den Kindern Ängste, wie vielleicht ganz vergessen zu werden, wach. Schon ein kurzer Telefonanruf bei Verspätung kann Unheil verhindern.

Literatur:

Block J. M./Block J./Gjerde P. F., The personality of children prior to divorce, a perspective study. Child Dev., 57, 827–840 zitiert nach Resch F. (Hg.)., Entwicklungspathologie des Kindes- und Jugendalters. Ein Lehrbuch. Weinheim ²1999 (Psychologie Verlags Union).
Swan-Jackson A., Zwischen den Stühlen. Wie Jugendliche mit der Scheidung ihrer Eltern klarkommen. Freiburg 1998 (Herder).
Figdor H., Scheidungskinder – Wege der Hilfe. Gießen ²1998 (Psychoanalytische Pädagogik 3).

Monika Aichhorn & Birgit Jellenz-Siegel

Geschwisterbeziehung
– eine Stütze?

Grundsätzlich gilt, Geschwister sollten nach der Scheidung/Trennung ihrer Eltern, wenn nur irgendwie möglich, zusammenbleiben. Wie lässt sich diese Aussage begründen?

Zuallererst ist es eine Erfahrung aus vielen RAINBOWS-Gruppen, wie sehr Kinder unter der Trennung von ihrem Bruder/ihrer Schwester leiden. Auch wenn es früher noch so viel Rivalität und Auseinandersetzung gegeben hat, ist eine der vertrautesten Bezugspersonen verloren gegangen. Die Geschwisterbeziehung ist zumeist die längste und innigste Beziehung neben der zu den Eltern. Geschwister schaffen sich im Lauf der Jahre eine eigene Beziehungsstruktur mit vielen ordnenden Ritualen, die Kontinuität und Sicherheit im Umgang miteinander ermöglichen. Nicht zu vergessen ist, dass in der stürmischen Zeit einer Scheidung/Trennung die Eltern wenig Zeit für ihre Kinder haben. Nur allzu oft bekommt die Geschwisterbeziehung in dieser Zeit eine zusätzliche Intensität, die einer verwirrenden realen Umgebung Paroli bietet. In manchen Familien führt die Identifizierung des Kindes mit einem Elternteil dazu, dass die Kinder nach der Trennung/Scheidung Parteistellung für einen Elternteil einnehmen und diesen unterstützen. Kinder neigen dazu, sich vor allem dem Elternteil zuzuwenden, der in ihren Augen »die/der Schwächere« ist. Auch dieses Verhalten hat nichts mit »mehr Liebe« oder »weniger Liebe« zu tun, sondern ist oft ein Versuch auszugleichen.

In diesen Fällen kann es zu einer Rivalisierung der Geschwister untereinander kommen. Der Elternstreit hat sich damit auf die Geschwisterebene ausgeweitet und die Kinder versuchen nun, diesen Konflikt auszutragen und einen Ausweg zu finden.

Für die Eltern besteht nun verstärkt die Aufgabe, die Beziehung ihrer Kinder als ein eigenständiges Faktum zu achten und ihnen konkrete Möglichkeiten zur Lösung des unvermeidlichen Loyalitätskonflikts anzubieten. Eine wichtige Funktion haben hierbei entlastende Informationen. Wie geht es mit unserer Familie weiter, wer wird wo wohnen, Papa und Mama haben euch auch nach der Trennung noch lieb usw. In diesen Informationen sollte die Beziehung der Geschwister mit einbezogen werden, im Sinne von: Unsere Trennung bringt zwar vieles durcheinander, aber die Beziehung zu deinem Bruder/zu deiner Schwester ist dadurch nicht gefährdet. Er bleibt weiterhin dein Bruder. Sie bleibt weiterhin deine Schwester.« Dadurch, dass die Geschwister diese Informationen gleichermaßen erhalten, sind sie freier, sich um die Gestaltung ihrer Beziehung zu kümmern. Je sichtbarer und verstehbarer die nahe Zukunft für die Kinder wird, desto weniger beängstigende Fantasien werden aufkommen.

Ebenso gilt innerhalb einer Familie: die Trennung seiner Eltern ist für *jedes Kind* ein Verlust. In den meisten Fällen reagieren Geschwister auf familiäre Veränderungen sehr unterschiedlich. Manche Kinder reagieren sehr stark und auffällig, manche bleiben unauffällig, manche werden ruhiger und »vernünftiger«, sie übernehmen einen Teil der Elternverantwortung. Aber auch hier gilt: die Stärke der (sichtbaren) Reaktion ist nicht ausschlaggebend für die Stärke des inneren Leids!

Zwei sehr häufige Aspekte in der Geschwisterbeziehung nach Scheidung/Trennung aber auch nach dem Tod eines Partners werden hier im Weiteren noch angesprochen.

Der erste ist die besondere Rolle älterer Geschwister. Nicht selten werden sie zum Ersatzvater, zur Ersatzmutter ihrer Geschwister. Sie übernehmen Funktionen, die sonst von Erwachsenen wahrgenommen werden. Das Schwierige dabei ist, dass dieses »Erwachsen werden« auch viel Sicherheit bietet und durchaus freiwillig übernommen wird. Gefühle wie, »auf mich ist Verlass«, »ich bin stark« vermitteln Orientierung in einer bewegten, von viel Unsicherheit gekennzeichneten Welt. Auch für die kleineren Geschwister wird der ältere Bruder/die ältere Schwester zur Stütze und oft zur wichtigsten Bezugsperson. Doch Vorsicht, Geschichten solcher Geschwisterbeziehung gehen selten gut für die betroffenen Kinder aus. Die älteren Geschwister verlieren mit einem Schlag jede Chance für eine eigenständige kindgerechte psychische Entwicklung. Sie erleben täglich ihre reale emotionale und auch körperliche Überforderung und können diese kaum kompensieren. Ihre eigenen Schwächen, Ängste und ambivalenten Gefühle müssen zwangsläufig verdrängt werden und finden oft erst viel später in unterschiedlichen Symptomen ein Ventil. Beide Elternteile müssen daher, auch wenn sie noch so stolz sind auf ihren Ältesten/ ihre Älteste, einen Platz für kindliche, regressive Bedürfnisse und Gefühle offen lassen.

Der zweite, oft übersehene Aspekt betrifft ebenso die älteren Kinder. Gibt es noch Kleinkinder oder gar ein Baby in der Geschwisterreihe, bekommen diese oft den größten Teil der Aufmerksamkeit der sie versorgenden Erwachsenen – meist der Mutter. Diese Benachteiligung wird dann durch den Vater ausgeglichen, der sich als eigene Bezugsperson anbietet. Diese Kompensation ermöglicht dem Kind, sich von seiner Mutter auch weiterhin geliebt zu fühlen und die Eifersucht auf sein jüngeres Geschwisterkind intrapsychisch in erträgliche Bahnen zu leiten.

Ein Vater, der nur jedes zweite oder dritte Wochenende zu Besuch kommt, kann diese kompensatorische Aufgabe nicht erfüllen. Es besteht vielmehr die Gefahr, dass die Bevorzugung des jüngeren Kindes weiter fortgesetzt wird.

Bei solchen Konstellationen bzw. bei Phasen starker Konkurrenz und Rivalisierung der Geschwister mag es – vor allem für ältere Kinder – für diese Zeit einfacher sein, jeweils alleine den anderen Elternteil zu besuchen und mit ihm diese Zeit zu verbringen. So können sich die Geschwister zunächst einzeln der bleibenden Zuneigung des Elternteils versichern, sich aber auch der Neugestaltung einer veränderten Beziehungssituation widmen. In dem selben Maße gelingt es dem Vater/der Mutter besser, auf die individuellen Bedürfnisse des Kindes einzugehen. Wenn ein gewisses Maß an Vertrauen und Sicherheit wieder gewonnen wurde, wird es auch wieder möglich sein, dass Geschwister gemeinsam den Vater/die Mutter besuchen.

In Zeiten der Krise kann für die Kinder die Geschwisterbeziehung aber auch stützend sein. Sie rücken näher zusammen und können sich über ihre vergleichbare Situation austauschen, sich ihre Ängste mitteilen und miteinander über die Zukunft diskutieren.

Neben vielen unumstößlichen Veränderungen verbringen sie weiterhin gewohnte Zeiten miteinander und spielen ihre gemeinsamen Spiele. Bei der Planung eines veränderten Tagesablaufes (z. B. durch veränderte Schulwege oder vermehrte Nachmittagsbetreuung) sollte daher auch auf die geschwisterlichen Bedürfnisse geachtet werden.

So haben sie (wieder) einen Gesprächspartner gefunden, dem sie ihre Sorgen erzählen können, mit dem sie offene Fragen besprechen können und eventuell Strategien der Bewältigung finden und entwickeln können. Neben gemeinsamen Überlegungen, wie sie ihre veränderte Lebenssituation gestalten werden, können sie somit ihre gleiche Herkunft – also Kinder derselben Eltern zu sein – für sich als Ressource nutzen.

Literatur:

Figdor H., Scheidungskinder – Wege der Hilfe. Gießen ²1998 (= Psychoanalytische Pädagogik 3).
Petri H., Geschwister – Liebe und Rivalität. Die längste Beziehung des Lebens. Zürich ⁵1998 (Kreuz).

Elisabeth Wöran

Stief-, Patchwork-,
Mehrelternfamilie –
Wie nennen wir uns?

Die Möglichkeit, dass getrennte/geschiedene Eltern wieder eine Beziehung, Ehe oder Lebensgemeinschaft mit einem neuen Partner eingehen, ist relativ groß[33].

Für die Kinder ist die neue Beziehung eines Elternteils eines der einschneidendsten Erlebnisse, das ihnen im Laufe der Jahre nach der Trennung/ Scheidung der Eltern widerfährt. Die dabei aufbrechenden Gefühle und Fantasien sind dabei eng mit dem Scheidungserleben der Kinder verbunden[34]. Bis in einer Stieffamilie jedes Mitglied seinen Platz gefunden hat und sich wohl fühlt, vergeht oft viel Zeit. Und die Situation der Kinder ist durch die Komplexität der Stieffamilien dabei nicht einfach. »Stieffamilien sind in ihrer Zusammensetzung hinsichtlich der Anzahl der beteiligten Personen und der damit zusammenhängenden Beziehungsstrukturen komplexer als Kernfamilien.«[35]

Was ist nun eine Stieffamilie?

Auf jeden Fall keine neue Familienform, wenn man bedenkt, wie viele Frauen früher im Kindbett gestorben sind, bzw. wie viele Männer im Krieg umkamen. Die Umstände sind heute jedoch anders als früher und so ist die Bedeutung

---

[33] Leider sind demographische Daten in Österreich in diesem Bereich so gut wie nicht erhoben. In Deutschland wurde bereits 1989 darauf hingewiesen, dass ungefähr jedes zweite Kind nicht in seiner ursprünglichen Familie aufwachsen wird.

[34] Figdor 1997, S. 45ff.

[35] Deutsches Jugendinstitut (Hg.), Schattner H.

der Familienform »Stieffamilie« auch neu.

»Es ist die neue Lebensgemeinschaft eines Elternteils und seiner Kinder mit einem neuen Partner, der unter Umständen eigene Kinder in die neue Familie mitbringt. Ihr wichtigstes Strukturmerkmal besteht darin, dass es außerhalb des Haushaltes, in dem die Kinder leben, meist einen weiteren Elternteil gibt.«[36]

Bereits bei dieser Definition wird ersichtlich, dass es Unklarheiten in den Familiengrenzen nach außen gibt. »Es bestehen unausgesprochen Unstimmigkeiten (der Stieffamilienmitglieder, Anm. d. Autorin), wer zur Familie gehört und wer nicht.«[37]

Kinder haben meist eine andere Definition darüber, wer zur Familie gehört, als die Eltern/Stiefeltern. So zeichnen z. B. viele Kinder in den RAINBOWS-Gruppen den außerhalb lebenden Elternteil ins »Familienhaus« – also zur Familie gehörig.

Wie geht es den Kindern innerhalb der Stieffamilie?

Wenn ein neuer Partner der Mutter bzw. eine neue Partnerin des Vaters »auftaucht«, so stellt dies für das Kind vorrangig eine Bedrohung dar. Ist die Beziehung durch die Trennung/Scheidung der Eltern zwischen Kind und Vater/Mutter ja bereits verändert und neu definiert, so wird diese Beziehung nun neuerlich in Frage gestellt, auf jeden Fall beleuchtet. Für das Kind stellen sich eine Vielzahl von Fragen: »Will oder wird eine andere Person den leiblichen Elternteil, der außerhalb wohnt, ersetzen? Liebt Vater oder Mutter den neuen Partner/die neue Partnerin mehr als mich?«

Gibt es noch Stiefgeschwister, so stellt sich für das Kind neuerlich die Frage, ob es jetzt noch geliebt werden wird. Welchen Platz wird es künftig in der Familie haben? Auch Eifersucht auf den neuen Elternteil, Angst die Mutter/den Vater nun ganz für sich zu verlieren, Ängste vor dem Neuen, Unbekannten, das kommen wird, setzen Kindern in ihrer Gefühlswelt zu.

Ausgedrückt kann dies durch eine Vielzahl von Reaktionen werden: Konkurrenzkampf den Stiefgeschwistern gegenüber, Auflehnung gegenüber dem Elternteil, mit dem das Kind lebt, Ablehnung des Stiefelternteils, bei Geburt eines Stiefgeschwisters Ablehnung diesem gegenüber.

Die Fantasien und Wünsche der Kinder, dass ihre Eltern wieder zusammenkommen werden und sollen halten sich auch nach einer neuerlichen Heirat oft noch hartnäckig. Nur überdurchschnittlich große Geduld von den Erwachsenen und keine großen Erwartungen, dass die Stieffamilie möglichst schnell wie eine »heile« intakte Familie funktionieren soll, ist in solchen Situationen erfor-

---

[36] Bopp A./Nolte-Schefold S.,1999.
[37] Wieser-Hörmann E. Die Stieffamilie,1986.

derlich. Beziehungen, in diesem Fall die neuen Beziehungen in der Stieffamilie, müssen die Chance haben, wachsen zu können und Kinder haben meist ein anderes Tempo als Erwachsene.

Gesellschaftliches Phänomen

Wenn wir überlegen, dass im gängigen Sprachgebrauch keine Bezeichnungen für Personen oder wesentliche Beziehungen innerhalb einer Stieffamilie vorhanden sind (z. B. fehlender Begriff für die Beziehung zwischen Frau und außerhalb lebenden Kindern ihres Partners) und die vorhandenen Begriffe eher negativ besetzt sind (z. B. Stiefmutter), wird deutlich, dass die Stieffamilie relativ stark auf sich alleine gestellt ist bei der Klärung ihrer Beziehungen und dem Finden der Positionen für die einzelnen Familienmitglieder.

In einer Stieffamilie treffen eine gewisse Anzahl von Subsystemen mit je eigenen Lebens- und Entwicklungsgeschichten aufeinander und die große Leistung der Stieffamilie besteht darin, aus dieser Komplexität ein System – ihr Familiensystem – aufzubauen. Dass dieses System oft instabil ist, zeigt die hohe Scheidungsrate bei Stieffamilien, viele Kinder erleben wieder die Trennung dieser Familie. Wallerstein und Blakeslee fanden bereits im Jahre 1989 heraus, dass die Hälfte der Kinder ihrer Studie innerhalb des zehnjährigen Untersuchungszeitraums mindestens zwei Scheidungen der Mutter oder des Vaters erlebten.[38]

Ein weiterer Stolperstein auf dem Weg zu gelingenden Stieffamilien ist, dass es weder für die Stieffamilie selbst noch für die zu Besuch kommenden Kinder »klare soziale Normen, Vorbilder und Muster, was die Gestaltung der Beziehungen, etwa hinsichtlich ihrer sozialen Verbindlichkeit« gibt.[39]

Kann ein leiblicher Elternteil durch einen Stiefelternteil ersetzt werden?

Wenn Mütter/Väter eine neue Beziehung eingehen, so wollen sie etwas Gutes für sich *und* für ihre Kinder. Sie wollen alte Fehler vermeiden, sie wollen eine »heile« Familie sein und wünschen natürlich, dass diese Beziehung besser läuft als die vorhergegangene. Aus diesem Wunsch heraus entsteht oft der Gedanke, dass der Stiefelternteil den leiblichen Elternteil ersetzen kann, dass z. B. der neue Partner sich mehr um das Kind kümmert, als es der leibliche Vater möglicherweise je getan hat. »Der Fehler besteht jedoch darin, dass diese Argumentation die väterlichen Funktionen ganz von der Person des Vaters trennt. Weder Liebes- noch Identifizierungsobjekte sind jedoch einfach austauschbar. Wären sie das, gäbe es auch im erwachsenen Liebesleben keinen Liebeskummer mehr.«[40]

---

[38] Wallerstein J./Blakeslee S., 1989.
[39] Deutsches Jugendinstitut, Schattner H./Schuhmann.
[40] Figdor, Wege der Hilfe, 1998.

Für die Entwicklung der Kinder ist es unbedingt notwendig, die Beziehung zum außerhalb lebenden Elternteil zu erhalten und die Beziehung zu ihm zu ermöglichen. Daher sollte sich jede Stieffamilie überlegen, wie sie lebbare Besuchskontakte durchführen kann, um den Kontakt zwischen Kindern und dem außerhalb lebenden Elternteil zu gewährleisten. Wird in der Fachliteratur in Krisensituationen ein festgelegtes Besuchsrecht einer flexiblen Lösung vorgezogen, so wird auch in der Stieffamilie durch fixe Regelungen vermieden, dass vorhandene Konflikte eskalieren. In Stieffamilien, wo jedoch auch ein »zweiter Vater oder eine zweite Mutter« vorhanden ist, der/die sich dann womöglich in eventuelle Streitereien der Ex-PartnerInnen einlassen, ist es nur mit großer Geduld und starkem Einfühlungsvermögen möglich, im Sinne der Kinder zu agieren.

Stieffamilien sind ein täglich neues Experimentierfeld für Kraftproben, Auseinandersetzungen und Positionsfindungen. Sind die beteiligten Mitglieder der Stieffamilie bereit, sich auf den Prozess ihrer Stieffamilie einzulassen und im Bedarfsfall auch professionelle Hilfe in Anspruch zu nehmen, so kann Stieffamilie, als gebotene Chance begriffen, für alle bereichernd gelebt werden.

Literatur:

Deutsches Jugendinstitut (Hg.), Schattner H./Schuhmann, Meine-deine-unsere Kinder. Eine alte Familienform mit neuer Bedeutung. In: Wie geht's der Familie?
Bopp A./Nolte-Schefold S., StiefKinder – RabenEltern – RabenEltern – StiefKinder. Leben in einer Patchworkfamilie: Probleme erkennen, Perspektiven gewinnen. Reinbek bei Hamburg 1999 (Rowohlt tb).
Figdor H., Scheidungskinder – Wege der Hilfe, Gießen ²1998 (Psychosozial).
Geißler S. A./Bergmann W., Unsere neue Familie, Dilemma und Chance der Stief-Familie, Freiburg im Breisgau 1989 (Herder).
Wallerstein J./Blakeslee S., Gewinner und Verlierer. Frauen, Männer, Kinder nach der Scheidung. Eine Langzeitstudie, 1989, München (aus dem Amerikanischen: second chances).
Wieser-Hörmann E., Die Stieffamilie. In: Dialog März 1986.

ja weil es für mich wichtig ist. (Die st mit Gliedern)
Das zusammen setzen. Mir geht es sehr gut in der Grad Grube.
Der Kumerstein und die Babin Belle hat mia sehr geholfen.

MELANIE Wagner
11 81

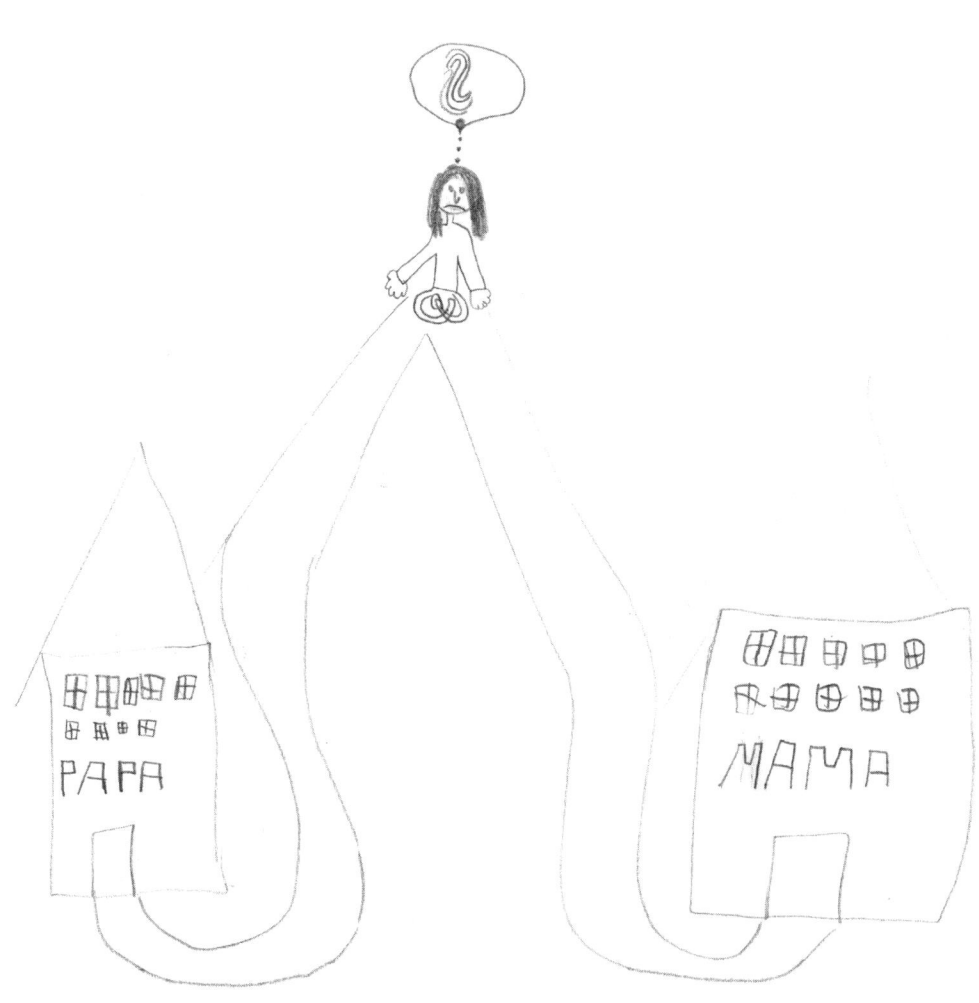

EIN BLICK AUF DIE KINDER
... AUS VERSCHIEDENEN BERUFLICHEN PERSPEKTIVEN

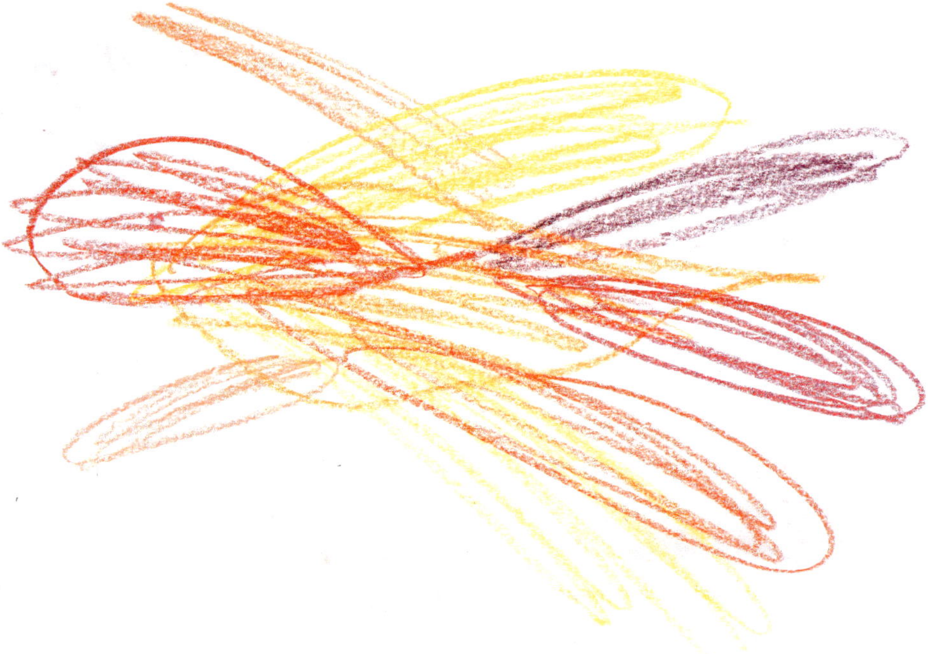

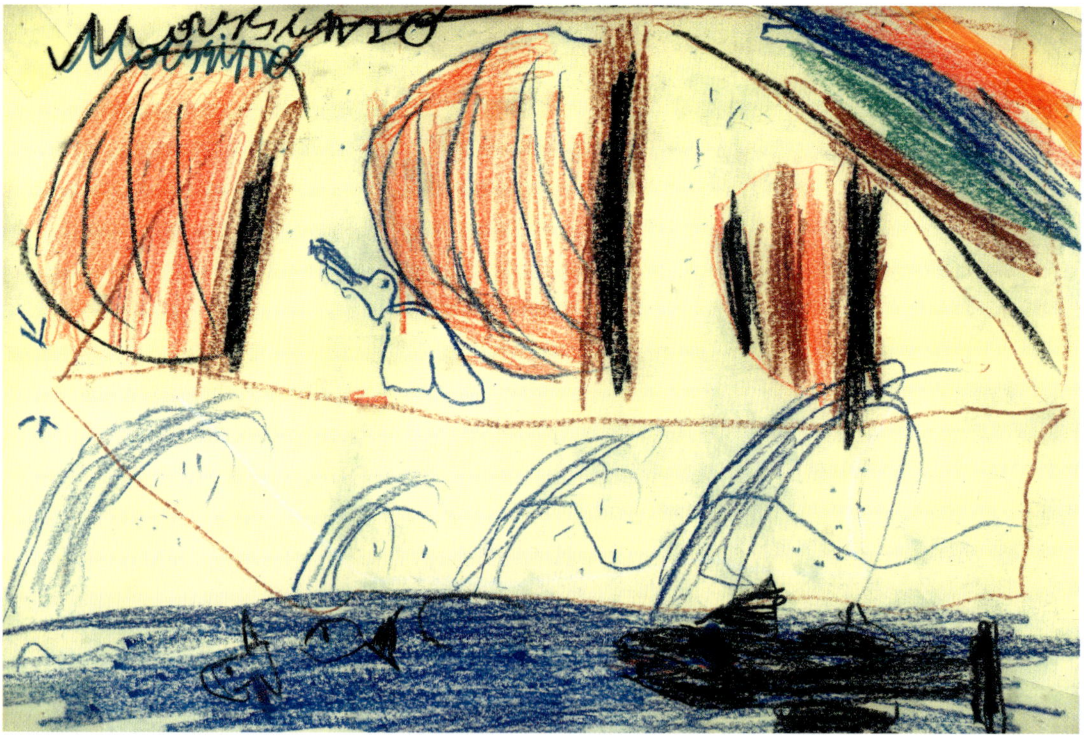

Anton Strahlhofer

Chancen und Grenzen im schulisch-pädagogischen Arbeitsfeld

Will man das Thema Trennung-Scheidung-Tod aus schulischer Sicht differenziert beschreiben, wird man, schon wegen der sehr unterschiedlichen altersbedingten Ausprägung der Reaktionsweisen von Kindern, ohne eine Fokussierung des Blickwinkels nicht auskommen. In diesem Sinne möchte ich im folgenden Erfahrungsbericht den Blick vor allem auf die Altersgruppe zwischen 14 und 18 Jahren, also auf das Jugendalter, lenken.

Als Lehrer an einer berufsbildenden höheren Schule möchte ich überdies auf die Besonderheit dieses Schultyps hinweisen, die darin besteht, dass es – etwa ausgeprägter als in allgemeinbildenden oder ortsansässigen Grundschulen – eine starke Funktionalisierung des Schulbesuchs in Richtung einer berufspragmatischen Qualifikation gibt, was wiederum eine verstärkte Ausblendung persönlich-familiärer Lebensbereiche aus dem schulischen Erlebnisfeld zur Folge hat. So kann es durchaus vorkommen, dass krisenhafte familiäre Änderungen bei SchülerInnen in der Anonymität eines großen Schulbetriebs schlichtweg »untergehen«, wenn nicht ein Elternteil oder der/die SchülerIn selbst von sich aus ein vertrauliches Gespräch mit einem Lehrer/einer Lehrerin sucht.

Vorweg kann sich der Klassenvorstand einer neuen Klasse nur aus den sehr spärlichen Angaben der Schülerstammdatenblätter ein vages Bild von der Familiensituation der einzelnen SchülerInnen zusammenbasteln (z. B. Situation von Alleinerziehenden).

Interessanterweise ist es der Deutschlehrer, der nicht selten in der »privile-gierten« Situation ist, als Erster mehr über den persönlichen Background eines Schülers zu erfahren. Monologe, Problemarbeiten, Erlebnisberichte etc. ge-währleisten – ein gutes Vertrauensverhältnis zwischen Lehrer und Schüler vor-ausgesetzt – einen relativ intimen und geschützten Rahmen, um persönliche Nöte zum Ausdruck zu bringen. Wenn es jedoch geschieht, dass Elternteile beim Elternsprechtag die schwierigen Familienverhältnisse des Schülers an-sprechen (und dies oft sehr emotional), dann ist der/die LehrerIn momentan überfordert, auf die besondere Situation näher einzugehen.

Im Übrigen bleibt dann eben nur mehr das breite und diffuse Wahrneh-mungsfeld einer indirekten schulischen »Defizitsymptomatik«. Sogenannte »schwierige« Schüler, die nicht systemkonform »funktionieren«, werden Anlass für ein mehr oder weniger engagiertes pädagogisches Nachgehen seitens eini-ger LehrerInnen.

Für andere LehrerInnen werden psychohygienisch an sich wichtige Äußerungs-formen von Jugendlichen wie etwa Trauer, Wut, Konzentrationsschwierigkeiten, Motivationskrisen etc. zum »Problemfall« in einer Klasse. Bedauerlicherweise meinen manche Lehrer, dass sich solche »Problemfälle« mit Notenschluss von selbst »lösen«. Es gibt in einer höheren Schule ja keine Schulpflicht ...

Was hier sehr lakonisch klingt und vielleicht auch etwas überspitzt darge-stellt ist, soll auf ein gesellschaftliches Problem hinweisen: Die Funktionali-sierung und Anonymisierung der Schule, nicht zuletzt infolge eines immer grö-ßer werdenden wirtschaftlichen Leistungsdrucks, führen zu einem Grunddilem-ma, mit dem sich engagierte PädagogInnen zunehmend konfrontiert sehen: Nämlich trotz eben dieser Leistungserwartung zugleich auch vermehrt den – an die Schulen delegierten, oft sehr diffusen erzieherischen – Erwartungshaltun-gen der Eltern gerecht zu werden. Wenn die Familie, etwa durch eine Schei-dung, einen empfindlichen Funktionsverlust erleidet, dann ergibt sich daraus häufig ein verdeckter erzieherischer Auftrag an die Schule. Die fachlich-inhaltli-che Überfrachtung des Lehrplanes lässt den im österreichischen Schulunter-richtsgesetz formulierten erzieherischen Grundauftrag der Schule aber zuneh-mend ins Hintertreffen geraten.

Also gibt die Schule den Auftrag mit der mitunter pädagogisch verbrämten Begründung zurück, dass es in Zeiten wie diesen eben ein Luxus sei, persönli-che Probleme zu haben, zumindest wenn man ein konkretes Berufsziel vor Augen hat. Wir vergessen dabei, dass es sich bei diesen »Problemen« um Kri-sen von Kindern und Jugendlichen handelt, welche, abgesehen von der ohnehin schon konfliktträchtigen Umbruchzeit der Pubertät, dringend eine einfühlsame Begleitung bräuchten und nicht wie jugendliche Erwachsene zu behandeln sind.

Wie ist die Problematik Trennung-Scheidung-Tod nun – vorbehaltlich der genannten Grenzen – in der Schule erfahrbar? Da ich in einer Höheren Technischen Lehranstalt (HTL) unterrichte und es sich bei diesem Schultyp noch immer um eine fast klassische Männerdomäne handelt, äußert sich hier die Scheidungsproblematik vermutlich in einer besonderen Weise: Waren die Burschen bisher aufgrund der überwiegenden familiären Konstellation – *Mutter als Alleinerzieherin – Sohn (eventuell Geschwister)* – hauptsächlich von Frauen umgeben, ergibt sich im schultypenspezifischen Umfeld einer HTL erstmals die Identifikationsmöglichkeit mit einer klassischen Männerrolle, nämlich der des Technikers.

Dies eröffnet für einen Jugendlichen (respektive Burschen) einerseits zweifellos eine progressive Bewältigungsmöglichkeit einer familiären Trennungssituation, zumal angesichts eines oft real abhanden gekommenen Vaters. Andererseits provoziert diese Konstellation nicht selten Übertragungen in Richtung männliche Lehrer, welche oft unbewusst zur Projektionsfläche für alle möglichen Wunschbilder des Schülers werden[41].

Mit der besonderen Gruppendynamik einer reinen Burschenklasse dürfte überdies ein ausgeprägter Zug zum Überspielen der mit einem innerfamiliären Trennungserlebnis verbundenen Gefühlsstürme zu tun haben. »Coolness« scheint bei Burschen allgemein, aber besonders in diesem schulischen Kontext eine »bewährte« situative Bewältigungsstrategie zu sein.

Grundsätzlich finden sich rückblickend bzw. im gegenwärtigen schulischen Erfahrungsfeld zwei, natürlich in der Darstellung etwas idealtypisch vergröberte, gegensätzliche Äußerungsbilder, wie Schüler mit einer einschneidenden familiären Umbruchssituation umgehen:

Da ist einerseits der ruhige, introvertierte, unauffällige Schüler, welcher in der Gruppendynamik der Klasse leicht in die Außenseiterrolle fällt.

Und da ist auf der anderen Seite der augenfällig verhaltensdeviante, laute, »störende« Schüler, der natürlich auch in den Mittelpunkt der Lehreraufmerksamkeit rückt bzw. diese über weite Strecken vereinnahmt. Nach meiner Beobachtung wird ein allenthalben auftretender Leistungsabfall bei diesen Schülern häufig sekundär durch disziplinäre Schwierigkeiten und Konfliktsitua-

---

[41] Am eindrucksvollsten ist mir ein Konflikt mit einem 17-jährigen Schüler in Erinnerung, bei dem ich als Mann nolens volens und unversehens zum »Blitzableiter« für eine nicht aufgearbeitete Vaterbeziehung des Schülers infolge einer Trennung der Eltern geworden bin. Erst nach Monaten einer sehr kräfteraubenden, aggressionsgeladenen Konfrontation war es mir im Zuge eines persönlichen Gesprächs mit dem Schüler möglich, mehr über dessen Familiensituation zu erfahren und damit unseren »Stellvertreterkrieg« aufzulösen.

tionen im Lehrer-Schüler-Verhältnis ausgelöst. So führt etwa ein offensichtlich unmotiviertes, störendes bzw. aggressives Verhalten seitens eines Schülers bei Lehrern häufig zu einer unbewussten Abwehr- und Ablehnungsreaktion gegen diesen Schüler. Maßgeblichen Anteil an dieser Ablehnungsreaktion hat zweifellos der oft eklatante Mangel an persönlicher Selbstreflexion des unterrichtenden Lehrers, der, weil er aggressives Verhalten nicht zu deuten weiß, dieses unreflektiert und fälschlich nur auf seine Person oder seinen Unterricht bezieht. Die »Rechnung« bezahlt schließlich dennoch der Schüler, der »am kürzeren Hebelarm« sitzt, mit einer entsprechend schlechten Leistungsbeurteilung.

Gerade weil diese Schüler übermäßig viel Energie des Lehrers absorbieren, unterliegt Letzterer nur zu leicht der Versuchung, die introvertierte Zurückgezogenheit anderer Schüler dankbar als »Pflegeleichtigkeit« und glücklichen Normalfall hinzunehmen. Dies wiederum unterstützt die Tendenz, die unauffällig-problembeladenen Kinder in der Klassendynamik untergehen zu lassen. Letztlich wird der Lehrer auf diese Weise weder den Bedürfnissen des symptombildenden Typs, noch denen des angepassten, »braven« Schülers gerecht.

Die Frage aber ist, ob und inwiefern der/die LehrerIn sich mit dem Phänomen im schulischen Kontext mit seinen eigenen Gesetzmäßigkeiten und seinen leistungsdominierten Strukturzwängen, konfrontiert mit einer Vielfalt oft divergierender gesellschaftlicher Erwartungshaltungen überhaupt auseinandersetzen kann. Die Frage ist weiters, ob die Schule in ihrer weitgehend funktionalen und instrumentalisierten Abgehobenheit vom Privatleben der geeignete Rahmen ist, die Problematik Trennung-Scheidung-Tod als eigenes pädagogisches Anliegen aufzugreifen und strukturell zu verankern.

Ich würde diesbezüglich meinen, eine Schule könnte im Zuge der laufenden allgemeinen Autonomisierungtendenzen und der Bemühungen um ein konturiertes, eigenes Leitbild versuchen, diese pädagogische Herausforderung anzunehmen.

- Dazu wäre es notwendig, das Problembewusstsein eines tiefgreifenden gesellschaftlichen Wandels, der krisenhaft auch Partnerschaft sowie Familie erfasst und diese vielleicht vor die schwierige Aufgabe einer neuen Selbstdefinition stellt, auch strukturell in die Bildungspolitik und das konkrete Unterrichtsgeschehen einfließen zu lassen.

- Was bisher in einzelnen Gesprächen einiger engagierter LehrerInnen während der Pause, untereinander bzw. mit Elternteilen oder in Form gelegentlicher, dem Schüler wohlgesonnener Wortmeldungen während der Klassifikationskonferenz (»... ja, er hat es halt schwer daheim ...«) geschieht, gehört in die Liste der wichtigen Themen von pädagogischen Konferenzen und

Wos sull de Scheiße?!!
Seids deppat wurden?!!
Gibt's ka andere Lösung?!!
Florian, 11 Jahre

Papa hat mir gesagt, ich soll der Mama sagen, sie soll mir die Fußballschuhe kaufen.
Stefan, 8 Jahre

Wenn ich zornig bin, dann laufe ich ein paar Runden um unseren Häuserblock.
Stefan, 11 Jahre

Ich wünsche meinem Vater, dass er glücklich wird.
Sarah, 10 Jahre

Ich bin ziemlich enttäuscht, dass mein Vater nicht versucht, mit mir Kontakt aufzunehmen. Ich war sehr klein, als sie sich scheiden ließen. Ich kann mich kaum noch an ihn erinnern. Trotzdem könnte er es wenigstens versuchen.
Michael, 14 Jahre

Ich wünsche mir, dass meine Mama mich auch dann noch lieb hat, wenn sie einen neuen Freund hat.
Jan, 7 Jahre

Scheiße, was soll das? Wieso genau ich? Es gibt so viele Leute auf der Welt und genau mich muss es treffen? Das ist so unfair! Scheiß Leben.
Michael

Wenn ich nach dem Besuchstag vom Papa heimkomme, und so richtig traurig bin, dann gehe ich auf mein Zimmer fernsehen.
Paul, 7 Jahre

Ich würde gerne mit Mutter und Vater ins Kino gehen!
Lukas, 10 Jahre

Das ganze Theater und Gestreite, wer wann die Kinder haben darf, und wieviele Tage in den Ferien, das geht mir schon so auf die Nerven! Es ist richtig schlimm!
Laura, 10 Jahre

Manchmal streiten meine Eltern, wenn sie miteinander telefonieren. Und immer geht´s dabei um mich. Ich kann das nicht verstehen, warum die immer streiten müssen. Ich fühle mich dann sehr öd und dann krieche ich am liebsten unter die Bettdecke.
Daniel, 13 Jahre

Ich glaube, dass Mama sehr traurig ist, wenn ich das ganze Wochenende bei Papa bin. Sie vermisst mich sicher.
Katharina, 10 Jahre

Schulleitbildkonzepten aufgenommen.

- Das vielzitierte Kommunikationsdreieck: Eltern-Lehrer-Schüler (E-L-S) braucht eine gute strukturelle Basis innerhalb der Schule, etwa in Form mediativ geführter E-L-S-Gespräche.

- Bezüglich der praktischen Umsetzung von pädagogischen Vorsätzen zur Berücksichtigung der Scheidungsproblematik bleibt es natürlich eine Frage der persönlichen »credibility«[42] einzelner Lehrpersonen, auch eine Frage des Fingerspitzengefühls, um das Vertrauen »krisengeschüttelter« Jugendlicher zu finden, um eine hilfreiche schulische Begleitung durch diese schwierige Zeit bieten zu können. Eine verbindliche pädagogische Weiterbildung der LehrerInnen sowie Selbstreflexions- u. Supervisionspflicht wären in diesem Zusammenhang sehr wünschenswert.

- Um der realistischerweise nicht lebbaren Doppelrolle zwischen leistungsbeurteilendem »Notenexekutor« einerseits und Vertrauensperson andererseits zu entgehen, laufen in einigen Schulen bereits die ersten zaghaften Versuche, durch die Betrauung nicht durch diese Doppelrolle belasteter, mitunter auch schulfremder Personen eine Art Mediationsdienst für Eltern, LehrerInnen und SchülerInnen anzubieten.

- Auch über eine Art familientherapeutischer Begleitung als Angebot in Schulen, das sich von der schulpsychologischen Beratung durch mehr Schülernähe unterscheiden müsste, wäre nachzudenken.

- Eine weitere Möglichkeit wäre die verstärkte Nutzung von Synergien mit außerschulischen, psychosozialen Betreuungsangeboten. So wäre für mich z. B. RAINBOWS in der Schule – vorbehaltlich bestimmter Rahmenbedingungen – ein durchaus vorstellbares Projekt.

Wenn die Schulen als Ausbildungsinstitutionen auch kein explizites Arbeitsfeld für therapeutische bzw. psychosoziale Begleitung sein können, so muss dennoch der im Schulzielparagrafen festgeschriebene bildungspolitische Grundauftrag erhalten bzw. immer wieder neu entdeckt und entfaltet werden: Nicht für die Schule, auch nicht für die Wirtschaft (!), sondern für das Leben – will heißen: das entfaltete Menschsein in einer intakten Umwelt – lernen wir. Was hinsichtlich der Bewältigung von krisenhaften Lebensphasen wie Trennung, Scheidung und Tod wohl besondere Gültigkeit hat.

Literatur:
Henning C./Knödler U., Problem Schüler – Problem Familien. Ein praktisches Lehrbuch zum systemischen Arbeiten mit schulschwierigen Kindern. Weinheim und Basel 1985 (Beltz).

---

[42] Im Sinne von »personal gelebter Glaubwürdigkeit«.

Christine Haselbacher

Kinder und Jugendamt:
Wer hat die besseren Argumente?

Das »Kindeswohl« ist ein viel strapazierter Begriff und speziell allen MitarbeiterInnen der Jugendwohlfahrt bekannt. Ob damit schon der Blick auf die Kinder gemeint ist? Wie viele Stellungnahmen zu Gerichtsakten enden mit der Zeile: »Im Sinne des Kindeswohles wäre es günstig ...« oder auch: »Da entspricht es eher dem Kindeswohl, dass ...«?

Was aber ist das Kindeswohl, was ist überhaupt das Jugendamt, wie ist der Blick auf die Kinder und warum RAINBOWS in diesem Zusammenhang?

Was entspricht bei einer Scheidung dem Kindeswohl? Ist Elternwohl zugleich auch Kinderwohl? Eine Frau schafft es, sich von ihrem jahrelang prügelnden Ehemann zu trennen. Zwei der vier gemeinsamen Kinder bleiben bei ihr, zwei beim Vater wohnen, der die Kinder nicht schlägt. Die Kinder haben trotz allem eine starke Mutter erlebt, die bei ungesunden Entwicklungen Veränderungen bewirken kann, die Verantwortung für sich übernehmen kann. Sie hat zunächst für ihr eigenes Wohl gesorgt und ist nun bemüht, auch was das Besuchsrecht betrifft, für ihre Kinder zu sorgen.

Wie kann es dem Kindeswohl entsprechen, wenn eine junge Mutter die Familie, einen älteren Vater und zwei kleine Buben, ein und zwei Jahre alt, verlässt und jahrelang keinen Kontakt zur Familie hält? Für die Mutter war es möglicherweise aus ihrer Sicht ein Lösungsversuch großer Probleme. Was aber macht der Vater mit der Wut auf die Frau? Kann er vor seinen Kindern neutral über sie sprechen, sie vielleicht vor seinen Kindern auch entschuldigen? Wie wird er mit den Belastungen des Alleinerzieherdaseins (wie Frauen übrigens auch) fertig?

Selbstverständlich lieben auch diese Kinder Vater und Mutter und überlegen sich Szenarien, wie das wohl gewesen wäre, wenn die Eltern zusammen geblieben wären.

Womit beschäftigt sich das Jugendamt? Einerseits können SozialarbeiterInnen und PsychologInnen Rat suchenden Menschen bei Trennungsproblematiken, in einem Scheidungsverfahren oder danach Hilfe anbieten. Andererseits haben sie Stellungnahmen zu Gerichtsakten und Fragestellungen abzugeben, die das Bezirksgericht oder das Pflegschaftsgericht in Auftrag gibt, wie z. B. zur Obsorge oder dem Besuchsrecht. In der Vorbereitung dieser Stellungnahme sind alle Möglichkeiten zu bedenken und insbesondere die Sichtweise der Kinder zu berücksichtigen. Die Stellungnahme darf das Kindeswohl keinesfalls gefährden.

Grundsätzlich befindet sich das Jugendamt daher in einem Zwiespalt und versucht, eine leidige Doppelposition zu erfüllen. Es soll einerseits Kinder schützen, wie im Jugendwohlfahrtsgesetz vorgesehen, und will andererseits Serviceangebote zur Verfügung stellen, Soziale Dienste anbieten, beraten und weiterhelfen. Es gibt Telefon-Hotlines. Als Kundin wiederum ist es nicht leicht, sich an ein Serviceangebot zu wenden, das in Kontrolle umschlagen kann. Und wer weiß, auf wessen Seite dann das Recht ist? Wessen Seite entspricht dann das Wohl des Jugendwohlfahrtsgesetzes? Gibt es objektivierbare Kriterien für Entscheidungen? Wer hat die besseren Argumente? Der Vater, die Mutter, die Sozialarbeiterin oder gar das Kind?

Im Konfliktfall mit der Behörde mischten sich öffentlicher Auftrag und persönliche Sichtweisen. Es sind völlig private und autonome Entscheidungen, wen eine Frau/ein Mann heiratet, wann sie/er sich dazu entscheidet, abgesehen von einem gesetzlichen Mindestalter, mit wem Beziehungen sexueller Art gepflegt werden. (Bekanntlich findet ja der Gesetzgeber immer noch einen Unterschied zwischen hetero- und homosexuellen Paaren.) Es ist auch private Angelegenheit des Paares, wieviele Kinder es bekommt und ob es diese Kinder *miteinander* bekommt. Mehr Vorschriften in jegliche Richtung würden mehr Leid erzeugen. Ebenso unbenommen bleibt es Paaren auch in ihrem Beziehungsprozess zu dem Schluss zu kommen sich zu trennen. Der Staat schafft durch seine Gesetze finanzielle Rahmenbedingungen und strukturiert dadurch.

Hier wiederum sind SozialarbeiterInnen aufgerufen, mögliche Sichtweisen der Kinder zu vertreten und ihren Wünschen und Nöten Sprache zu verleihen. Etwa wenn Väter sich nicht zu ihren Kindern bekennen und Mütter diese nicht bekanntgeben wollen. Wenn der Zeitpunkt der Aufklärung der Kinder über die Identität des Vaters immer weiter nach hinten geschoben wird oder glauben gemacht wird, der Stiefvater sei der leibliche Vater. Kinder interessieren sich für ihre Herkunft und brauchen Orientierung in ihren Beziehungssystemen. Mit viel Respekt vor dem Vertrauensverhältnis, z. B. zwischen Mutter und Kind, kann die Mutter beraten werden – im Sinne des Kindes Lebenslügen aufzudecken bzw. enge Sichtweisen zu erweitern.

Auch Väter, die gewalttätig sind oder Mütter, die zuviel Alkohol trinken haben wunderbare Kinder gezeugt. Sie sind genau die Eltern, mit welchen sich ihre Kinder auseinandersetzen, identifizieren und von welchen sie sich auch wieder loslösen und verabschieden müssen. Auch bei institutioneller Hilfe ist es für Kinder notwendig, die Nöte ihrer Eltern ernst zu nehmen.

Die JugendamtssozialarbeiterInnen sehen die von Scheidung betroffenen Kinder selten. Was nehmen sie wahr, wenn sie sie sehen? Sie begegnen Kindern, die oft uninformiert und desorientiert sind, aber ihre Familiensysteme betreffend durchaus eigene Ideen haben. Sie nehmen auch Kinder wahr, die unter Druck stehen, weil sie Erwachsenen Entscheidungen abnehmen sollen, weil sie BotschafterInnen zwischen Vater und Mutter sind, weil sie Verantwortung für kleinere Geschwister oder für schwache Elternteile tragen, weil der andere Elternteil ständig schlecht gemacht wird. Sie sehen oft durch eine Scheidung verunsicherte, verängstigte Kinder, die hin- und hergerissen sind.

Als SozialarbeiterIn gilt es nun eher, diesen Gefühlen Rechnung zu tragen und sie anzusprechen, als durch Befragung der Kinder *richtige* Entscheidungen zu treffen. Denn wer weiß, was richtig ist (für ein ganz bestimmtes Kind, für ein ganzes Familiensystem) und wie kann man dem Kind vermitteln, dass seine Situation und seine Wünsche ernst genommen werden, ohne dass es dadurch zum Entscheidungsträger wird? Es muss ja seiner Mama oder seinem Papa oder beiden gegenüber loyal sein, denn von ihnen erfährt es auch Schutz und Zuwendung.

Der Blick auf die Kinder ist durch die Probleme der Erwachsenen oft verstellt. Das kann zu einem jahrelangen gerichtlichen Hickhack führen, wo eigene Kränkungen noch so stark sind, und die Kraft nicht wieder freigegeben werden kann für die Verantwortung als Eltern. Scheidung ist Krise. Krise ist Chance für Neubeginn. Den neuen Systemen und den einzelnen Mitgliedern geht es vermutlich besser, wenn sich die Erwachsenen positiv neu orientieren. Selbstverständlich halten Entscheidungen, die das Paar selbst trifft, und nicht Dritte stellvertretend tun, besser, vorausgesetzt, es sind Konsensentscheidungen und keine Erpressungen oder faule Kompromisse. Paradoxerweise sollen zwei Erwachsene, die dabei sind, sich zu trennen so ausgezeichnet miteinander kooperieren, dass sie sich eigentlich nicht trennen müssten. Für eine gemeinsame Konsensentscheidung, die heißt, einen tatsächlich neuen Weg, den alle entwickeln, eine Lösung, die es vorher nicht gab, ist es aber wichtig, die Kinder auch einzubeziehen.

RAINBOWS hat nicht den Blick auf die Kinder, sondern in RAINBOWS wird den *Blickwinkeln der Kinder* Platz gegeben und Gehör verschafft. Das wirkt sich auch auf ihre Familien und die Systeme, in denen sie leben, aus. Das Jugendamt kann RAINBOWS nicht verordnen. Mit welcher Konsequenz auch? SozialarbeiterInnen der Jugendwohlfahrtsbehörde sind allerdings auch MultiplikatorInnen, die sich für das Kindeswohl stark machen und anregen, sich so zu trennen, dass Kinder möglichst wenig Schaden erleiden. Das wird von Fall zu Fall verschieden sein. Denn selbstverständlich *verändert* sich das, was das Wohl des Kindes ist, auch im Laufe seines Lebens. Zu einem Zeitpunkt, wo die Trennung der Eltern eine Erlösung für die ganze Familie ist, ist vielleicht die Bereitstellung einer neuen Wohnung im Sinne des Kindeswohls. Später aber, ist es vielleicht die Anregung zu Besuchskontakten, die Ermutigung zur Auseinandersetzung mit der eigenen Geschichte und dem abwesenden Elternteil.

Anneliese Ofner & Christina Eisenbacher

Schauen wir doch auf die Kinder! Schauen wir auf die Kinder?

In der Kinder- und Jugendanwaltschaft sind wir in unserer Arbeit häufig damit konfrontiert, dass Erwachsene mit der Erwartung an uns herantreten, im Zuge eines Obsorge- oder Besuchsrechtsverfahrens in ihren Anliegen parteilich von uns unterstützt zu werden. Das können (und wollen) wir gemäß dem Auftrag der Stelle nicht leisten.

Wir versuchen dann im Kontakt mit diesen KlientInnen, den Blick immer wieder auf die betroffenen Kinder und deren Bedürfnisse zu lenken. Unsere Erfahrung ist, dass den Eltern gerade dieser Blick in ihrer belastenden Situation sehr schwer fällt. In der folgenden Darstellung erlauben wir uns, unseren Blick ausschließlich auf die Kinder zu richten mit direktem Bezug auf die Kinderrechte, die ihnen in der UN-Konvention über die Rechte der Kinder vom 20. November 1989 (KRK) garantiert wurden. Wenn man den Grundsatz als selbstverständlich erachtet, dass die Vertragsstaaten diese Rechte den Kindern nicht gnadenhalber gewähren, sondern dass jedes Kind bei seiner Geburt diese Rechte von sich aus mitbringt, verändert das deutlich unseren Blick auf die Kinder.

Welche Rechte werden für Kinder, die von der Thematik »Trennung/Scheidung der Eltern« betroffen sind, in der KRK formuliert und von den Vertragsstaaten garantiert?
Welche Rechte sind es, die ganz besonders in dieser für die Kinder extrem schwierigen und bedrohlichen Situation geachtet und gehütet werden müssen?

Was hieße es, diese Rechte radikal umzusetzen und auszuführen – wenn wir auf die Kinder schauen?
Was wird davon in Österreich bereits umgesetzt?
Welche Forderungen ergeben sich aus der Praxis und für die Praxis?

Art. 9
»Kinder sollen/wollen nicht von ihren Eltern getrennt werden«
In diesem Artikel vereinbaren die Vertragsstaaten, dass kein Kind gegen seinen Willen und den Willen seiner Eltern von ihnen getrennt werden darf. Ausnahmen von dieser Regelung gibt es nur, wenn die Eltern ihr Kind misshandeln, und es für das Kind daher besser ist, wenn es nicht bei den Eltern bleibt.

Ausschlaggebend ist das Wohl des Kindes. Entscheidet eine Behörde, dass es besser für das Kind ist, wenn es nicht zu Hause bei den Eltern, sondern eher von ihnen getrennt lebt, dann muss diese Entscheidung vom Gericht nachgeprüft werden. Das dient dem Schutz des Kindes vor ungerechtfertigten Entscheidungen eines Amtes oder einer Behörde. Bei so einer Entscheidung müssen nicht nur die Eltern des Kindes gehört werden, sondern das Kind selbst muss gehört werden.

Lassen sich die Eltern scheiden, hat *das Kind* das Recht, sowohl den Vater als auch die Mutter zu besuchen. Besuchsrecht wird in der KRK dem Kind garantiert und nicht den Eltern (wie im ABGB). Das Kind hat ausdrücklich das Recht auf Kontakt zu beiden Elternteilen.

Wenn wir auf die Kinder schauen und dieses Recht konsequent ausführen, heißt das, das Besuchsrecht eines Kindes darf nicht angetastet werden, an diesem Recht darf nicht gerüttelt werden, egal, wie zerstritten die Eltern sind. Das Kind liebt beide, und wenn Erwachsene diese Gefühle des Kindes achten und respektieren, darf der Kontakt zu keinem Elternteil eingeschränkt, untergraben, in Frage gestellt und beeinträchtigt werden, sondern muss als unverrückbarer Anspruch des Kindes bei Trennung/Scheidung der Eltern von vornherein fest und über jeden Gedanken der Einschränkung oder Antastbarkeit stehen. Das verlangt von den Erwachsenen eine Änderung ihres Blickes und eine sehr »erwachsene« Position in dieser Frage, gepaart mit einer großen Portion Großzügigkeit, Toleranz und Güte.

Wenn wir auf die Kinder schauen, fordern wir, dass es den Gerichten möglich ist, in Obsorge- und Besuchsrechtsverfahren schneller Entscheidungen zu treffen, und dass Gutachten (nicht nur) im Zuge von Obsorge- und Besuchsrechtsangelegenheiten klaren Qualitätskriterien unterliegen müssen.

Art. 12

»Jeder Mensch hat das Recht, seine Meinung zu sagen, auch wir Kinder haben dieses Recht!«

Dem Kind wird das Recht zugestanden, dass es angehört werden muss, wenn es um seine Belange geht. Seine Meinung soll bei Angelegenheiten, die es betreffen, wichtig sein und berücksichtigt werden.

Wenn wir an die Kinder denken, gestehen wir dem Kind die Fähigkeit zu, sich eine Meinung zu bilden und diese auch zu vertreten und sehen diese Meinung als gleichwertig der eines Erwachsenen an. Wir fordern, dass jedes Kind vor Gericht anzuhören ist und es mitreden darf, wenn über seine Belange verhandelt wird; es soll auf neutralem Ort von einer neutralen Person gehört und dabei von einer vertrauten Person begleitet werden.

Das Kindschaftsrechtsänderungsgesetz 2001 ermächtigt Minderjährige, die das 14. Lebensjahr vollendet haben, in Fragen über Pflege und Erziehung oder über das Recht des persönlichen Verkehrs selbstständig vor Gericht zu handeln.

Art. 15

»Kinder und Jugendliche tun sich gerne mit anderen ihres Alters zusammen«

Gerade in schwierigen Zeiten, wie es Trennungssituationen sind, tut es Kindern gut, wenn sie sich mit Kindern in ähnlichen oder gleichen Situationen und mit Gleichaltrigen austauschen können, gemeinsam das Erlebte und Bittere zu bewältigen versuchen, auch Spaß miteinander haben. Das Modell der RAINBOWS-Gruppen kommt diesem Wunsch der betroffenen Kinder entgegen.

Wenn wir an die Kinder denken, ist ein flächendeckendes Angebot dieser Gruppen notwendig, damit jedes betroffene Kind in seiner schwierigen Situation, wenn es das will, die Unterstützung durch die Gruppe erfährt. Für die Möglichkeit dieses Angebotes muss die Finanzierung sichergestellt sein, damit Kinder in diesen traumatischen Situationen emotional aufgefangen und gestützt werden und das Erlebte verarbeiten können. Es ist notwendig, dass Kinder in belastenden Situationen auf ein emotional und sozial tragfähiges Netz bauen können und dass sie wissen, dass sie nicht allein sind und »im Falle des Falles« aufgefangen werden.

Art. 16

»Wie die Erwachsenen haben auch Kinder ein Recht auf Privatleben«

Jedes Kind hat eine Würde und Ehre. Diese muss von uns Erwachsenen respektiert und darf nicht missachtet werden, weder von Behörden, noch von den Eltern oder anderen Erwachsenen.

Wenn wir an die Kinder denken, dann müssen wir Erwachsene respektieren, dass es Dinge gibt, die niemanden etwas angehen außer das Kind selbst. Kein Erwachsener darf in diesen Dingen herumschnüffeln, weil Kinder ein Recht auf Privatsphäre haben.

In der Praxis heißt das, Kinder wollen

- ... nach Besuchskontakten nicht ausgehorcht werden ... alleine mit dem getrennten Elternteil telefonieren ... nach ihrem Erleben nicht gefragt werden, wenn sie von sich aus nicht darüber sprechen wollen.
- ... die Besuchszeit mit dem getrennten Elternteil ohne schlechtes Gewissen und Schuldgefühle verbringen.

Art. 17

»Kinder sind neugierig und haben ein Recht auf Information«

Kinder wollen informiert werden und haben ein Recht auf kindgerecht aufbereitete Information; darauf, dass wir uns in schwierigen Fragen so ausdrücken, dass sie es verstehen können.

Wenn wir an die Kinder denken, wissen wir, dass sie – wenn sich Eltern trennen

- Fragen haben und Bescheid wissen wollen, was los ist und was jetzt mit ihnen werden wird; wir wissen, dass ihnen eine klare Information über die Situation Sicherheit gibt. Sie brauchen altersgemäße Information (Broschüren, Bücher, Zeitungsartikel)
- über ihre spezielle Situation;
- über Möglichkeiten der Unterstützung, die sie haben (Beratung, Rechte, Begleitung);
- über behördliche Abläufe und Verfahren – gute Vorbereitung auf Gutachten;
- über anfallende Gerichtstermine; sie brauchen Begleitung, wenn Mutter/Vater das im Moment nicht erfüllen können;
- mehr Beratungsstellen für Kinder und Jugendliche (auch außerhalb von Ballungszentren), wo diese Unterstützung und Information bekommen.

Art. 18

»Kinder haben ein Recht auf beide Eltern«

Kinder wollen nicht, dass ihre Eltern streiten. Kinder wollen noch weniger, dass ihre Eltern um sie streiten. Damit Kinder auch nach der Trennung ihrer Eltern zu beiden Elternteilen guten Kontakt haben können, sollen/müssen Eltern auch nach einer Trennung verantwortliche Elternschaft leben.

Wenn wir an die Kinder denken, braucht es eine bewusste inhaltliche Auseinandersetzung der Eltern über das zukünftige Leben ihrer Kinder nicht erst nach der Scheidung, sondern schon ab der ersten Überlegung zur Trennung. Es muss einen Prozess der Aushandlung und Vereinbarung von allen wichtigen Fragen, die das zukünftige Leben ihrer Kinder betreffen, geben. Bei sehr strittigen Fragen ist etwa eine Mediation hilfreich, um Vereinbarungen zu treffen, die beide Elternteile akzeptieren können und die die Belange der Kinder regeln und klären.

Als Basis der künftigen Kooperation sollen sich Eltern grundsätzlich einigen über
- den Erziehungsstil,
- die Kompetenzen und Pflichten der Erziehung (wer für welche Entscheidungen primär zuständig ist; wer welche Pflichten übernimmt),
- den Aufenthalt und die Betreuung,
- die Höhe des Unterhalts,
- die Besuchsregelung, die Urlaubs- und Feriengestaltung,
- die Betreuung bei Erkrankung,
- den Umgang mit zukünftigen Konfliktsituationen.

Das Recht des Kindes auf beide Eltern kann immer unterwandert werden, wenn Paarkonflikte weiter auf der Elternebene ausgetragen werden und das Kind in Loyalitätskonflikte kommt. Was Kindern gut tut, ist eine geklärte Beziehung der Eltern als Eltern und eine geklärte Alltagssituation, über die das Kind informiert ist.

Wenn wir an die Kinder denken, wünschen wir uns, dass immer mehr Eltern ihre strittigen Fragen in Mediationsgesprächen klären, Mediation als konstruktives Konfliktlösungsmodell immer mehr bekannt und genutzt wird und dass es verstärkte Angebote an Besuchsbegleitung und Besuchscafés gibt.

Art. 19
»Kinder müssen geschützt werden« vor seelischer Misshandlung.
Für Kinder ist es psychische Gewalt, wenn Eltern ihre Konflikte auf dem Rücken der Kinder austragen und sie in große Loyalitätskonflikte bringen.

Art. 39

»Wunden sollen heilen«

Kinder brauchen Zeit und Raum für ihre Trauer, wenn Eltern sich trennen. Wir wünschen den betroffenen Kindern Menschen, die sich auf ihren Schmerz einlassen können und die sich um sie annehmen, damit der Schmerz über das Erlebte abklingen kann und sie wieder unbeschwert am Leben teilnehmen können.

Österreich hat die Kinderrechte-Konvention 1992 unterzeichnet und sich verpflichtet, alle 5 Jahre einen Regierungsbericht über den Stand der Umsetzung vorzulegen. Das Bemühen der Kinder- und Jugendanwaltschaften zielt darauf ab, dass die Kinderrechte-Konvention in die Österreichische Bundesverfassung aufgenommen wird mit dem Ziel, die Position der Kinder allgemein deutlich zu stärken. Das ist auch eine langjährige Forderung der Kinder- und Jugendanwaltschaft der Steiermark, die wir hiermit nachdrücklich bekräftigen.

Schauen wir auf die Kinder!

Bleibt noch die nachdenklich machende Frage, wieweit wir in unserem Alltag und im Zusammenleben mit den Kindern die Kinderrechte achten und wieweit wir Erwachsene fähig und/oder auch willens sind (gerade in Situationen, die für uns schwierig sind und uns fordern), die Position des Kindes und seine Würde nicht aus den Augen zu verlieren.

Schauen wir auf die Kinder?!

Astrid Jedlicka-Niklas

»Gemeinsame Obsorge« Welche Chancen hat sie aus der Sicht der Kinder?

Im Juli 2001 ist das neue Kindschaftsrechts-Änderungsgesetz in Kraft getreten, durch das in Österreich die sogenannte »Gemeinsame Obsorge« beider Elternteile auch nach Scheidung der Eltern gesetzlich möglich wurde.

Das Gesetz (§ 177 ABGB) ermöglicht jenen Eltern, die trotz Scheitern ihrer Beziehung weiterhin ihre elterlichen Aufgaben gemeinsam tragen wollen und können, die »Gemeinsame Obsorge« beizubehalten – sofern sie miteinander vereinbaren, bei welchem von ihnen ihre Kinder hauptsächlich leben werden.

Auch für unverheiratete (gemeinsam oder getrennt lebende) Eltern gibt es die Möglichkeit der »Gemeinsamen Obsorge« – allerdings auf gemeinsamen Antrag.

Mittlerweile sind über 4 Jahre vergangen und es stellt sich die Frage, ob die Praxis der »Obsorge beider Eltern« – wie diese gesetzliche Bestimmung lautet – die anfänglich kontroversiellen Meinungen, Erwartungen, Befürchtungen und Spekulationen eingeholt hat.

Natürlich sind Ängste und Befürchtungen in diesem Zusammenhang ernst zu nehmen, zumal die Sorge um das Wohl der Kinder im Zentrum stehen soll, und eine Erhöhung des Konfliktpotentials gerade in Obsorgeangelegenheiten für das Kindeswohl bestimmt nicht förderlich wäre.

Die Beobachtungen aus meiner praktischen Tätigkeit als Mediatorin einerseits und als Beraterin in der Familienberatung am Gericht andererseits zeigen deutlich, dass sich Eltern, wenn es zur Trennung oder Scheidung kommt, viele Fragen zu den diversen Obsorgemodellen stellen und meist einen großen Informationsbedarf haben, wie eine »Gemeinsame Obsorge« überhaupt lebbar sein kann, wenn man partnerschaftlich »getrennte Wege« geht.

Mütter – bei ihnen ist in den meisten Fällen auch nach der Scheidung der hauptsächliche Aufenthaltsort der Kinder – äußern häufig die Befürchtung, dass sie durch eine mögliche »Einmischung« der Väter aufgrund der »gemeinsamen Obsorge« in ihrer Entscheidungsfreiheit beschränkt werden.

Umgekehrt äußern so manche Väter ihre Sorge, dass sie ohne Obsorgerecht und somit ohne »rechtlicher« Beteiligung an der Erziehungsverantwortung keinen oder zu wenig Einfluss auf ihre Kinder haben.

Oft jedoch hängen diese Argumente mit einem Informationsdefizit, was »Gemeinsame Obsorge« in der Praxis bedeuten kann, zusammen bzw. besteht häufig der Wunsch von Eltern in einer Trennungs – oder Scheidungssituation, sich mit erfahrenen Beratern und Beraterinnen oder MediatorInnen über eine mögliche Ausgestaltung des Erziehungsalltages auszutauschen.

In diesem Zusammenhang stellt sich auch immer wieder die Frage, ob und wie umfangreich das Kontaktausmaß, bei dem sich das Kind nicht hauptsächlich aufhält, im Fall der »Gemeinsamen Obsorge« gerade in Hinblick auf das Wohl des Kindes geregelt werden soll.

Manche Eltern meinen, dass die Kinder dies selbst entscheiden sollen (was meines Erachtens besonders bei jüngeren Kindern zu Überforderung und Loyalitätskonflikten führen kann), andere Elternpaare sehen in einer strukturierten Regelung des Kontakts zwischen dem Kind und dem außenstehenden Elternteil Sicherheit für sich selbst und für ihre Kinder.

Ich denke, dass zu einem Zeitpunkt, in dem oft das gegenseitige Vertrauen der Eltern angesichts der anstehenden Trennung sehr in Mitleidenschaft gezogen ist, es – gerade in Hinblick auf einen möglichst konfliktfreien Umgang zwischen allen Beteiligten – sinnvoll ist, eine, wenn auch nur grobe Struktur der gemeinsamen Zeiten mit ihren Kindern zu vereinbaren.

In der Mediation, für die gerade die Sorge um eine gute zukünftige Lösung für die gemeinsamen Kinder ein zentraler Motivationsfaktor ist, streben aus meiner Erfahrung etwa 90% der Paare die »Obsorge beider Eltern« an und zwar in der Form, dass beide Elternteile die Obsorge in vollem Umfang innehaben.

Die andere rechtliche Möglichkeit, dass ein Elternteil »ganz« obsorgeberechtigt ist und der andere Elternteil die Obsorge nur in bestimmten Teilbereichen hat (z.B. Schulangelegenheiten, Vermögensverwaltung, ...), ist in meiner nun mehrjährigen Praxis zwar oftmals diskutiert, aber von den Eltern nie als Modell gewählt worden.

Die Obsorge beider Elternteile als gemeinsames Projekt kann nicht nur die Eltern in ihrem Wunsch, »für ihre Kinder gemeinsame Eltern zu bleiben« stärken, sie kann auch für die Kinder selbst eine Chance bedeuten:

- Kinder können sich (besser) entfalten, wenn sie das Gefühl haben können, weiterhin auf keinen Elternteil verzichten zu müssen und sich nicht für oder gegen einen Elternteil entscheiden zu müssen. Dadurch können Loyalitätskonflikte verringert und eine emotionale Kontinuität zu beiden Bezugspersonen sichergestellt werden.
- Kinder können die Lebenswelten beider Eltern erfahren und diese als Bereicherung erleben – ohne ein schlechtes Gewissen oder das Gefühl, einen Elternteil zu kränken, haben zu müssen.
- Wenn Kinder erleben, dass ihre Eltern auch nach Trennung oder Scheidung miteinander im Gespräch bleiben, um ihre Erziehungsaufgaben gemeinsam wahrzunehmen, können sie eher das Gefühl entwickeln, auch weiterhin »Familie« zu sein – wenn auch in veränderter Form.
- Kinder, vor allem die älteren, welche die Erfahrung machen, dass ihre beiden Eltern auch weiterhin »rechtlich« für sie verantwortlich sind, erleben diese als ebenbürtig und gleichwertig.
- Durch die gemeinsame Verantwortung, und vor allem durch die Übernahme der Verantwortung durch die Väter, können Kinder ihre Mütter entlasteter erleben, vor allem da diese mehr Zeit und Raum für sich in Anspruch nehmen können.

- Durch die gesetzliche Forderung, im Falle der »gemeinsamen Obsorge« den hauptsächlichen Aufenthalt der Kinder zu vereinbaren, haben die Kinder einen klaren Lebensmittelpunkt und können daher ihr soziales Umfeld beibehalten bzw. weiter aufbauen.

- Infolge der Möglichkeit, die »Gemeinsame Obsorge« praktizieren zu können, besteht weniger Gefahr für Kinder, dass sich Väter aus ihrer Elternverantwortung »verabschieden«.

- Durch die Beibehaltung der »Obsorge beider Eltern« auch nach Scheidung haben jene Geschiedenen, bei welchem die Kinder nicht hauptsächlich wohnen, nicht das Gefühl »entrechtet« zu sein.

Die »gemeinsame Obsorge« ist – aus meiner Sicht – sicherlich für einige Familien die geeignete Form, die Erziehungsaufgaben für Kinder – auch nach Scheidung oder Trennung – weiterhin wahrzunehmen. Es gibt aber auch Familienkonstellationen, in denen es »idealer« ist, wenn nur ein Elternteil die alleinige Obsorge hat.

Denn eine ganz wesentliche Voraussetzung braucht ein gemeinsames elterliches Vorgehen in jedem Fall: Eltern müssen nicht nur bereit sein, für ihre Kinder gemeinsam weiterhin da zu sein, sie sind auch gefordert, miteinander im Gespräch zu bleiben, zu kommunizieren, sich viele Jahre hindurch immer wieder in den Angelegenheiten ihrer Kinder zu verständigen. Und dies verlangt ein hohes Maß an Flexibilität (wenn man bedenkt, welch unterschiedliche Lebenssituationen auf sie zukommen können), Bemühen, Toleranz und der Fähigkeit, trotz vielleicht eigener Enttäuschungen und Kränkungen dem anderen als Elternteil zu vertrauen.

So kann es möglich werden, für alle Beteiligten ein Stück »Familie« weiter zu erhalten und insbesonders den Kindern die Konfrontation mit der neuen Lebenssituation und den folgenden diesbezüglichen Herausforderungen zu erleichtern.

Reinhard Firlinger

Gesetzliche Änderungen –
zum Wohl des Kindes?

Die zum Teil seit 1. 7. 2001 in Geltung stehenden gesetzlichen Bestimmungen[43] bilden die Grundlage für die Regelung persönlicher Beziehungen zwischen minderjährigen Kindern und ihren Eltern. Sie sind unter anderem von der Überzeugung geprägt, dass die elterliche Verantwortung stärker betont werden soll, dass der Wille heranwachsender Kinder in höherem Maße Berücksichtigung zu finden hätte. Diese Ansicht findet in den zugehörigen verfahrensrechtlichen Bestimmungen des Außerstreitgesetzes[44] ihren Ausdruck.

---

[43] § 177 Abs 1 ABGB (Kindschaftsrechts-Änderungsgesetz 2001): Wird die Ehe der Eltern eines minderjährigen ehelichen Kindes geschieden, aufgehoben oder für nichtig erklärt, so bleibt die Obsorge beider Eltern aufrecht. Sie können jedoch dem Gericht – auch in Abänderung einer bestehenden Regelung – eine Vereinbarung über die Betrauung mit der Obsorge vorlegen, wobei die Betrauung eines Elternteils allein oder beider Eltern vereinbart werden kann. Im Fall der Obsorge beider Eltern kann diejenige eines Elternteils auf bestimmte Angelegenheiten beschränkt sein.
§ 177 Abs 2 ABGB (Kindschaftsrechts-Änderungsgesetz 2001): In jedem Fall einer Obsorge beider Eltern haben sie dem Gericht eine Vereinbarung darüber vorzulegen, bei welchem Elternteil sich das Kind hauptsächlich aufhalten soll. Dieser Elternteil muss immer mit der gesamten Obsorge betraut sein.
§ 148 Abs 1 ABGB (Kindschaftsrechts-Änderungsgesetz 2001): Lebt ein Elternteil mit dem minderjährigen Kind nicht im gemeinsamen Haushalt, so haben das Kind und dieser Elternteil das Recht, miteinander persönlich zu verkehren. Die Ausübung dieses Rechtes sollen das Kind und die Eltern einvernehmlich regeln. Soweit ein solches Einvernehmen nicht erzielt wird, hat das Gericht auf Antrag des Kindes oder eines Elternteils die Ausübung dieses Rechtes unter Bedachtnahme auf die Bedürfnisse und Wünsche des Kindes in einer dem Wohl des Kindes gemäßen Weise zu regeln.
§ 178a ABGB: Bei Beurteilung des Kindeswohls sind die Persönlichkeit des Kindes und seine Bedürfnisse, besonders seine Anlagen, Fähigkeiten, Neigungen und Entwicklungsmöglichkeiten, sowie die Lebensverhältnisse der Eltern entsprechend zu berücksichtigen.

[44] §182a Abs 1 Außerstreitgesetz (Kindschaftsrechts-Änderungsgesetz 2001): Minderjährige, die das vierzehnte Lebensjahr vollendet haben, können in Verfahren über Pflege und Erziehung oder über das Recht auf persönlichen Verkehr selbstständig vor Gericht handeln.
§ 182b Abs 1 Außerstreitgesetz (Kindschaftsrechts-Änderungsgetz 2001): Das Pflegschaftsgericht hat Minderjährige in Verfahren über Pflege und Erziehung oder das Recht auf persönlichen Verkehr tunlichst persönlich zu hören.
§ 185b Abs 1 Außerstreitgesetz (Kindschaftsrechts-Änderungsgesetz 2001): Lehnt ein Minderjähriger, der das vierzehnte Lebensjahr bereits vollendet hat, aus eigener Überzeugung ausdrücklich die Ausübung des persönlichen Verkehrs ab und bleibt eine Belehrung darüber, dass die Anbahnung oder Aufrechterhaltung des persönlichen Verkehrs mit beiden Elternteilen seinem Wohl entspricht, sowie der Versuch einer gütlichen Einigung erfolglos, so sind Anträge auf Regelung des persönlichen Verkehrs ohne weitere inhaltliche Prüfung abzuweisen und Verfahren über die Durchsetzung des persönlichen Verkehrs abzubrechen.

In der richterlichen Praxis werden seit jeher Bemühungen dahin angestellt, Eltern zu einvernehmlichen Lösungen zu veranlassen. Dies aus der tiefen Überzeugung, dass nur durch derartige Lösungen Spannungen zwischen Eltern und Irritationen von Kindern vermieden werden können. Dasjenige Kind, das in unbeeinflusster, von der Zuneigung beider Elternteile getragener Weise seine Kindheit und Jugend bewältigen kann, wird mit freudiger Erinnerung auf diese Lebensabschnitte zurückblicken, wird eigene Partnerschaften in anderer Art erfahren, als dies Kinder aus umkämpften Verhältnissen vermögen.

Dieser Idealvorstellung stehen all diejenigen Fälle gegenüber, in denen das Interesse an Kindern aus gescheiterten Beziehungen entweder nicht besteht oder aus verschiedensten Gründen verloren geht, in denen durch Gerichte Regelungen getroffen werden müssen, die zumindest den Vorstellungen eines Elternteils nicht entsprechen.

Wer je gezwungen war, als Angehörige/r eines Jugendamtes, als SachverständigerIn, als MediatorIn oder RichterIn die Not von Kindern mitzuerleben, die Interessensgegensätzen von Eltern ausgeliefert sind, wird seine Bemühungen darauf richten, diese Not zu lindern, Auswege aus menschlichen Irrgärten zu finden. Wer erlebt hat, welchem Druck Kinder vor und bei Anhörungen durch die genannten Institutionen ausgesetzt sind, wird sich wünschen, dass Eltern sich ihrer Verantwortung gegenüber ihren Kindern würdig erweisen, dass ihre Lösungskapazität trotz bestehender Spannungen gesteigert werden kann.

Die richterliche Praxis bietet jedoch genügend Beispiele dafür, dass es Eltern nicht gelingt, diesem Wunsch zu entsprechen, ihre Interessen den Interessen ihrer Kinder nachzustellen. Die Ursachen hiefür mögen mannigfaltig sein, die Auswirkungen sind einander jedoch zumindest ähnlich. Der 10-jährige Schüler, der unter schulischen Umorientierungsproblemen leidet, bedarf ebenso der elterlichen Hilfe wie das 15-jährige Mädchen, das aus verschiedensten Gründen versucht, sich aus dem Einflussbereich der erziehenden Personen zu lösen, und das 5-jährige Kind, dem auf Grund der Trennung seiner Eltern eine wesentliche Bezugsperson verloren ging. Dort, wo elterliche Hilfe nicht wirksam wird, sollte sichergestellt werden, dass Eltern sich zumindest der Hilfe zur Verfügung stehender Institutionen bedienen. Dass die Inanspruchnahme derartiger Institutionen oft an mangelndem Willen oder der mangelnden Kenntnis von Eltern und Bezugspersonen scheitert, ist bekannt. Daher bedarf es einer Sensibilisierung aller mit der Betreuung, Pflege, Erziehung und dem Unterricht von Kindern und Jugendlichen befassten Personen hinsichtlich der Notwendigkeit weiterer Schritte, die eine Verminderung der kindlichen Belastungen herbeizuführen vermögen.

Die mit Wirksamkeit ab 1. 7. 2001 in Geltung stehenden gesetzlichen

Bestimmungen gehen offenkundig von einem elterlichen Idealbild aus, setzen voraus, dass sich Eltern auch nach oder in Beziehungskrisen über die künftige Gestaltung ihrer elterlichen Verantwortlichkeit einigen können. Weiters wird in ihnen eine Stärkung der Rechtsstellung heranwachsender Personen propagiert. Es erscheint zumindest fraglich, ob durch diese Voraussetzungen und Ziele den Interessen und auch dem vielzitierten Wohl von Kindern entsprochen wird. Vielmehr ist zu befürchten, dass sich die Bandbreite elterlicher Auseinandersetzungen nicht unerheblich erweitert, dass Kinder im Spannungsfeld derartiger Auseinandersetzungen weiteren Belastungen ausgesetzt sind. Der Druck, dem sie direkt oder indirekt unterliegen, wird möglicherweise gesteigert werden, zu treffende Entscheidungen werden mitunter in höherem Maß als in der Vergangenheit Kindern unter dem Deckmantel ihrer Mitverantwortung aufgebürdet werden.

Ein Beispiel hiefür könnte das 14-jährige Kind sein, das nach der Bestimmung des § 185b Abs. 1 Außerstreitgesetz nunmehr in die Lage versetzt wird, persönliche Kontakte mit dem nicht erziehungsberechtigten Elternteil abzulehnen. In der richterlichen Praxis wird bereits im Vorfeld des Geltungsbereiches der neuen gesetzlichen Bestimmungen häufig die Frage gestellt, wie ein Besuchsrecht ab Vollendung des 14. Lebensjahres gestaltet, unter welchen Voraussetzungen ein derartiges Besuchsrecht ab der genannten Altersgrenze in Wegfall gebracht werden kann. Es ist daher zu befürchten, dass Eltern Kinder im Einzelfall dazu missbrauchen, ihren eigenen Problemen, ihrer Verletztheit, ihrem Zorn und ihrer Hilflosigkeit ein Ventil zu verleihen.

Die Frage, ob durch Gesetzgebungsmaßnahmen gesellschaftliche Entwicklungen zu fördern und zu bestimmen sind oder ob Gesetze gesellschaftliche Entwicklungen nachzuzeichnen und damit zu reglementieren haben, kann im Hinblick auf die seit 1. 7. 2001 geltenden gesetzlichen Bestimmungen ernsthaft wohl nicht beantwortet werden. Die Zukunft wird weisen, ob Eltern in der Lage sind, die ihnen gebotenen Möglichkeiten im Interesse ihrer Kinder zu nützen, oder ob Egoismus und Starrsinn die Zuneigung zu Kindern überdecken. In einer Welt der rasanten technischen Entwicklungen, des geänderten Freizeitverhaltens und einer hektischen Betriebsamkeit wird abzuwarten sein, ob Eltern die Grundlagen für eine gedeihliche Entwicklung ihrer Kinder zu schaffen vermögen.

Erstrebenswert wäre jedenfalls die bereits angesprochene Steigerung der elterlichen Lösungskompetenz, der Konfliktbewältigungsfähigkeit und dadurch eine sich vermindernde Befassung gerichtlicher Institutionen. Skepsis hinsichtlich der Erreichbarkeit dieses Zieles erscheint in Kenntnis menschlicher

Schwächen angebracht, die Hoffnung auf eine solche sollte jedoch nicht aufgegeben werden.

Blitzlichter aus dem Kindergarten

Karin Skop

Melanie...

... zeichnete in dieser Zeit sehr viel (was sie generell gerne tat), doch jetzt vermehrt und vor allem Bilder, die Familien zeigten. Eines davon schenkte sie mir, sie nannte es: »Mama-Geist, Papa-Geist, Kind-Geist und Baby-Geist.« Es waren darauf vier Figuren zu erkennen, eher hell gehalten und teilweise zaghaft, fast nur angedeutet. Auch wenn sie es nicht aussprechen konnte, besser hätte Melanie den Wunsch nach einer intakten Familie nicht formulieren können. Weiters fiel mir auf, dass sie nach der Trennung ihrer Eltern die Puppenecke, in der sie sonst liebend gerne spielte, mied. Manchmal saß sie teilnahmslos beim Tisch und starrte vor sich hin, sprach ich sie an, reagierte sie wieder völlig angepasst und suchte sich sofort eine Beschäftigung. Auch die Momente, in denen Tränen flossen, waren getarnt: Einmal fiel Melanie in der Bauecke ein Baustein auf den Fuß, was sicher schmerzte, allerdings sicher nicht so sehr, um danach lange bitterlich zu weinen. Solche Augenblicke gab es zu dieser Zeit öfter und gerade dann brauchte sie besonders viel Zuwendung und Trost.

Julia ...

... nichts passte ihr, kein Spiel, keine Turneinheit und manchmal hatte ich auch das Gefühl, dass sie sogar die Anwesenheit der anderen Kinder störte, obwohl sie eigentlich ein sehr geselliges Kind ist. Sie fühlte sich hin und her gerissen, fand keine Ruhe, kaum spielte sie da, wollte sie schon wieder wo anders hin. Auch die Kinder hatten ihre liebe Not mit ihr, da sie äußerst streitsüchtig war und sich ständig ungerecht behandelt fühlte. So gab es zum Beispiel etliche Situationen, in denen es darum ging, wer das jeweilige Spiel jetzt ausgeräumt hatte und wer es nun wegräumen sollte. Julia wurde dabei immer furchtbar wütend und stritt alles ab, auch wenn sie zum Wegräumen an der Reihe gewesen wäre. Dasselbe passierte auch öfters beim Sitzplatz im Sesselkreis: Julia wollte immer auf einen bereits besetzen Sessel sitzen und wollte das dort sitzende Kind nicht weichen, begann sie zu schreien:« Das war mein Sessel.«

Hanna ...

... saß geknickt bei einem Tisch in unserem Garten und wirkte nachdenklich. Meine Kollegin erkundigte sich nach ihrem Befinden. Hanna meinte sie wäre traurig und hätte Angst, dass ihr Papa sie nicht mehr lieb hätte. Daraufhin beruhigte sie meine Kollegin und sagte, dass sie ihr Papa immer lieb haben würde und dies nichts mit den Problemen, die er mit ihrer Mama hatte, zu tun hätte.
Plötzlich richtete Hanna sich auf, stemmte ihre kleinen Hände in die Hüften und schrie: »Weißt du wie oft mein Papa zu meiner Mama gesagt hat, dass er sie lieb hat!?! Und jetzt wohnt er bei einer anderen Frau!!!«

Helmuth Figdor

Was macht es so schwer?[45]
Gemeinsame elterliche
Verantwortung trotz Trennung

Fast alle Kinder haben den Wunsch, die Eltern mögen wieder zusammenfinden. Wenn sie schließlich einsehen, dass dieser Wunsch unerfüllbar ist, bleibt jedoch eine Sehnsucht: Sie mögen endlich aufhören zu streiten, und zwar ganz besonders, was Fragen, die die Kinder betreffen, anlangt. Statt dessen sollten sie sich gemeinsam als Eltern verantwortlich fühlen und zusammenarbeiten.

Aber nicht nur die Kinder, auch viele Mütter und Väter würden es begrüßen, könnten sie mit dem Ex-Partner/der Ex-Partnerin in Angelegenheiten der gemeinsamen Kinder kooperieren. Und erst recht wird von den Fachleuten auf die Wichtigkeit dieser Kooperation hingewiesen, sollten den Kindern negative Langzeitfolgen der Trennung erspart bleiben.

Die Realität freilich sieht ganz anders aus. 75 % der Kinder haben nur drei Jahre nach der Scheidung keinen regelmäßigen Kontakt mehr zum Vater, 40 % haben gar keinen Kontakt.

Es mag schon sein, dass es Mütter und Väter gibt, die ihre elterliche Verantwortung angesichts egoistischer Ziele, aufgrund des Wunsches, sich zu rächen u. dgl. vergessen. Die Mehrzahl ist nicht so.

---

[45] Aus: »Wenn Eltern sich trennen« Broschüre. Hrsg: BMfSG 2001. Nähere Ausführungen: Figdor, H., Scheidungskinder – Wege der Hilfe, 1998.

Ich habe die Erfahrung gemacht, dass sehr viele Väter, die den Ex-Frauen böse, verantwortungslos und an ihren Kindern desinteressiert erscheinen, Männer sind, denen es in Wirklichkeit schlecht geht. Bei einem großen Teil der Fälle, in denen sich Väter nicht mehr um ihre Kinder kümmern, hängt das damit zusammen, dass diese Väter es nicht schaffen, ihrer Ex-Frau unter die Augen zu treten; dass es ihnen schrecklich ist, in die eheliche Wohnung zu kommen; dass sie die Konfrontation mit ablehnenden Haltungen der Kinder nicht aushalten; Angst vor Liebesverlust, Ablehnung haben u. a. m. Es sind solche bedrückenden Situationen und Erlebnisse, vor denen viele Väter davonlaufen. Und auch Mütter, die die Beziehung der Kinder zu ihren Vätern stören oder gar hintertreiben, tun dies nur selten bewusst aus rein egoistischen Motiven oder aus Rache gegenüber dem Ex-Partner. Fast immer sind es massive Ängste, vor allem die Angst, der Vater könne den Kindern schaden oder der Mutter die Kinder bzw. deren Liebe wegnehmen. Häufig nährt sich diese Angst aus der Erfahrung, dass die Kinder nach den Besuchstagen irritiert, sehr oft aggressiv (gegen die Mutter) gestimmt sind. Indem viele Mütter nicht sehen können (oder wollen), dass es sich dabei um (ganz normale) Trennungsreaktionen handelt, führen sie dieses Verhalten der Kinder auf einen schädigenden Einfluss des Vaters zurück.

Viele Auseinandersetzungen, vor allem auch das so große gegenseitige Misstrauen, haben aber noch einen anderen Grund. Sie rühren von einem unbewussten Prozess her, der in der Psychoanalyse als »Spaltung« bezeichnet wird: Sehr viele Menschen sind nämlich überhaupt nur in der Lage, sich von ihrem Ehegatten zu trennen, wenn sie ihn zu einem bösen Krampus oder zu einer bösen Hexe machen: Jede Liebesbeziehung ist eine ambivalente Sache. Wenn eine Ehe scheitert – das kennen alle, die schon Trennungserfahrungen gemacht haben – gibt es Zeiten, in denen ich zwar weiß, in dieser Partnerschaft nicht mehr glücklich werden zu können, weil sie nicht das ist, was ich mir einst erträumt und erhofft habe. Trotzdem gelingt es mir noch nicht, mich vom Partner zu trennen. Eine Partnerschaft ist eben ein sehr kompliziertes Gebilde, und eine eventuelle Enttäuschung heißt noch keineswegs, dass der Partner alle seine bedeutsamen Funktionen für mich verloren hätte. Außerdem macht das Ende jeder Beziehung mehr oder weniger Angst. Oft schaffe ich daher diesen Schritt, endgültig Nein zu sagen, nur, wenn ich mich – natürlich unbewusst – des Abwehrmechanismus der »Spaltung« bediene. Ich spalte mein Selbstbild und das Bild, das ich von meinem Partner habe, in ein radikal gutes und ein ebenso radikal böses Bild auf: Dann sehe ich mich als den Unschuldigen, der bestenfalls Opfer ist und sich redlich um die Ehe bemüht hat, während vom Ehepartner nichts als Bosheit, Verantwortungslosigkeit, Gefühlskälte, Egoismus usw. übrig bleibt. Mich von einem solchen Menschen zu trennen, fällt freilich um vieles leichter.

Für unsere optimistische Hoffnung, die geschiedenen Partner mögen nach der Scheidung kooperationswillige Eltern bleiben, sind derartige unbewusste Problemlösungen allerdings eine Katastrophe. Denn wie sollte ich es als verantwortungsvolle und liebende Mutter zulassen können, mein Kind in die Obhut eines Menschen zu geben, von dessen Unzuverlässigkeit, ja Bösartigkeit ich überzeugt bin? Wie sollte ich als liebender Vater nicht gegen den Einfluss der Mutter kämpfen, wenn ich davon überzeugt bin, dass diese Frau meinem Kind nur schaden kann? Ist es einmal so weit, bleibt nur mehr der Kampf. Vielleicht aber ist ein kleines Stück Erinnerung an den Menschen, den ich einmal geliebt habe, erhalten geblieben. Dann besteht auch eine Chance, dass ich die Möglichkeit zulasse, dass die Realität vielleicht nicht ganz so ist, wie ich sie zur Zeit wahrzunehmen glaube. Eine solche Einsicht könnte die Türe zu einer Paarberatung oder -therapie öffnen.

Literatur:

Figdor, H., Kinder aus geschiedenen Ehen: zwischen Trauma und Hoffnung, Mainz 1991 (Grünewald).
Figdor, H., Scheidungskinder – Wege der Hilfe, Gießen ²1998 (Psychosozial).

MEiN LEBEN

STREIT Ruhe FRIDE

VERGANGENHEIT GEGENWART ZUKUNFT

Georg & Hans Wögerbauer

Krise – Kränkung – Krankheit

Alle Veränderungen, sei es Übersiedlung, Schulbeginn, berufliche Veränderung, besonders natürlich Trennung, Scheidung oder gar der Tod eines Familienmitgliedes haben für Kinder wie für Erwachsene Auswirkungen auf das Immunsystem und damit auf den Gesundheitszustand.

Jede Veränderung bringt Unsicherheiten mit sich, und gerade in stürmischen Zeiten des Lebens ist es wichtig, Quellen der Stabilität und Geborgenheit zu finden.

Uns liegt fern zu werten, ob z. B. Trennung oder Scheidung negativ gesehen werden müssen oder ob nicht dadurch auch neue Chancen entstehen können. Belastend sind diese Situationen mit Sicherheit für alle Beteiligten und Aussagen wie »meine Kinder spüren das gar nicht", können nur als Versuch der Verdrängung gesehen werden.

Als Ganzheitsmediziner wollen wir in diesem Zusammenhang auf mögliche, vielleicht vermeidbare Gefahren hinweisen und Impulse geben, um auch in Krisenzeiten gesundheitsförderliche Maßnahmen setzen zu können.

Wie können sich länger dauernde familiäre Konfliktsituationen auf Kinder auswirken:
- Müdigkeit
- Konzentrationsstörungen
- Nachlassen der schulischen Leistungen
- Verhaltensauffälligkeiten, wie Aggressivität, Rückzugsstrategie, Überangepasstheit
- Infektanfälligkeit – Nasen-/Racheninfektionen, Harnwegsinfekte, ...

- Allergien
- Ess-Störungen
- Verdauungsprobleme, wie Gastritis, Durchfall, Verstopfung, Blähungen, kolikartige Darmbeschwerden
- Kopfschmerzen
- Ekzeme
- Bettnässen
- Zyklusunregelmäßigkeiten

Diese Befindlichkeitsstörungen bzw. Erkrankungen können häufig schon Jahre vor der eigentlichen Trennung auf Probleme in der Familie hinweisen.

Wir erleben ausgeprägte psychosomatische Reaktionen andererseits oft auch erst nach der Trennung, »wenn alles schon überstanden ist«. Erwachsene kehren für Kinder häufig zu rasch zu einem Alltag zurück, der noch lange kein Alltag geworden ist. Die Kinder reagieren besonders stark, wenn die Eltern neue Partner kennenlernen und diesen natürlich die volle Aufmerksamkeit widmen. Genau dann, wenn Mutter bzw. Vater endlich wieder glücklich lebt und selbst Geborgenheit aus der neuen Beziehung findet, erleben Kinder die größten Defizite.

Wir erleben, dass Kinder genau an dem Wochenende mit grippalen Infekten, mit Fieber oder Durchfall im Bett liegen, an dem der Vater oder die Mutter ein gemeinsames Wochenende mit ihrem neuen Partner geplant haben. Jetzt wird dem Kind oft noch deutlicher, dass es »ein Problem« ist, dass es »im Weg« steht und dass – in Extremfällen – alles viel einfacher wäre, wenn es nicht da wäre. Diese Eindrücke können massive Störungen des Selbstwertes zur Folge haben.

Ruhige, brave, unauffällige, eher überangepasste Kinder sind hier besonders gefährdet. Sie reagieren häufig mit Blässe, Müdigkeit, Kopfschmerzen und verschieben ihre Sorgen unbewusst auf Freunde, mit denen sie sich zur Zeit nicht so gut verstehen, auf den Lehrer oder auf sonst jemanden, der weit weg ist von ihrer eigentlichen Angstursache, weil sie die direkte Bezugsperson schützen wollen.

Unterstützende Supervisionsgespräche bzw. ein ganzheitsmedizinischer psychosomatischer Therapieansatz sind notwendig, um Kindern Schutz und Hilfe in dieser schwierigen Zeit zu geben.

MAMA

Warnen möchten wir davor, dass in diesen Situationen Beschwerden und Krankheitsbilder ausschließlich mit Medikamenten behandelt werden. Umgekehrt sollte auch nicht jedes Symptom monokausal auf die im Vordergrund stehende Krise zurückgeführt werden. Eine gründliche schulmedizinische Abklärung der Beschwerden ist auf jeden Fall notwendig.

Zum Thema Scheidung und Krankheit schreibt Thure von Uexküll[46]:

»Das Scheitern von Ehen wird – statistisch gesehen – immer ,normaler', während die Belastung und Erschütterung der betroffenen Paare und Kinder unverändert schwerwiegend zu bleiben scheint« [...]. Kinder aus geschiedenen Ehen sind vielfältigen Problemen und Konflikten ausgesetzt [...]. So kann der Wechsel von Liebe zu Gleichgültigkeit und Hass unverständlich und bedrohlich sein; in der kindlichen Egozentrizität befürchtet das Kind, dass auch die Liebe der Eltern ihm gegenüber plötzlich umschlagen kann. Dieses geschieht um so häufiger, je mehr sich das Kind in seinen Eigenschaften ähnlich dem abgewerteten Elternteil erlebt. Schuldgefühle können entstehen, wenn das Kind sich als Ursache für die Trennung seiner Eltern sieht; es wird dann alles tun, um die Eltern wieder zusammenzubringen. Auch Krankheit ist eine wirksame Klammer für sich trennende Eltern; »denn Eltern verlassen ein krankes Kind nicht«, wie ein magersüchtiges Mädchen einmal formulierte. Der Verlust eines Elternteils durch Scheidung ist für manche Kinder auch deshalb nur schwer zu verarbeiten, weil die Sehnsucht nach Wiedervereinigung bestehen bleibt und Kinder nur selten bereit sind, Hoffnungen auf die Rückkehr des Vaters oder der Mutter aufzugeben und sich der Realität anzupassen.

Schwerpunkte für einen ganzheitsmedizinischen Ansatz bei psychosomatisch kranken Kindern infolge von Beziehungskrisen und/oder Scheidung der Eltern:

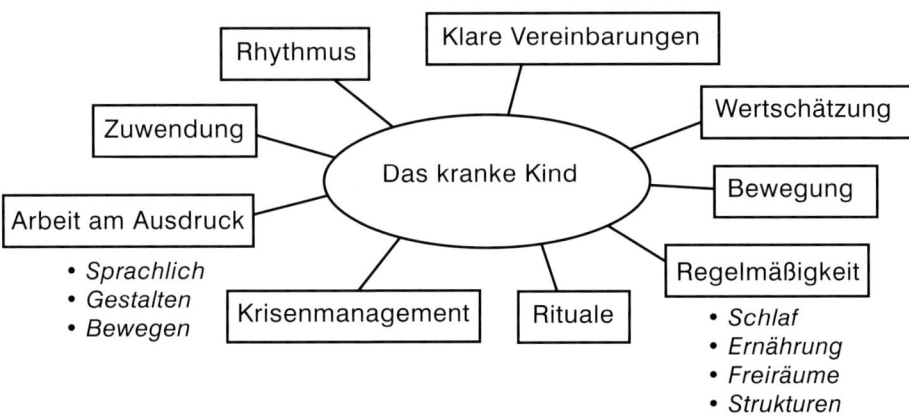

---

46 Uexküll Th. v., 1986, S. 978.

Rhythmus

Speziell in Krisensituationen ist es wichtig, dass Kinder mit ihrer nächststehenden Bezugsperson (Mutter oder Vater) einen Lebensrhythmus entwickeln können, um stabiler durch die Krise zu gehen.

Diese Rhythmen können zum Beispiel sein:

- 1 x pro Woche miteinander sportliche Aktivität
- gegenseitige Massage
- definierte Gespräche in schützender Struktur
- bewusst gestaltete gemeinsame Freizeit

Rhythmen geben Sicherheit in einer familiären Trennungssituation, wo plötzlich vieles unsicher wird.

Klare Vereinbarungen – als Ausdruck wertschätzender Akzeptanz –, die vielfach verunsicherten Kindern zeigen, dass sie trotz aller Irritationen auf die Mutter oder den Vater rechnen – vertrauen können. »Wenn die Eltern schon nicht mehr miteinander können, dann will aber ich, dass jeder von ihnen mit mir und ich auch mit ihnen kann.«

Speziell in einer Phase, wo das familiäre System massiv destabilisiert ist, gilt es, dass Kinder Bezugspersonen entdecken und wissen, auf wen sie sich verlassen können, Vereinbarungen von beiden Seiten – im Sinne von »du bist mir wichtig« – eingehalten werden.

Bewegung – miteinander in Bewegung kommen – Bewegung im Sinne von Entwicklung.

Kinder, wie auch Erwachsene – Kinder jedoch verstärkt –, können innere Bewegtheiten, Spannungen, Konflikte gut über Bewegung und Sport ausagieren. Bewegung stärkt einerseits das Nervenkorsett, andererseits ist Bewegung oft auch hilfreich, um wieder zur Begegnung zu gelangen, um neuerlich Vertrauen aufbauen zu können.

Zuwendung in Form von
- Gesprächen
- Berührung
- Definierte Zeiten für das Kind und mit dem Kind
- Zuwendung nicht in Form von materieller Ersatzbefriedigung, sondern durch konkrete Begegnungsbereitschaft im Hier und Jetzt..

Krisenmanagement

Das kranke Kind mit einer ganz konkreten Symptomatik entweder im Verhaltensbereich oder im körperlichen Bereich bedarf einer ausführlichen interdisziplinären Untersuchung mit exakter Diagnostik und ebenso interdis-ziplinärer Begleitung.

Das wollen wir durch folgende Grafik verdeutlichen:

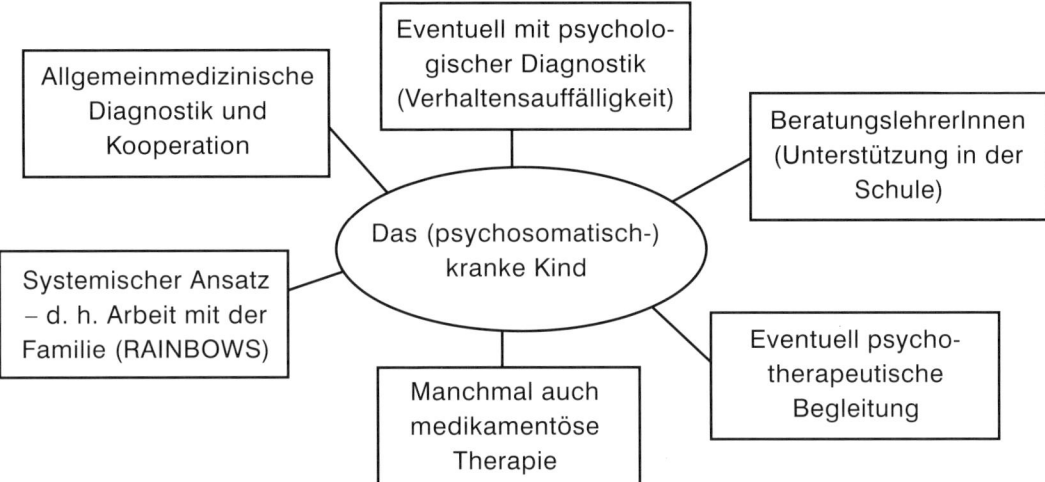

Der ganzheitsmedizinische und psychosomatisch geschulte Hausarzt sollte mit dem System der Familie am besten vertraut sein. Wenn er dafür ausgebildet ist, dann bietet er sich als »Krisenmanager« an , mit der nötigen Kompetenz für das Kind das jeweils notwendige Netzwerk als Hilfestellung zu entwickeln.

Abschließen wollen wir unseren ganzheitsmedizinischen Kommentar zum kranken Kind in familiären Krisensituationen mit folgendem Gedicht:

If a child ...
Wenn ein Kind mit Kritik lebt,
lernt es zu verurteilen.
Wenn ein Kind mit Feindseligkeit lebt,
lernt es zu kämpfen.
Wenn ein Kind mit Spott lebt,
lernt es scheu zu sein.
Wenn ein Kind mit Scham lebt,
lernt es sich schuldig zu fühlen.

Wenn ein Kind mit Toleranz lebt,
lernt es geduldig zu sein.
Wenn ein Kind mit Ermutigung lebt,
lernt es Vertrauen.
Wenn ein Kind mit Lob lebt,
lernt es zu loben und zu schätzen.
Wenn ein Kind mit Fairness lebt,
lernt es Gerechtigkeit.

Wenn ein Kind mit Sicherheit lebt,
lernt es zu vertrauen.
Wenn ein Kind mit Anerkennung lebt.
lernt es sich selbst zu mögen.
Wenn ein Kind mit Anteilnahme und Freundschaft lebt,
lernt es der Welt Liebe zu geben.
(Ruth Rice[47])

Literatur:
Uexküll Thure v., Psychosomatische Medizin, München [3]1986 (Urban & Schwarzenberg).

---

[47] Persönliche Weitergabe von Ruth Rice während des Seminars »Healing the inner child«.

Es war anfangs ein seltsames Gefühl, meinen Vater in seinem neuen »HEIM" zu besuchen. Aber das Schlimmste war, der neuen Freundin meines Vaters zu begegnen. Ich fühlte mich ganz fehl am Platz und nicht mehr geborgen und unter liebenden Menschen. Ich freute mich darauf, wieder zuhause zu sein, bei meiner MUTTER.
Eva

Ich habe keine Familie.
Clara 5 Jahre

Als der Papa mich zum Wochenende abgeholt hat, hab ich hinten im Auto ganz still für mich geweint. Als wir zu Mama heimfuhren auch. Aber es hat eh keiner gemerkt.
Rita, 6 Jahre

Unser Familienleben wäre noch schöner, wenn es mir gelingen könnte, alles wieder so herzustellen, wie es vor der Scheidung war.
Nadine, 13 Jahre

Meine Mutter wird immer traurig, wenn sie an meinen Vater denkt. Deswegen erwähne ich seinen Namen gar nicht mehr. Trotzdem denke ich sehr oft an ihn.
Gernot, 12 Jahre

Man wird stark und selbstständig. Ich habe sehr viel dazugelernt. Beispiel: dass ein Mensch sich seinen Problemen stellen muss und nicht einfach auf die Seite schieben darf.
Stefan 10, Jahre

Ich hab nicht verstehen können, warum er einfach gegangen ist. Ich war mir sicher, dass es nicht an mir lag – ich habe immer Mama die Schuld gegeben. Die hat es sehr schwer gehabt und oft in der Nacht geweint – dafür hab ich mir die Schuld gegeben und daran war ich auch schuld. Später habe ich in einem Brief vom Gericht seine Adresse gefunden und so ist Briefkontakt entstanden. Bald darauf kam das 1. Treffen. Jetzt ist wieder alles in Ordnung, obwohl ich immer noch zwischen den Fronten stehe.
Fritzi, 11 Jahre

Ich kann nicht verstehen, warum mich der Papa nie anruft und nie Zeit für mich hat .... aber ich weiß eh, er hat viel zu arbeiten .... und vielleicht mag mich auch seine Freundin nicht ...?
Daniel 13 Jahre

Susi erzählt: »Diese Marianne! Wenn ich die schon sehe. Immer beschäftigt sich Papa mit ihr, nie unternimmt er was mit mir. Wahrscheinlich mag er mich jetzt nicht mehr so gern. Wahrscheinlich hätte er lieber ein anderes Kind von der Marianne.«

Oh Gott! Wie wird das werden? Bei wem werde ich denn wohnen? Hat der Papa eine Neue oder hat die Mama einen Neuen? So a ....! Was mach ich denn jetzt! Wie wird das mit der Schule werden? Ich möchte unbedingt in meiner jetzigen Schule bleiben und meine Freunde behalten. Andererseits hören dann die ewigen Streitereien zwischen Mama und Papa auf.
Felicitas, 12 Jahre

Eva Meingaßner

Wut und Trauer unerwünscht. Die Zeitbombe Scheidung und ihre Entschärfung in der Psychotherapie

Das Thema Scheidung stellt in der psychotherapeutischen Praxis keine Seltenheit dar. Neben der Vielzahl von akuten Problemen, für die in den verschiedenen Phasen einer Trennung direkte Hilfestellung und Unterstützung gebraucht wird, erlangt das Thema der Scheidung der Eltern oft ebenfalls Bedeutung. Im Verlauf einer Psychotherapie ist nämlich oft ein Rückblick erforderlich, welche Auswirkungen eine Scheidung auf das Leben eines Menschen hatte, besonders, wenn es sich um die Scheidung der Eltern handelt, als der/die Betroffene noch ein Kind war.

Ausgangspunkt ist dabei die Frage nach der Schwere der Belastung, der das Kind damals ausgesetzt war und nach damaligen Möglichkeiten, diese zu verarbeiten. Allzuoft wirken Eindrücke aus dieser Zeit noch im aktuellen Leben nach, ohne dass dies erkannt wird. Es sind dabei nicht nur die schweren traumatischen Erlebnisse, Gewaltanwendung und sonstige angsterregende Szenen, die Spuren hinterlassen.

Veränderungen

Zweifellos erlebt ein Kind im Verlauf einer Trennung viel mehr als die Tatsache, dass Vater oder Mutter *weggehen* und nicht mehr *zurückkommen*[48]. Es hat in den meisten Fällen, bevor überhaupt von einer Trennung die Rede ist, auch die Vorgeschichte, z. B. Zerwürfnisse oder Entfremdung zwischen den Eltern, mehr oder weniger bewusst erlebt und mehr oder weniger als Belastung emp-

---

[48] Der Begriff *weggehen* wird hier verstanden als sich entfernen von einem vertrauten Beziehungsgeflecht, ungeachtet dessen, dass sich neue Beziehungsqualitäten entwickeln können.

funden. Es erlebt nun, wenn die Trennung vollzogen wird, eine Reihe von äußerlichen Veränderungen: Ein vertrauter Mensch verlässt die Familie, Wohnung oder Schule müssen gewechselt werden. Möglicherweise verändert sich die finanzielle Situation, in der Familie herrschen andere Sorgen vor als bisher, andere Themen werden wichtig. Die Beziehung zu jenem Elternteil, der ausgezogen ist, muss neu organisiert werden und findet unter völlig neuen, ungewohnten Bedingungen statt. Die Familie steht ohne Vater oder Mutter nach außen ganz anders da, bisherige Freunde ziehen sich eventuell zurück, Verwandte verhalten sich anders als bisher. Auch die Rolle des Kindes innerhalb der Familie verändert sich, es ist mit anderen Erwartungen konfrontiert.

Je nach Alter und Entwicklungsstufe kann ein Kind diese Veränderungen mitvollziehen und den neuen Anforderungen standhalten. Es wird jedoch, weil auch die anderen Familienmitglieder mit all dem Neuen zurande kommen müssen, nicht immer erkannt, dass ein Kind teilweise sehr bedeutende Umstellungen vollziehen muss, dass es um schwere und schmerzliche Abschiede geht. Das sind nicht nur äußere, sondern auch innere Vorgänge, für die ein Kind von sich aus nicht leicht einen Ausdruck findet. Von den Bezugspersonen wird so im Zuge der allgemeinen Neuorientierung nicht wahrgenommen, wie es einem betroffenen Kind wirklich geht und was es braucht. Die notwendige Unterstützung bleibt aus, eine gute Verarbeitung ist damit zumindest erschwert.

Möglichkeiten des kindlichen Ausdrucks

Im Verlauf eines Trennungsgeschehens ist die Wahrscheinlichkeit groß, dass ein Kind mit seinem inneren Erleben und seinen tieferen Gefühlen allein bleibt. Es bedarf großer Einfühlung und Reife der Eltern, die Trauer der Kinder über die verschiedenen Abschiede, die sie ihnen abverlangen, zu sehen und ihr einen entsprechenden Raum zu geben. Wenn diese Trauer oder auch die Ohnmacht und Hilflosigkeit über eine Situation auftauchen, die sie nicht gewollt haben, aber doch nicht verändern können, fehlt vielen Kindern noch die Fähigkeit, sich verbal auszudrücken. Auch wenn sie der Sprache schon mächtig sind, ist es sehr schwer, derartige Gefühle zu erkennen, zuzuordnen und zu artikulieren. Der adäquate Ausdruck unterbleibt daher in vielen Fällen und das, was zum Ausdruck kommt, wird nicht oder falsch verstanden. Eher zugänglich ist das vitale Gefühl der Wut über die Eltern, die diese Situation hervorgerufen haben. Sie vermischt sich jedoch mit der tiefen, verborgenen Angst, nach dem einen Elternteil auch noch den anderen zu verlieren oder zumindest dessen Zuneigung, wenn das Kind sich nicht so verhält, wie es erwünscht ist. Damit würde aber die gesamte Existenzgrundlage eines Kindes in Frage gestellt und es erscheint plausibel, wenn derartige Gefühle verdrängt werden. Ein großer

ÖSTERREICH   UNGARN

ICH

PAPA

MAMA

Mika

und wichtiger Bereich kann also permanent verleugnet werden, ohne dass dies von der betroffenen Person selbst oder seiner Umwelt wahrgenommen wird. Zweifellos bleibt das nicht ohne Folgen für die Entwicklung des gesamten Gefühlslebens.

Kindliches Erleben

Ein Kind erlebt das Weggehen eines Elternteils auch als ganz persönliches Verlassenwerden und bringt sich selbst – abhängig von seiner Altersstufe und dem Stand seiner Entwicklung – in einen bewussten oder unbewussten Zusammenhang damit. Unter Umständen findet es eine konkrete Erklärung in einem »schlimmen« Verhalten, das Vater oder Mutter zum Weggehen veran-lasst haben könnte oder zumindest den ausschlaggebenden Streit zwischen den Eltern verursacht haben könnte. Viel eher empfindet es sich aber prinzipiell »nicht wert genug zu sein«, um Vater oder Mutter bei sich zu halten. Es entstehen nicht nur unbewusste Schuldgefühle, sondern auch das Gefühl der persönlichen Unsicherheit und der generellen Wertlosigkeit. Diese Haltung ist oft sehr lange nicht zu erkennen. Sie ruft im Gegenteil oft ein ausgleichendes Verhalten hervor, also besonderes Brav-Sein, besonderen Leistungswillen oder eine besonders große Anpassung. Für alleinerziehende Eltern ist ein solches Verhalten äußerst angenehm und entlastend, es wird daher kaum hinterfragt, sondern im Gegenteil als Zeichen der Überwindung und guten Verarbeitung der Scheidung angesehen.

Solche Haltungen, Einstellungen und Wertfixierungen können in allen Phasen der Trennung entstehen. Was immer in der Vorgeschichte, der Trennung selbst und dem Verarbeiten der Veränderung vor sich geht, ein Kind zieht aus dem äußeren Geschehen bestimmte innere Schlussfolgerungen, die unausgesprochen und natürlich auch unwidersprochen bleiben, für das spätere Leben aber bestimmend werden.

Derartige Schlussfolgerungen beziehen sich z. B. auf den Bezugsrahmen, den die elterliche Gemeinschaft für das Kind darstellt. Dass er nicht hält, gibt unter Umständen Anlass zu einem generellen Verlust des Vertrauens in die Welt, wenn diesbezüglich keine sonstigen positiven Erfahrungen gemacht werden. Ein Kind fragt sich, was denn in der Welt überhaupt halten kann, wenn sich dieser erste erfahrbare Halt als trügerisch erweist. Negatives Denken und erhöhtes Sicherheitsbedürfnis sind in diesem Zusammenhang eine nachvollziehbare Folge. Besonders gravierend ist für ein Kind das Gefühl, durch seine bloße Existenz schuld an den Schwierigkeiten zu sein, die die Eltern miteinander haben. Wenn es zu der inneren Schlussfolgerung kommt: »Es wäre besser, wenn es mich nicht gäbe«, ist eine depressive Entwicklung vorgezeichnet. Sehr schwer ist es für ein Kind auch, mit widersprüchlichen Gefühlen den Eltern gegenüber umzugehen. Zuneigung und gleichzeitige Wut rufen ein Gefühlsdilemma hervor, das oft nur dadurch gelöst werden kann, dass einer der beiden Bereiche ganz aus der Gefühlspalette verbannt wird. Das bringt für die momentane Situation zwar eine Erleichterung, für das weitere Leben aber eine weitreichende Verarmung, weil ein lebendiger Teil der Person gewissermaßen stillgelegt wird. Es bedarf oft langer therapeutischer Arbeit, um diesen »verbannten Teil« wieder zugänglich zu machen.

Ähnlich schwierig ist es mit unausgesprochenen Aufträgen an das Kind, die von Eltern ausgegeben und von Kindern willig angenommen werden.

»Sei brav, dann geht es mir gut«, »Sei immer lustig«, »Sei perfekt« lauten solche Aufträge und Kinder werden sich bemühen, alles zu tun, damit es Mutter oder Vater wieder gut geht. Dabei werden viele eigene Bedürfnisse verleugnet, Lebendigkeit und Neugierde auf das Leben gehen verloren – im extremsten Fall sogar der gesamte Bezug zur eigenen Person – bis zu einer völligen Entfremdung von sich selbst.

Das Kind zwischen Mutter und Vater

Eine ähnliche Gefahr besteht auch noch in einem anderen Bereich. Es ist für ein Kind außerordentlich schwierig, dem Loyalitätskonflikt zwischen Vater und Mutter standzuhalten. Das Recht des Kindes, beide Eltern zu lieben, wird im Zuge einer Trennung sehr oft unterlaufen. Es ist von großer Bedeutung, wie sich Vater oder Mutter zu den Gefühlen des Kindes zum jeweils anderen Elternteil verhalten und wie sie sie kommentieren. Es kann sehr leicht passieren, dass ein Kind fürchtet, die Liebe der Mutter zu verlieren, wenn es merken lässt, auch der Vater wird gemocht und umgekehrt. Derartige innere Konflikte werden meist mit weiteren Verleugnungen oder Abspaltungen von Gefühlen scheinbar gelöst – die Folgen reichen aber weit ins spätere Leben hinein.

Bedeutung für das spätere Leben

Bei dem, was ein Kind an inneren Schlussfolgerungen auf Grund von äußerlichen Geschehnissen zieht, spielt auch das Alter des Kindes und seine Fähigkeit, sich von den Ereignissen zu distanzieren, eine große Rolle. Bruchstückhafte und atmosphärische Wahrnehmungen von Gesprächen und Ereignissen werden oft durch Vermutungen, Wünsche und Fantasien – abhängig von der Altersstufe des Kindes – angereichert und zu einer eigenen Wirklichkeit verdichtet, die der äußeren Realität oft keineswegs entspricht, aus der aber doch die Motivationen für das Handeln bezogen werden. Es verfestigen sich negative Einstellungen zu sich selbst und zu den eigenen Gefühlen, es entstehen überhöhte Verantwortlichkeiten für die Gefühle und das Wohlergehen von anderen. Aus solchen Motivationen heraus passiert es, dass sich Menschen im späteren Leben getrieben, ausgeliefert oder sogar ferngesteuert fühlen. All das sind Ansatzpunkte für neurotische Entwicklungen und Störungen der Persönlichkeit. Es entstehen Verhaltensweisen, die langfristig eine selbstschädigende Dynamik nach sich ziehen.

Selbstverständlich sind derartige Entwicklungen, Störungen und Fehlhaltungen nicht an das Erleben einer Scheidung oder Trennung geknüpft und können ebenso aus ganz anderen Situationen und Konstellationen entstehen. Wenn ein Elternpaar sich trennt, gibt es aber ganz bestimmte, innere Konfliktsituationen eines Kindes, denen selten genügend Aufmerksamkeit und Unterstützung geschenkt wird.

Schuldgefühle und übersteigerte Aufmerksamkeit von Eltern, die sich trennen, wirken sich jedoch oft ganz entgegengesetzt aus. Kinder, die aus schlechtem Gewissen überversorgt und überbehütet werden, deren Forderungen uneingeschränkt entsprochen wird und die keinerlei Grenzen erfahren, entwickeln häufig eine Anspruchshaltung, die einer positiven Entwicklung im Wege steht.

Es ist keineswegs gesagt, dass eine Scheidung der Eltern zwingend zu einer Fehlentwicklung, zu einer Persönlichkeitsstörung oder zu psychischen Einbrüchen im späteren Leben führt. Der Mensch verfügt im Allgemeinen über Kräfte, auch mit schwierigen Lebenssituationen fertig zu werden. Das Gefühl, im Leben prinzipiell und in einer Gemeinschaft im Besonderen einen guten Platz zu haben, verstanden und unterstützt zu werden, geht jedoch im Laufe einer Scheidung für ein Kind leicht verloren. Um dem entgegenzuwirken, soll der Blick auf das, was ein Kind bewegt, möglichst klar sein, die Möglichkeiten, sich ohne falsche Rücksichten auszudrücken, sollten ausreichend sein und die sonst vorhandenen Kräfte und Fähigkeiten sollten möglichst unterstützt und gefördert werden. Dann ist es sogar möglich, dass positive Prozesse in Gang kommen, dass in der Überwindung einer solch schwierigen Lebenssituation letztlich das Konfliktpotential eines heranwachsenden Menschen gestärkt, der Realitätssinn geschärft und das Zutrauen in die eigene Person gesteigert wird.

Literatur:
Asper K., Verlassenheit und Selbstentfremdung, 1990 München (dtv).
Frankl V., Logotherapie und Existenzanalyse, München 1987 (Piper).
Kast V., Abschied von der Opferrolle, Freiburg 1998 (Herder).
Miller A., Das Drama des begabten Kindes, Frankfurt/Main 1994 (Suhrkamp).

Astrid Görtz

Das Krokodil in der Familie – Darstellung einer Kinderpsychotherapie

Ein zentrales Anliegen der Kinderpsychotherapie wie der Psychotherapie überhaupt ist es, das Kind (bzw. den/die PatientIn) in seiner Welt zu sehen und zu verstehen, mit ihm in einen persönlichen Dialog über seine inneren Beweggründe, Bedürfnisse, ungelebten Sehnsüchte und Fantasien zu treten und ihm Ausdrucksmöglichkeiten für seine Gefühle anzubieten. Gerade in der Kinderpsychotherapie ist es eine erstaunliche und für den/die TherapeutIn sehr bereichernde Erfahrung zu erleben, wie sehr oft bereits die Einfühlung des Erwachsenen in die »Sprache« des Kindes und ein Antworten auf seine seelischen Ausdrucksmöglichkeiten eine Befreiung von Blockaden, eine Integration abgespaltener Gefühle und eine Entwicklung hin zu mehr Selbstvertrauen, zu Kreativität im Ausdruck und Mut im Handeln fördern und damit seelische Gesundung bewirken kann. Im Fall einer Trennung/Scheidung der Eltern haben Kinder oft heftige Traumatisierungen erfahren, die sich mit Hilfe von Kinderpsychotherapie gut behandeln lassen.

Im Folgenden soll das Vorgehen und die Wirkungsweise von Kinderpsychotherapie, insbesondere mit der Methode des Sandspiels, zunächst allgemein beschrieben und im zweiten Teil anhand eines Fallbeispiels einer Psychotherapie mit einem Scheidungskind näher dargestellt werden. Schließlich wird die Rolle des/der KinderpsychotherapeutIn kurz beschrieben.

Was ist die Besonderheit von Psychotherapie mit Kindern?

Der therapeutische Versuch der »Wesensschau« des Kindes bedingt zu aller-
erst ein Wahrnehmen des Kindes in seinen kindlichen Bedürfnissen und Ausdrucksmöglichkeiten. Gefühle, Gedanken und Bedürfnisse in Worten auszudrücken, fällt Kindern oft schwer. Das Spiel als das zur Verfügung stehende
Kommunikationsmittel hilft ihnen, ihr Inneres zu zeigen und wichtige Botschaf-
ten in symbolischer Form auszudrücken. Die berühmte Kinderpsychoanalyti-
kerin Anna Freud meinte, das »Material« des Kindes sei weniger durch Verbali-
sieren, durch freie Assoziation eingebracht, als vielmehr durch Handeln, durch
das freie Spiel. Die Analytikerin Melanie Klein war die Erste, die im Verlauf einer
Behandlung Spielzeug einsetzte, hauptsächlich als Spieltherapie, die »die Ima-
gination des Kindes stimulieren und Assoziationen hervorrufen sollte«. Für Winnicott ist das Spiel deshalb so wichtig, weil »gerade im Spielen und nur im
Spielen ... das Kind und der Erwachsene sich kreativ entfalten und seine ganze
Persönlichkeit einsetzen [kann]«. Miniaturen und Spielzeug sollen Kindern
ermöglichen, ihre »tiefsten präverbalen Gefühle und Gedanken zu zeigen", so
Margaret Lowenfeld. Sie betonte ihr Interesse an den unterschiedlichen Dimen-
sionen der nonverbalen Kommunikation und bezeichnete die Sprache als ein
»eingeschränktes Vehikel, das die ganze Spannbreite einer Bedeutung nicht
ausdrücken kann.« Auch für ältere, sprachlich gut ausdrucksfähige Kinder bietet das Spiel die Möglichkeit, Empfindungen und Gefühle sicherer, genauer
und leichter »auszuspielen« als in Worten auszudrücken. Diese Begrenztheit
der Sprache zeigt sich, und das gilt auch für Erwachsene, vor allem in intensiven Gefühlssituationen. Bilder, die nicht nur passiv aufgenommen werden, wie
im Fall der modernen Massenmedien, sondern selbst aktiv gestaltet werden, in
welcher Form auch immer, stellen somit eine wesentliche Bereicherung der
Ausdrucksformen vor dem Hintergrund der reduzierten sprachlichen Möglichkeiten von Kindern dar. Im therapeutischen Setting wird der erforderliche Raum
geboten, in dem freies Spiel in Selbstvergessenheit und Absichtslosigkeit stattfinden kann, wo sich Spannungen, Ängste und festgelegte Vorstellungen lösen
können. Das Spiel, auf dessen Grundlage die gesamte menschliche Er-
fahrungswelt aufbaut[49], nimmt in der psychotherapeutischen Behandlung von
Kindern eine zentrale Stellung ein.

In der konkreten Therapiesituation sieht sich das Kind einem breiten Spektrum an Spielmedien gegenüber, wie Puppen, Masken, Kleidern, Figuren, Bü-
chern, aber auch unterschiedlichsten Materialien, wie Ton, Papier, Sand, Holz
oder auch Farben. Ein zentrales Element meiner eigenen therapeutischen Arbeit ist das Sandspiel.

---

[49] Winnicott, 1974.

Fallbeispiel »Anna«

Anna, ein 8-jähriges Mädchen, lebt nach der Scheidung der Eltern vor eineinhalb Jahren nun bei ihrer Mutter. Im gemeinsamen Haushalt lebt auch der Freund der Mutter, mit dem sich Anna recht gut versteht.

Der Anlass, eine Kinderpsychotherapeutin aufzusuchen, bestand darin, dass Anna immer wieder unter starken Kopfschmerzen und Übelkeit litt, die regelmäßig nach den Besuchen beim Vater auftraten. Der Mutter fiel auf, dass Anna – generell ein eher ruhiges Mädchen – dann besonders still war, kaum über die mit dem Vater verbrachte Zeit erzählen wollte und insgesamt bedrückt wirkte. Die Mutter überlegte, eine Änderung des Besuchsrechts zu beantragen, andererseits hängt Anna sehr an ihrem Vater – und dieser würde sehr um sie kämpfen.

Im Erstkontakt begegnet mir ein stilles, für ihr Alter überaus ernsthaftes Mädchen, das von sich aus wenig preisgibt, jedoch bereitwillig in die von mir angebotenen Spiele und projektiven Tests einwilligt.

Im »Sceno-Test« stellt Anna mit Hilfe von Puppenfiguren folgende Familienszene: Die Mutter liegt im Liegestuhl, daneben steht die Wiege mit dem Baby, in der Nähe spielen zwei weitere Kinder im Sand. Oma und Opa sind auch in der Nähe. Gegenüber des Liegestuhls sitzt das Krokodil. Dennoch geht's der Familie gut, denn das Krokodil ist sattgegessen.

Bleibt man im Bereich des Phänomenologisch-Beschreibenden ohne ein Zuviel an Deutung und Interpretation, so zeigt sich in diesem Bild eine diffuse Bedrohung der recht idyllischen Familienszene, die jedoch im Moment nicht akut ist. Im darauf folgenden Gespräch erzählt Anna, wie gerne sie es hätte, dass ihre Eltern wieder zusammen wären – die Bedrohung in Form des Krokodils könnte also etwa die Scheidung, das Auseinanderbrechen der Familie bedeuten. Anna hat durch ihre Mutter von der Scheidung erfahren. Sie erzählt von Druckgefühlen im Bauch, wenn sie an diese Dinge denkt.

Danach greift Anna zu den Handpuppen: Prinzessin und das Krokodil. Die Prinzessin wird vom Krokodil aufgeweckt, es knabbert am Kleid der Prinzessin und an deren Haaren. Jetzt kommt der Kasperl hinzu. Das Krokodil beißt ihn in die Mütze, hat sich dabei aber einige Zähne ausgebissen. Obwohl es nur noch wenige Zähne hat, beißt es dem Kasperl Nase und Mütze ab. Der Gretl-Figur beißt es die Zöpfe und die Nase weg. Der Hänsel-Figur beißt es die Haare und das Gewand weg, auch der Oma werden alle Haare abgebissen. – »Nun sind alle erledigt", meint Anna. Die einzige Figur die noch da ist – ein zweiter Kasperl – schlägt das Krokodil.

Später erfahre ich, dass der Scheidung von Annas Eltern sehr aggressive, affektgeladene Szenen vorangegangen sind. Die Mutter berichtet, von ihrem Ex-Mann geschlagen worden zu sein. Dieser wiederum erzählt, seine Frau habe gedroht, sich vor den Augen der Familie aus dem Fenster zu stürzen und er hätte sie gewaltsam zurückhalten müssen. Anna war Zeugin dieser Szene.

In einem langen Gespräch mit Annas Vater lerne ich einen überaus sensiblen, differenzierten, aber stark depressiven Mann kennen, dessen Welt mit der Scheidung zusammengebrochen ist. Annas Vater ist geboren und aufgewachsen im ehemaligen Jugoslawien, er trägt das Ideal der Großfamilie in sich, wie er es von daheim noch kennt. Das Scheitern seiner Ehe erlebt er vor diesem Hintergrund als persönliche Tragödie. Der Mann wirkt verbittert. Er beklagt die Entwicklung der gesamten Gesellschaft und ist keinem Hilfsangebot zugänglich. Im Gegenteil: Er empfindet es als Schande, dass seine Tochter eine Therapie braucht. Anna ist offenbar die einzige nahe Bezugsperson des Vaters. Ihr vertraut er seine depressiv gefärbten Gedanken an, um ihr die »richtigen« Werte mitzugeben. Dabei übersieht er, dass er seine achtjährige Tochter damit belastet und überfordert.

Nach dem Gespräch mit dem Vater verwundert es weniger, dass Anna selbst depressiv ist. Sie muss die (Wut-)Gefühle ihrem Vater gegenüber unterdrücken – umso mehr, als das Verhältnis zwischen den Eltern sehr angespannt ist. Anna steht darüber hinaus in einem starken Loyalitätskonflikt der Mutter gegenüber. Die psychosomatischen Symptome sind deutlicher Ausdruck ihrer inneren Angespanntheit durch den übermäßigen Druck, unter dem sie von den Elternteilen steht.

Die Therapie bezog sich im ersten Schritt auf den Versuch, bei beiden Eltern den Willen zur Kooperation im Interesse der Tochter zu fördern, was aber auf Grund der verhärteten Fronten scheiterte. So sollte die Therapie für Anna zumindest einen neutralen Ort darstellen, wo sie Verständnis für ihre schwierige Lage fand und *ohne weitere Schuldgefühle* ihre Wut, aber auch ihre Liebe zu beiden Eltern ausdrücken konnte. Neben spieltherapeutischen Methoden wurde auch die Geschichte »Auf der Suche nach den Regenbogentränen«[50] einbezogen, was es Anna erleichterte, ihrer Trauer über das Geschehene Raum zu geben.

Annas Therapie verlief in etwa fünf Phasen, die im Folgenden kurz dargestellt werden. Interpretationen zu den einzelnen Sandbildern sind *kursiv* gedruckt.

---

[50] Canacakis J., 1994.

Phase 1: Szenen bedrohter Familienidylle

Wie in dem bereits besprochenen Bild stellt Anna anfänglich diverse Familienszenen dar, die einerseits ihre Sehnsucht nach Idylle und Harmonie darstellen. Es kommen zunehmend auch Tiere in den Szenen vor (Gans, Äffchen, Storch). Andererseits symbolisieren diese Szenen immer in einem Aspekt die Bedrohung des Friedens und der Harmonie – zum Beispiel pikst der Storch ein Mädchen ganz unvermittelt ins Gesicht.

Das intensive Festhalten an der »Familien-Idylle«, das bei allen Scheidungskindern am Beginn vorhanden ist, wurde meinem Eindruck nach durch den Vater verstärkt, der selbst sein Idealbild der »intakten (Groß-)Familie« nicht loslassen und somit nicht betrauern kann.

Phase 2: Szenische Aggressionen der Figuren gegeneinander

Anna entdeckt eine neue Variante des Sandspiels: Etwa zehn Puppen werden im Sand vergraben, zwei weitere suchen die Versteckten. Sie trampeln auf den Vergrabenen herum, diese rufen »au, au!« Im Gegensatz zu den Bildern der Phase 1, wo die Bedrohung von Tieren, also Gestalten außerhalb der Familie kam, wenden sich nun die Puppenfiguren gegeneinander.

Anna genießt es sichtlich, Aggressionen in dieser Form auszudrücken. Endlich darf auch sie mit Hilfe der Puppen das tun, was die Erwachsenen einander angetan haben, und zwar ohne sich schuldig zu fühlen. Kinder, die einen »Scheidungskrieg« miterlebt haben, übernehmen meist den Anteil der Schuld des Aggressors, den dieser im Affekt nicht spüren konnte. Kinder spüren meist deutlich, wer von den beiden Elternteilen in einem Konflikt unterlegen ist (was in einem Scheidungskonflikt natürlich ständig wechselt) und nehmen darüber hinaus noch die Verletzung dieses Elternteils auf sich. Sie fühlen sich also doppelt schuldig, weil sie keinem der beiden helfen konnten.

Am Ende werden immer alle Figuren gefunden und ausgegraben.

Eine weitere Variante dieses Motivs ist der Sandsturm: den Figuren weht Sand ins Gesicht, Sand rieselt von oben auf sie herab, bis sie wiederum ganz unter dem Sand vergraben sind. Teilweise werden sie zu Mumien, der Opa ist der Pharao. Wir sind nun in Ägypten. Der Sandsturm verweht den Liegestuhl und alle anderen Gegenstände. Nur eine Hand der Pharao-Mumie schaut noch heraus. Die Kinder entdecken in der Früh die Hand des Opa-Pharaos und erschrecken sehr. Sie graben die Mumien aus, zum Glück lebt die Opa-Mumie noch.

Anna kommentiert diese Szenen mit betont dramatischen Worten wie zum Beispiel »jetzt passiert gleich wieder etwas Schreckliches« oder »jetzt liegen wieder einmal alle auf einem Haufen, aber sie sind ja schließlich eine Familie«.

Hier spielt Anna durchaus lustvoll mit der Grenze von Leben und Tod. Auf diese Weise kann sie den Schrecken, den ihr die aggressiven Szenen zwischen den Eltern eingeflößt haben und die von intensiver Angst vor allem um die Mutter (etwa während der Szene, als sich die Mutter aus dem Fenster stürzen wollte), aber auch eigenen Ängsten begleitet waren, noch einmal ausleben und ein Stück überwinden.

Die Bedrohung des Kindes ist ein immer wiederkehrendes Motiv, so auch in der Phase der Sandstürme. Hier wird z. B. das Baby in der Wiege von den Sandwellen mitgerissen und verschüttet.

Phase 3: Direktes Gestalten mit dem Sand als Spielmaterial

Neu ist in dieser Phase Annas Bedürfnis, mit dem Sand als formbarem Material intensiver zu gestalten. Dieser Schritt hat sich schon durch das Rieseln in Form des Sandsturmes angekündigt. Nun verwenden sie auch Wasser und hat »gatschigen« Sand zur Verfügung, der sich gut zu Türmen, Bergen und Tunnels formen lässt.

Annas Auftauchen aus dem gänzlichen Versunken-Sein in ihre innere Fantasiewelt und der Beginn der unmittelbaren Gestaltung mit dem Sand als Material zeigt, dass sie wichtige Teile des Traumas »durchgearbeitet« hat. Dies ermöglicht ihr, sich nun stärker der Realität zuzuwenden.

Anna genießt es – im Gegensatz zum Beginn der Therapie, als sie sogleich nach dem Spiel mit trockenem Sand die Hände waschen wollte –, im Gatsch zu wühlen, ihre Hände im Sand zu »panieren« etc. Schließlich werden gar keine Figuren mehr verwendet, sondern nur noch viel Wasser und Sand.

Aus dem persönlichen Eindruck ist mir bereits deutlich geworden, dass Annas Mutter einen stark kontrollierenden Einfluss ausübt. So sind beide, Mutter und Tochter, immer betont modisch und adrett gekleidet. Anna verhält sich im Beisein der Mutter auch besonders »artig«. Dies alles erschwert den Umgang mit »negativen« Gefühlen wie Wut, Zorn, Aggression. Anna überwindet in dieser Phase die Scheu vor tabuisierten, »schmutzigen« Themen. Anna hat Lust und Freude an ihrer eigenen Lebendigkeit entdeckt und ein wesentliches Stück ihrer Depression überwunden.

Phase 4: Entdeckung der Kreativität – Anna als Baumeisterin ihres eigenen Zuhauses

Nach den intensiven »Gatsch«-Experimenten kehrt Anna wiederum zum Szenischen zurück. Wieder handelt es sich um Familienszenen. Nun stehen aber nicht mehr die Figuren selbst im Vordergrund, sondern die Gestaltung eines Wohnortes, eines Zuhauses für die Familie. Anna entpuppt sich dabei als kunstvolle Baumeisterin, die Höhlen und mehrstöckige (!) Häuser aus Sand errichtet, die sie geduldig mit Möbeln einrichtet. Für jedes Familienmitglied wird dabei gesorgt, jedes bekommt sein eigenes Zimmer, das Baby bekommt einen besonders geschützten Platz für seine Wiege. Ich bekomme die Rolle der Assistentin zugedacht, die Wasser nachgießen und Sand weg- und herbeischaufeln darf. In dieser Phase meint Anna, sie würde am liebsten jeden Tag im Sand spielen.

Annas Sandhäuser sind durchwegs sehr belebt, darin spielen sich Alltagsszenen ab, ein kleiner Hund springt umher, teilweise geht es drunter und drüber. Im Gegensatz zu den Wohnorten der ersten Phase werden in den Häusern immer auch Badezimmer und Klo eingebaut, meist ganz zu Beginn. Anna zelebriert die »Kloszenen« – ein Familienmitglied nach dem anderen muss vor der Tür warten und dann das Klo benützen.

Anna hat ihr kreatives Talent entdeckt, ich selbst bin erstaunt über ihre außergewöhnliche Geschicklichkeit im Umgang mit dem labilen Material.

Anna genießt die neu gewonnene Lebendigkeit, gerade in den lebensnahen, alltäglichen, zuhause tabuisierten Bereichen (siehe oben).

*Es scheint, als hätte sie sich von den früheren Familienbildern gelöst und baute nun ihr eigenes, sehr viel lebendigeres Zuhause in der Fantasie. Dabei hat sie einerseits den mütterlichen Ordnungssinn überwunden. Andererseits hat sie sich vom Druck durch den Vater befreit. Auch wenn ihre neuen Familienszenen nun vielleicht noch stärker dem Leben bei der Großmutter in Jugoslawien ähneln, so sind es jetzt ihre **eigenen** Bilder. Anna erzählt nach den Ferien mit dem Vater immer wieder begeistert von all den Tieren, die es am Hof der Großmutter gibt. Das, was der Vater vielleicht vor allem als Ideal-Anspruch erfährt, kann Anna nun in all seiner Buntheit genießen, ohne sich dem Vater dadurch verpflichtet zu fühlen. Dieser Schritt in Richtung »Emanzipation« vom Vater äußert sich darin, dass Anna wenig später Kritik am Vater zu üben beginnt. Es wird möglich, in der Therapie offen mit ihr darüber zu sprechen, dass der Vater krank ist und dass er dringend Hilfe bräuchte. Anna wirkt bei diesen Gesprächen nun nicht mehr bedrückt, sondern erleichtert. Sie kann die Verantwortung für sein Wohlergehen an die Erwachsenen abgeben. Bald darauf beginnt Anna, vereinzelt Besuche beim Vater zu verweigern.*

Anna hat in dieser Phase erstmals das Bedürfnis, ihre Werke der Mutter zu zeigen. Bisher hatte sie kaum etwas über das Geschehen in den Therapiestunden zuhause erzählt.

Anna fühlt sich nun auch gegenüber ihrer Mutter stark genug, ihr Eigenes zu vertreten. Sie schafft damit einen ersten Schritt aus der kindlichen Anpassung, hin zu einer persönlichen Stellungnahme[51] – vorerst mit dem Rückhalt der Therapeutin.

---

[51] Frankl, 1984.

Phase 5: Entwicklung von innerer Distanz, Überwindung der Spaltung von Gut und Böse

Anna gestaltet außer Häusern zunehmend auch andere Dinge: Hügelland-schaften und fantasievolle Bauwerke wie etwa einen »Stufenberg«, mit einem gläsernen Thron an der Spitze, einigen geheimnisvollen Schwertern, zwei geheimnisvollen, »nicht so wertvollen« Gläsern, einem geheimnisvollen Schlüs-sel usw. Dieser Stufenberg beinhaltet Schätze, »die dem König gehören, wer sie berührt, muss eine Aufgabe bestehen«. Eine Schlange schwimmt im Was-ser um den Berg. Mama und Papa gehen spazieren. Die Schlange jagt ihnen Angst ein. Anna springt gleich zum Ausgang der Geschichte: Jetzt haben sie alle Gefahren bestanden, ohne das zu bemerken. Der König sagt, »ihr dürft alle Schätze haben, mitsamt dem Wasser und den Tieren.«

Die Angst vor verborgenen Gefahren kehrt immer wieder, diesmal in einer mär-chenhaften Form, wie es sich für Märchen gehört mit einem »Happy End«. Der Weg dorthin ist Anna noch nicht ganz klar.

Nun werden Prinzen- und Ritterfiguren verwendet. Es gibt Gute und Böse. In Annas Geschichten ist die Trennung von Gut und Böse aber nicht eindeutig. Überhaupt wirkt die Einteilung »gut« und »böse« sehr inszeniert. Anna kom-mentiert die Szenen in einer auffallend abgeklärten, ja ironischen Weise: »Weil die Sonne blendet, machen wir dunkel, weil die Bösen haben's gerne dunkel.« Zu einer Wache (im Tonfall der Übertreibung): »Na, der schaut aus (er ist unra-siert), typisch Böser!« Jetzt kommt der Drache ins Spiel: »Der hat einen Auf-trag, er muss die Bösen, eigentlich die Lieben *(!!!)* besiegen.« Auch zwei Panther gehören zu den Bösen, auch wenn sie eigentlich recht lieb ausschau-en; die Königin geht spazieren, macht Ordnung: »Die ist sich nicht sicher, ob sie wirklich böse sein sollte.« »Sie sagt zur Eule, sie soll ihr das Schwert holen, denn sie will ja gegen ihren Mann kämpfen, weil der ja böse ist. ... Irgendwann wird das das Land der Lieben; wer den Schlüssel bekommt, darf entscheiden, ob das Land böse oder lieb ist.« Mittlerweile ist der Drache lieb geworden, und auch der Panther – er schleckt die Königin ab.

Am Ende dieser Stunde hat Anna wiederum das Bedürfnis, die Szene der Mutter zu zeigen. Diese reagiert mit Schweigen und wirkt betroffen.

Annas Geschichten sind verschlüsselter, symbolischer geworden. Wünscht sich Anna, in den Besitz des Schlüssels zu kommen? Erhofft sie sich von der Therapie eine Art »Schlüsselfunktion«? Die Tiere und Fabelwesen wandeln sich von böse zu gut, bei den Menschen dürfte das nicht so einfach sein. Aber an Annas Kommenta-ren und vor allem ihrem Tonfall (der sich hier sehr schwer wiedergeben lässt) wird erkennbar, dass sie das Gut-Böse-Denken der Erwachsenen nicht mehr so ganz ernst nehmen kann. Sie hat innere Distanz zur Beziehungsgeschichte ihrer Eltern gewonnen.

Kinder aus Scheidungsfamilien leben – wie andere Kinder auch, aber in viel stärkerem Ausmaß – in zwei getrennten Welten: In der Welt des einen Elternteils sind Dinge gut, die in der Welt des anderen Elternteils böse sind. Dies bringt sie in tiefe innere Konflikte, wenn wie in Annas Fall zwischen den Eltern ein – hier noch dazu kulturell bedingter – erbitterter Kampf geführt wird, welche Werte die »richtigen« sind. Die Relativität von »gut« und »böse« zu erkennen, fällt oft Erwachsenen nicht leicht, umso größer ist diese Leistung für ein 8-jähriges Kind.

Ich möchte an dieser Stelle die Falldarstellung abschließen. Ich denke, anhand der beschriebenen Sandbilder wird deutlich, welche Möglichkeiten Kinder auch mit besonders schwierigen, traumatisierenden Trennungsgeschichten haben, mittels ihres kreativen Ausdrucks und unter therapeutischer Begleitung über die Situation hinauszuwachsen. Andererseits wird aber auch sichtbar, dass Kinderpsychotherapie gerade in der Arbeit mit den Eltern oft an Grenzen stößt. Dennoch hoffe ich, mit Annas Geschichte zeigen zu können, dass Kinder *eigene* personale Ressourcen und Fähigkeiten besitzen, Viktor Frankl bezeichnet diese als »Selbstdistanzierung« und »Selbsttranszendenz«. Kinder sind zu einer persönlichen Stellungnahme auch gegenüber ihren Eltern fähig. Die Stützung des Kindes seinem erwachsenen Umfeld gegenüber ist selbstverständlicher Teil der Kinderpsychotherapie.

Die Rolle der Kinderpsychotherapeutin

Dass ein therapeutischer Prozess, wie er sich bei Anna entwickelte, ermöglicht wird, erfordert eine ganz bestimmte therapeutische Haltung. Als Existenzanalytikerin würde ich diese als »phänomenologische Haltung« bezeichnen, nämlich als Offenheit, die möglichst frei von jeder Vorstellung und Theorie, im Sinne eines »staunenden Wahrnehmens« ist. In der Arbeit mit Kindern ist es ganz besonders wichtig, deren emotionalen Ausdruck selbst in einer Art »kindlicher Offenheit« aufzunehmen und zu erspüren, worum es dem Kind gerade jetzt im Augenblick geht, ohne etwas dazuzutun oder zu über«sehen«. Das Wahrnehmen in diesem Sinn lässt sich oft nicht präzise in Worte fassen, da es sich um einen »gesamtheitlichen Eindruck« der Stimmung und Atmosphäre in der Therapiestunde handelt. Oft lassen sich Interpretationen, die Bezüge zu einer therapeutischen Theorie herstellen, erst im Nachhinein treffen. In der Stunde selbst bleibt das Geschehen auf der Ebene der kindlichen Emotionalität. Auch wenn dem/der TherapeutIn Deutungen und Erklärungen bewusst werden, dürfen diese keinesfalls ausgesprochen werden. Der Wechsel in eine »Erwachsenen-Sprache« würde das Kind in seiner Schamgrenze verletzen und im schlimmsten Fall neuerlich traumatisieren. Diese Haltung zu erwerben, erfordert jahrelange Übung und »Selbsterfahrung«, um die eigenen Vorstellungen, Bewertungen, Erklärungen etc. kennen zu lernen und beiseite stellen zu können. Das, was im besten Sinn »einfach«, ja fast naiv wirkt, ist somit das Resultat harter Arbeit für werdende KinderpsychotherapeutInnen.

In der ersten Phase von Annas Therapie beschränkte sich meine Rolle als Therapeutin darauf, »Zeugin« im oben beschriebenen Sinne zu sein. Ich verbalisierte lediglich, was in der Szene passierte. Auf diese Weise kam Anna zu mehr Klarheit ihres emotionalen Erlebens. Die Freiheit von jeglicher (erzieherischer) Bewertung ist hier maßgebend für den Therapieerfolg. Die daraus resultierende Sicherheit des eigenen Empfindens und das damit verbundene Selbstvertrauen ermöglichten Anna beispielsweise den direkteren Ausdruck aggressiver Empfindungen, die den Übergang von Phase 1 zu Phase 2 markieren.

Eine etwas andere Rolle bekommt der/die KinderpsychotherapeutIn, wenn das Kind ihn/sie zur direkten Interaktion auffordert. Ab Phase 3 in Annas Therapie wechselte meine Rolle immer öfter in die einer unmittelbaren Spielpartnerin. Der/die TherapeutIn lässt sich dabei vom Kind die Rolle zuteilen und bemüht sich, sich an die vom Kind vorgegebenen »Spielregeln« zu halten. Diese müssen nicht ausgesprochen werden, Kinder artikulieren ihre Aufforderungen zum Mitspielen meist nonverbal. Auch hier ist es dem »Gespür« des/der KindertherapeutIn überlassen, nicht »aus der Rolle zu fallen«, keine Grenze zu überschreiten und andererseits auch nicht zu passiv zu bleiben, um das Kind nicht in seinem Wunsch nach geteiltem Erleben zu frustrieren. Dies bedeutet gleichzeitig, dass der/die TherapeutIn nicht seine/ihre persönlichen Spiel-Interessen verfolgt, sondern eine Rolle einnimmt, die das Kind unterstützt und fördert. Auch hier ist also die phänomenologische Haltung, das Erspüren dessen, was das Kind jetzt will, was es braucht und was ihm guttut, von höchs-ter Wichtigkeit. Davon hängt der Grad der Aktivität des/der TherapeutIn ab.

Noch ein abschließendes Wort zu Deutungen und Interpretationen: Diese sind für den Fortschritt einer Psychotherapie natürlich sehr wichtig, da vom Verständnis der Gesamtsituation abhängt, in welche Richtung die Therapie gesteuert wird, der/die TherapeutIn ein Gespräch mit einem Elternteil führt (immer mit der Zustimmung des Kindes!), ob Kontakt mit der Schule aufgenommen werden soll etc. Dieses Verständnis entwickelt sich aus einem »Konglomerat« aus Wissen, Erfahrung, immer aber – und zwar in der Hauptsache – aus der Einschätzung der subjektiven Realität des Kindes. Das innere Bild über den seelischen Zustand des Kindes, welches im Therapeuten entsteht und nach und nach deutlicher wird, muss ständig neu überprüft werden, sei es durch Supervision, Intervision oder einfach durch nachträgliches Reflektieren der schriftlichen Aufzeichnungen.

Literatur:

Canacakis J., Auf der Suche nach den Regenbogentränen. München 1994 (Bertelsmann).

Frankl V., Der leidende Mensch. Anthropologische Grundlagen der Psychotherapie. Bern 1984 (Huber).

Freud A., (1927). Introduction to the technique of child analysis. Republished in: The Psychoanalytic Treatment of Children. New York: International University Press, 1955.

Längle A., Existenzanalyse – die Zustimmung zum Leben finden. In: Fundamenta Psychiatrica, 12, 1999, 139–146.

Kalff D. M., Sandspiel: Seine therapeutische Wirkung auf die Psyche, München 1996 (Ernst Reinhardt).

Klein M. (1962). Das Seelenleben des Kleinkindes und andere Beiträge zur Psychoanalyse, Stuttgart ⁴1991 (Klett-Cotta).

Lowenfeld M. (1935). Play in Childhood. Republished in New York: John Weley & Sons, 1967.

Winnicott D.W., Vom Spiel zur Kreativität, Stuttgart 1974 (Klett-Cotta).

Inge Pröstler

Micha hat Schulprobleme: Aspekte psychoanalytisch- pädagogischer Erziehungsberatung

Ende September ruft mich Fr. L. an. Ihr Sohn Micha habe große Schulprobleme. Micha ist gerade in die 2. Klasse Volksschule gekommen. Wir vereinbaren einen Termin, und ich ersuche sie, ohne Micha zum Erstgespräch zu kommen.

Erstgespräch und diagnostisches Arbeitsbündnis

Auf meine Frage beim Erstkontakt, welche Sorgen sie hierherführen, bricht es aus ihr heraus: »Es kann ganz einfach nicht mehr so weitergehen! Es gibt soviele Probleme mit Micha in der Schule. Die Lehrerin klagt beinahe täglich über Michas Leistungen.« Er sei so unkonzentriert, habe große Schwierigkeiten im Lesen und in Deutsch. Wenn das noch eine Weile so weitergehe, dann müsse Micha in die erste Klasse zurück. »Und das jetzt Anfang Oktober! Ich weiß nicht mehr, wie und was ich noch mit ihm üben soll. Er macht seine Aufgaben im Hort, wird aber nie fertig. Dann kämpfen Micha und ich oft eine Stunde lang, bis er dann irgendwie seine Hausaufgaben fertig macht. Und das tägliche Lesenüben – eine Qual für mich.«

Meine Frage, was denn Michas Vater zu den Schulproblemen von Micha denke, beantwortet Fr. L. zu Beginn recht knapp: »Es gibt seit drei Jahren keinen Kontakt mehr zu ihm. Wir sind geschieden.« Auf mein Nachfragen erfahre ich von Fr. L., dass Michas Vater so unberechenbar sei – er trinke gerne und oft zuviel. Beim letzten Besuchskontakt wäre er betrunken gewesen. »Da habe ich ihn dann angebrüllt, ob er nicht wenigstens bei den Besuchskontakten nüchtern sein könne. Er sei so verantwortungslos, hab' ich ihm gesagt!« Nach diesem Vorfall hat er sich nicht mehr gemeldet. Micha wolle ihn schon gerne sehen, doch er melde sich kaum, obwohl Micha immer wieder Geschenke für ihn bastle. »Überhaupt lebt mein Ex-Mann jetzt in der ehemals gemeinsamen Wohnung mit seiner neuen Freundin, die hat Zwillinge – ein Bub und ein Mädchen, die sind im gleichen Alter wie Micha. Die wohnen in Michas Zimmer. Das will ich ihm nicht antun das mitanzusehen, deshalb soll er nicht dorthin.«

Auf meine Frage nach ihren Erwartungen an die Beratung kommt ein tiefer Seufzer. »Ach, es ist ja nicht nur die Schule, es ist so vieles schwierig. Zu Hause geht Micha oft über wie ein Häferl und folgt nicht! Aber mit der Schule da ist jetzt Feuer am Dach. Die Lehrerin klagt immer, wenn ich in die Schule komme. Keine Ahnung, was ich tun soll.«

Die psychoanalytisch-pädagogische Erziehungsberatung geht davon aus, dass über die Eltern eine Veränderung beim Kind erreicht werden kann. »Solche Veränderungen gelingen freilich nur dann, wenn man sich in den Gesprächen mit den Eltern nicht darauf beschränkt, über die Psyche bzw. die Erlebnisweise der Kinder aufzuklären und/oder Ratschläge zu erteilen, sondern sich auf die Eltern selbst einlässt, sich mit ihrer Sicht identifiziert und sich bemüht, mit ihnen gemeinsam unbewussten Bedeutungen des Lebens und der Begegnung mit ihren Kindern auf die Spur zu kommen.«[52]

Um die Welt von Micha verstehen zu können ist es für mich wichtig, die emotionale Befindlichkeit von Fr. L. erfassen und verstehen zu können. Hierzu bitte ich die Mutter mir ausführlich die Probleme von und mit Micha zu schildern, um ein lebendiges Bild davon zu erhalten. Dadurch dass Micha nicht anwesend ist, kann Fr. L. ungeschminkt ihre Unzufriedenheit und auch ihre Enttäuschung über Micha artikulieren. Ich kann besser nachvollziehen, welche emotionale Bedeutung die Probleme für die Mutter haben und mich uneingeschränkt ihrer Sicht zuwenden. Dies ist die Basis für eine Vertrauensbeziehung.

In weiterer Folge bespreche ich mit Fr. L., was wir im Rahmen der Erziehungsberatung tun können: Dringend sind die Schulsorgen, wird Micha in die erste Klasse zurück müssen oder nicht? Hier müssen wir herausfinden, womit die Schwierigkeiten beim Schreiben und Lesen zusammenhängen. Ist Micha nicht schulreif gewesen? Hat es mit der Scheidung zu tun? Vermutete Hypothesen, die mir Fr. L. im Laufe der Stunde mitteilt. Ich versuche, von Michas

---

[52] Figdor, H., Psychoanalytisch-pädagogische Erziehungsberatung. S. 8/9.

Problemen ein Bild zu bekommen. Fr. L. schildert, wie Micha sich beim Lesen anstellt: »Und beim Schreiben und ,Sätze bilden' erst! Und: egal wieviel wir üben, er macht so viele Fehler! Was mich auch noch rasend macht, ist sein ständiges Vergessen – von Pullovern, Tupperdosen etc. Ich kann ja nicht überall für ihn denken!«

Fr. L. ist unter großem Druck. Die Schule erwartet mehr oder weniger nur mehr ihr Einverständnis für die Rückstufung in die erste Klasse. Sie wirkt hin- und hergerissen zwischen dem »Mir tut mein Sohn leid,« und dem »Aber was soll ich denn tun, er muss doch in der Schule mitkommen.« Als ich sie nach ihrer größten Angst rund um die Schule frage, seufzt sie: »Dass Micha in die Sonderschule muss. Das wäre echt schrecklich!«

Um zu entdecken, womit denn Michas Schwierigkeiten zusammenhängen, überlege ich mit Fr. L. unterschiedliche Hypothesen.
- Könnte es sein, wie sie es bereits gesagt hat, dass Micha noch nicht schulreif war, und die Lehrerin in der ersten Klasse gedacht hat, dass er das Aufholen wird, wie es Fr. L. auch immer wieder versichert hat?
- Könnte die Scheidung damit zu tun haben?

Gerade der Schulbereich wird oft zu einem konfliktbehafteten Bereich zwischen Kind und Mutter, wenn kein Vater vorhanden ist. Denn plötzlich ist die Mama nicht mehr eine, die meine Bedürfnisse erfüllt, sondern die von mir Leistung fordert. Dies verändert auch massiv die Beziehung zwischen Mutter und Kind. Könnten hier Gründe für Michas Schwierigkeiten im Schulbereich liegen?
- Könnte das Fehlen des Vaters eine mögliche Ursache der Schulprobleme von Micha sein?
- Oder trifft die Sorge von Fr. L. zu, dass Micha in seinen kognitiven Fähigkeiten weit unter dem Durchschnitt liegt und den Volksschullehrplan nicht erfüllen kann?

Um zu sehen, ob es bei Micha kognitive Defizite gibt oder ob sich vielleicht innere Konflikte von Micha im »Gewand« von Leistungsschwierigkeiten zeigen, biete ich Fr. L. an, einen Leistungstest mit Micha zu machen. »So hätten wir eine Basis, um hinsichtlich Schulklasse eine gut begründete Entscheidung zu treffen. Wenn seine Schulschwierigkeiten nicht mit kognitiven Defiziten zusammenhängen, und um Ihnen auch über die Schulentscheidung hinaus für die alltäglichen Konflikte zu Hause raten zu können, müsste ich freilich noch mehr Klarheit über Michas ,Innenwelt' bekommen. Über die Art, wie er sich sieht, wie Micha seine Bezugspersonen und seine Beziehungen erlebt.«

Als Quelle sähe ich hier weitere Gespräche mit Fr. L. »Nur mit Ihnen gemeinsam kann ich ein plastisches Bild von Michas Alltag bekommen, um Ihnen und ihrem Sohn helfen zu können.« Projektive Tests mit Micha würden dieses Bild von seiner »Innenwelt« ergänzen. Natürlich könne sie hier auch nur einen Leistungstest von Micha haben, »... aber ich glaube, dass wir so nicht alle ihre Fragen beantworten werden können«, so mein Angebot an die Mutter.

Fr. L. wirkt erleichtert, als sie meinem Angebot zustimmt. Der Druck des »so vieles« scheint durch die Aussicht etwas leichter geworden zu sein. Wir vereinbaren weitere Beratungsgespräche und in weiterer Folge die Testung von Micha.

Fr. L. stimmt dem gemeinsamen Forschen nach den unterschiedlichen Gründen für Michas Probleme zu. Ihr Vertrauen zu erlangen ist soweit gelungen, dass sie sich auf das »diagnostische Arbeitsbündnis« mit mir einlässt.
»Man könnte die Art des Vertrauens, um das es hier geht, auch als positive Übertragung bezeichnen, innerhalb derer der Berater als ‚gutes Objekt‘ erlebt werden kann, das (auch) auf der Seite des Klienten und nicht (nur) auf der Seite des Kindes steht.« [53]
Die positive Übertragung scheint im Falle von Fr. L. im Erstgespräch gut gelungen zu sein.

Diagnostische Phase der Erziehungsberatung

In der zweiten Beratungsstunde frage ich Fr. L., wie für sie die erste Stunde gewesen sei. »Eigentlich gut, wissen Sie, die Sorge mit der Sonderschule habe ich schon so lange, jetzt ist es endlich mal heraußen.«

In den weiteren Gesprächen erfahre ich von der Mutter von ihrer Lebenssituation mit Micha. Micha gehe in einem Vorort von Wien zur Schule, weil sie und Micha dort einmal hinziehen werden. Doch die Hausrenovierung verzögere die Übersiedelung immer wieder und momentan herrsche Stillstand. Jetzt »pendle« sie mit ihm von ihrer Wiener Wohnung jeden Morgen in die Schule. Hier stünde auch eine Entscheidung an – diese Wohnsituation mache es nicht einfacher.

Das diagnostische Arbeitsbündnis ist die erste Grundlage von psychoanalytisch-pädagogischer Erziehungsberatung.
Nachdem Fr. L. diesem Arbeitsbündnis im Erstgespräch zugestimmt hat, versuchen wir in den nächsten Stunden, die das Problem begründenden Zusammenhänge zu verstehen und weitere Hypothesen zu entwickeln.

---

[53] Datler, W. u. a., Die Wiederentdeckung der Freude am Kind. S. 23.

Fr. L. erzählt über die Beziehung zu Micha und über ihre Trennung. »Die Schulschwierigkeiten können vielleicht mit der Scheidung zu tun haben, aber dass der Papa jetzt fehlt, das glaube ich nicht.« Sie und Micha hätten so ein viel besseres Leben, er war ein strenger Vater. »Und das Trinken, immer wieder!«

In den ersten Beratungsgesprächen ist immer wieder die Frage nach den »Symptomen« von den Kindern bedeutend. Wie hat Micha auf das Wegbleiben vom Vater reagiert? In welchen Zusammenhängen folgt er nicht? Wie gestaltet sich das Lesenüben mit ihm ...? Durch die Schilderung von konkreten Szenen des Alltags von Fr. L. kann dieses »lebendige« Bild von Michas Problemen und ihrer emotionalen Befindlichkeit in mir entstehen.

Bis ich Micha zum ersten Mal zu einer Testung sehe, habe ich drei ausführliche Beratungsgespräche mit der Mutter.

Indikationsstellung, pädagogisches Arbeitsbündnis sowie psychoanalytisch-pädagogische Aufklärung und Entmachtung der »pädagogischen Geister«

Micha zeigt sich in der Testsituation aufgeschlossen und sehr, sehr neugierig – er will in jede Lade und jede Schachtel schauen. Er genießt die Stunden, wo er mir von sich erzählt und wo ich durch unterschiedliche Bilder-, Geschichten- und Zeichentests von seiner »Innenwelt« mehr erfahren kann.

»Er hat ein großes Bedürfnis mir tausend Dinge zu erzählen, er redet sehr schnell, als hätte er nicht genug Zeit. Auffällig zeigt sich sein ausladendes Erzählbedürfnis hinsichtlich Fragen zum Bub-Sein, einmal Kinder haben zu wollen bzw. einmal eine Frau und eine Familie haben zu wollen. Was er in jeder Teststunde einforderte ist, dass wir zusammen etwas Spielen und er ist sehr enttäuscht, wenn dies nur in den letzten zehn Minuten möglich ist,« berichte ich Fr. L. von der Testsituation.

Michas Ergebnisse hinsichtlich seiner Leistung sind für Fr. L. beruhigend. Insgesamt liegt er in allen Bereichen über dem Durchschnitt – im Wortschatzbereich und im Rechnen sogar weit über dem Durchschnitt. Die Sorge hinsichtlich der Sonderschule ist unbegründet. Was der Leistungstest noch zu Tage förderte, ist jedoch sein geringes Alltagsverständnis. Vieles scheint für Micha ein »fremder Planet« zu sein wie z. B.: Monate, Jahreszeiten.

»Ja, es stimmt, die schulische Leistung ist so stark im Vordergrund, da bleibt uns keine Zeit für anderes mehr, geschweige denn für gemeinsame nette Aktionen,« seufzt die Mutter während der Testbesprechung.

LUNATIC

Insgesamt wirkt er sozial und emotional jünger als 7,5 Jahre. Über den Vater erzählte Micha, dass der ja trinke und er ihn deshalb nicht mehr sehe:«Aber ich würde ihn schon gerne wieder sehen, der soll sich sein Geburtagsgeschenk mal abholen.«

Aufgrund seines kognitiven Leistungspotentials wäre eine Rückstufung in die erste Klasse nicht erforderlich. Doch seine derzeitige soziale und emotionale Ausgangsbasis ist nicht altersadäquat. Er hasst es, in die Schule zu gehen und es gibt derzeit für ihn keinen Grund, die Schule affektiv positiv besetzen zu können. Er kommt beim Lernstoff nicht mit, und zu Hause dreht sich auch alles nur um sein Ungenügen in der Schule. Deshalb wäre es sinnvoll, einer Rückstufung zuzustimmen, so mein Rat an Fr. L.

»Für uns hier in der Beratung stellt sich die weitere Frage, wie er zu seiner Identität als 7-jähriger Bub finden kann. Hier ist für Micha der totale Rückzug des Vaters ein zentral affektives Problem, als wäre mit dem Vater ein Stück von ihm selbst weggegangen.« Auf die Frage der Mutter, ob Micha eine Therapie bräuchte, verneinte ich. Vielmehr müssten wir der Frage nachgehen, was sich in Michas Alltag verändern könnte, dass er aus dieser für ihn extrem erlebten Drucksituation herauskommen könnte, »... und hier ist die Hilfe durch Erziehungsberatungsgespräche mit Ihnen für Micha am sinnvollsten. Wie könnte Micha Sie wieder als eine Mutter erleben, die nicht nur von ihm fordert, sondern als eine, die für seine Bedürfnisse auch da ist. Dies ist nicht ganz einfach, weil er muss ja Leistungen erbringen und man hat ja schließlich auch eigene Bedürfnisse. " Der Vater habe in unseren bisherigen Gesprächen wenig Präsenz gehabt. Jetzt zeige es sich in den Testergebnissen, dass die Abwesenheit des Vaters ein zentrales Problem für Micha darstelle.

Die weiteren Gespräche inklusive der Testbesprechung dienen in der psychoanalytisch-pädagogischen Erziehungsberatung der Aufklärung und dem Verstehen des kindlichen Erlebens und der Beziehungsdynamik. Dieses Verstehen darf jedoch nicht nur in meinem Kopf als Erziehungsberaterin geschehen, »sondern muss mit den Eltern ‚geteilt' werden: Nur wenn sich die Eltern mit meiner Art des Denkens/Verstehens zu identifizieren beginnen, besteht die Chance, dass sie diagnostische Erkenntnisse emotional auch annehmen werden können. " [54]

Fr. L. nimmt die Leistungstestergebnisse mit großer Erleichterung auf – bestätigen sie doch nicht ihre allergrößte Sorge im Zusammenhang mit der

---

[54] Ebd. S. 84.

Schule. Die Testergebnisse hinsichtlich des fehlenden Vaters scheinen eine große Belastung für Fr. L. zu sein, sie stimmt jedoch vorsichtig dem Arbeitsbündnis zu, wie es denn zu dem »Nicht-mehr-Melden« des Vaters gekommen sein und wie eine eventuelle neuerliche Kontaktaufnahme möglich sein könnte.

Im Zuge der Testbesprechung willigt sie ein, zu weiteren Beratungsgesprächen zu kommen. »Es ist schon ein Aufwand für mich, aber ich glaube, es wird mir und Micha helfen."

In der nächsten Stunde überrascht mich die Mutter am Anfang mit der Botschaft, dass sie mit Micha in einer Schule in ihrem Wohnbezirk war. Sie habe sich entschieden, den geplanten Umzug nicht durchzuführen. »Das macht mich und Micha so zerissen!«. Er werde nahe ihrer jetzigen Wohnung in die Schule gehen. Sie waren bereits in der neuen Schule und Fr. L. konnte schon mit der Lehrerin reden. »Sonderbar war für mich, dass Micha dort alles toll gefunden hat. Obwohl die andere Schule viel weitläufiger war und auch bei weitem schöner.«
Als Entschädigung für den Garten, den sie beim Haus dabei gehabt hätten, hat Fr. L. Micha eine neue Kinderzimmereinrichtung versprochen, auf die er sich schon riesig freut.

Fr. L. konnte die Aufklärung über Micha z. T. als Wiedergewinnung eines Freiraumes für Entscheidungen nutzen, die ihre wie auch Michas Drucksituation erheblich erleichterten. Sie übernahm die Verantwortung, ihn in die erste Klasse zurückzustellen und entschied sich auch trotz mancher Vorteile gegen das Haus. Anstatt Micha weiterhin passable Schulleistungen in der 2. Klasse abzuringen, übernahm sie die Verantwortung für die von Kindern oft als »Schmach« erlebte Rückstufung und ließ ihn in die erste Klasse zurückstellen.
In der psychoalytisch-pädagogischen Erziehungsberatung sprechen wir in diesem Zusammenhang von »verantworteter Schuld« – ein zentrales Element von psychoanalytisch-pädagogischen Beratung. »Wenn wir also von der Schuld der ErzieherInnen sprechen, dann meinen wir damit, dass alle Eltern oder Pädagogen den Kindern unweigerlich immer wieder Frustrationen bereiten (müssen), diese Schuld aber verantwortbar ist, weil diese Frustrationen die langfristige gesunde psychische Entwicklung der Kinder nicht gefährden, ja ihr mitunter sogar dienen."[55]

---

[55] Figdor, H., Psychoanalytisch-pädagogische Erziehungsberatung. S. 23.

Micha geht nun in die neue Schule, in die erste Klasse. Er ist dort von der ganzen Klasse herzlichst begrüßt worden. »Und ständig höre ich Lob über ihn. Das ist so angenehm. Er kommt überall ganz toll mit und in der Lateinschrift ist er der Beste! Es scheint, als wäre es ein Neustart für ihn gewesen. Auch zu Hause ist alles nicht mehr so schwer belastet mit dem Üben!« Fr. L. wirkt erleichtert.

Was für sie weiterhin schwierig sei, sei Grenzen zu setzen. »Beim Opa folgt Micha immer. Der ist auch total konsequent. Wenn er sagt, dass er sich das Kinderprogramm nicht anschauen darf, dann ist das auch so! Ich gebe immer wieder nach. Ich hätte ihn auch gerne so im Griff, wie sein Opa.«

Im Gespräch kommen wir auf die unterschiedlichen Bedeutungen von Grenzen setzen. Mütter haben es oft sehr schwer, sie haben so vielen Ansprüchen zu genügen, wie dies auch bei den Schulproblemen von Micha sichtbar wurde. Einerseits müssen sie Leistungen verlangen und Grenzen setzen, aber andererseits sind sie auch die zentrale Person für die Erfüllung der verschiedensten kindlichen Bedürfnisse. »Könnte es da nicht schlimm sein, wenn Micha immer eine ganz konsequente Mama vorfinden würde?«, frage ich Fr. L.

Meine Frage, ob dieses »sich im Griff haben« auch mit dem Alkoholproblemen ihres Ex-Mannes zu tun habe, der sich in vielen Situationen nicht »im Griff hatte«, bejaht Fr. L. »Sicher hat es damit auch zu tun. Wissen Sie, Micha hielt es jahrelang nicht aus, wenn ich nur mal ein Glas Wein trinken wollte.«

In weiteren Beratungsgesprächen ist Michas Unsicherheit in seiner Identität Thema: Bin ich ein Bub? Wie ist ein Bub? Seine große Neugier, während der Testbesprechung überall hineinzuschauen, könnte auch mit seinem Bedarf an sexueller Aufklärung zusammenhängen. Hier kommt die Frage nach der Beziehung des Vaters immer wieder ins Spiel. Ich merke, dass Fr. L. sich immer wieder, wenn es um die Frage nach der Wiederaufnahme des Vaterkontaktes geht, emotional zurückzieht. Bis sie mir unumwunden sagt: »Es ist so schwierig mit einem weiteren Kontakt. Er würde vielleicht auch kommen, wenn ich ihm sage, er soll Micha zu Hause besuchen, für ein paar Stunden. Aber dies wird ihm auf die Dauer nicht reichen und Micha auch nicht. Und mehr kann ich mir nicht vorstellen.«

Fr. L. ist ambivalent: Einerseits sieht sie die Bedeutung des Vaters, andererseits wagt sie keinen ersten Schritt, denn man weiß ja nicht, wo das hinführen würde.

In der nächsten Stunde spreche ich Fr. L. auf das Ergebnis, das wir hier in der Beratung hinsichtlich ihres ursprünglichen Anlasses – die Schwierigkeiten

in der Schule – erreicht haben, an. Für die Weiterarbeit stellt sich die Frage nach der Grenzsetzung sowie das Thema Sicherheit in der Identität und die Frage nach der Aufarbeitung des Verlustes von Michas Vater. Ich mache sie darauf aufmerksam, dass ich einen Vaterkontakt für Michas Selbstbewusstsein, seine Frage nach sexueller Identität wichtig finde. »Es ist meine Verantwortung im Sinne der weiteren Entwicklung von Micha Ihnen dies zu sagen. Aber ich verstehe auch aufgrund der schwierigen Situation, dass es für Sie sehr schwer ist, sich zu einer weiteren möglichen Kontaktaufnahme zu entschließen. Aber wenn Sie sich dafür entscheiden sollten, dann stehe ich Ihnen gerne zur Verfügung.«

Der Rat nach der Wiederaufnahme der Kontakte mit Michas Vater bringt Fr. L. in große Gefühlskonflikte.

Bedeutsame Ratschläge können das oft so mühsam errungene psychische Gleichgewicht von Müttern oder Vätern gehörig durcheinanderbringen.

Fr. L. setzt dem Thema »Kontakte mit dem Vater« immer wieder (unbewussten) Widerstand entgegen. Erst als es von mir offen angesprochen wird, ist der Raum für die Zweifel, Ängste und Wünsche von Fr. L. wieder frei.

Nach einigen Beratungsstunden sagt Fr. L., dass sie es sich überlegt habe. Sie wisse zwar nicht, wie das mit dem Vaterkontakt gehen könne, aber sie möchte in der Beratung dieses Thema angehen. »Schweren Herzens, das sage ich Ihnen. Aber ich werde im Sinne von Micha nicht drum herumkommen.«

Die »Aufklärungen« in der psychoanalytisch-pädagogischen Erziehungsberatung beziehen sich auf Haltungen, Ansichten, Vorstellungen, Bewertungen der Eltern, die für ihre Handlungen oder Verhaltensweisen verantwortlich sind. Das Ziel in der Erziehungsberatung heißt Veränderung der Haltungen der Eltern, die sich hinderlich den Entwicklungen der Kinder entgegenstellen. Diese hinderlichen Einstellungen, Haltungen der Eltern nennen wir »pädagogische Geister«.

Manche Fehlhaltungen, sogenannte »pädagogische Geister«, konnten in der Zusammenarbeit mit Fr. L. entmachtet werden, wie z. B.: »Micha muss die 2. Klasse jetzt schaffen, sonst habe ich versagt.« Oder »Wenn wir hier anfangen über eine mögliche Wiederaufnahme der Vaterkontakte zu reden, dann hat mein Ex-Mann wieder alle Macht über mich und Micha, und Micha wird dann nur mehr seinen Vater lieben.«

Wie es weiterging

In der Folge vereinbare ich mit der Mutter, dass der Vater brieflich von mir zu einer Testbesprechung eingeladen werden soll. Der Vater hat sich bei dem von mir empfohlenen Erziehungsberater gemeldet und ist zu einer Testbesprechung gekommen. Es kommt in der Folge zu ersten Kontakten zwischen Vater und Micha in der Wohnung von Fr. L.

Fr. L. und ich beenden die gemeinsame Erziehungsberatung nach der Stabilisierung der schulischen Leistungen und als es Fr. L. einerseits nicht mehr so schwer fällt, »Grenzen zu setzen« und sie andererseits nicht mehr so rigoros von sich selbst einfordert, »alles im Griff« haben zu müssen.

Fr. L. und ich haben im Abstand von einem halben Jahr einen Kontrolltermin vereinbart. Hier werde ich auch vom weiteren Verlauf der Besuchskontakte hören.

Literatur:

Figdor H., Psychoanalytisch-pädagogische Erziehungsberatung. Der Ausbildungslehrgang. APP-Schriftenreihe, Band 3, Wien 2000.
Datler W./ Figdor H./Gstach J. (Hg.), Die Wiederentdeckung der Freude am Kind. Psychoanalytisch-pädagogische Erziehungsberatung heute, Wien 1999.

TRENNUNG/SCHEIDUNG/TOD

AUS DER SICHT BETROFFENER KINDER UND ELTERN

Meine Eltern sind schon seit 10 Jahren geschieden. Ich bin zwar immer noch sehr traurig darüber, aber ich habe mich schon daran gewöhnt. Wir (ich habe einen 15-jährigen Bruder) müssen immer zwischen Papa und Mama hin und her fahren. Das ist sehr umständlich, weil sie so weit auseinander wohnen. Ich habe von der Scheidung nichts mitbekommen, weil ich erst ein Jahr alt war. Aber so wie das mein Bruder erzählt, haben sie sehr viel gestritten, sich angeschrieen und beschuldigt. Heute verstehen sie sich Gott sei Dank wieder relativ gut.

Mein Vater hat eine neue Freundin und meine Mutter einen neuen Freund. Ich verstehe mich mit beiden nicht besonders gut. Ich hoffe, dass es nicht vielen Kindern so geht wie mir. Aber Kinder können nichts dagegen tun!!! Sie können sich nicht wehren!!!
Antonia

Nina rührt nervös in ihrem Müsli herum. Wenn sie so weiter macht, wird das Milch-Müsli bestimmt bald ein Butter-Müsli. Ihr Vater, der auch am Tisch sitzt, fragt sie, was denn los sei. Aber Nina will keine Antwort geben. Sie denkt nach. Seit der Scheidung ihrer Eltern denkt Nina oft und viel nach. Ob es richtig war, zu Papa zu ziehen, und ob die Mutti jetzt traurig ist, so allein, denn Nina ist ein Einzelkind. Na ja, nicht mehr, denn vor 1 Monat hat die Freundin von Papa, die Irena, ein Kind bekommen. Nina weiß nun nicht, ob sie das Kind lieb haben oder nicht lieb haben soll, denn sie mag die Irena nicht sehr gerne. Na ja, irgendwie schon, aber Nina hat Angst, die Irena könnte den Platz ihrer Mutti einnehmen. Papa stellt Nina schon wieder eine Frage, aber sie steht auf und geht in ihr Zimmer, wirft sich aufs Bett und holt ihr Tränchen, das sie sich von der RAINBOWS-Gruppe ausgeliehen hat, herunter, um ein letztes Gespräch zu führen. Heute muss sie ihr Tränchen zurückgeben. Mitten unterm Gespräch wird sie von ihrer Mutti unterbrochen, die gekommen ist, um sie zur RAINBOWS-Gruppe zu fahren. Unterwegs erzählt Nina, dass es richtig gut tut, mit dem Tränchen zu reden. Als sie ankommen, werden sie bereits von der Gruppenleiterin Isolde erwartet.
Daniela

Es ist schwierig, diese Gedanken und Gefühle aufzuschreiben. Schon als kleines Kind war meine größte Sorge, dass sich meine Eltern scheiden lassen. Und eines Tages, es war Sonntag in der Früh, herrschte eine sehr unangenehme Stimmung. Ich wusste, dass irgend etwas nicht stimmte, deshalb fragte ich meinen Papa, was denn los sei. Eine Weile schwieg er, dann sagte er, dass Mama und ich am Abend mit mir reden müssten. Für mich war es klar, doch ich wollte es nicht wahr haben. Ich rannte zu meiner Schwester ins Zimmer und fragte sie, was denn mit den Beiden los sei. Sie schwieg. Ich fragte sie immer wieder, doch sie gab keine Antwort. Leise fing ich an zu weinen, in diesem Moment kamen meine Eltern herein. Sie fingen an zu streiten und ich hörte, dass sie irgend etwas mit Rechtsanwalt sagten. Da war es klar, sie wollen sich scheiden lassen. Ich hatte Angst und ein komisches Gefühl im Bauch. Als sie sich beide wieder beruhigten, redeten sie mit mir. Bis jetzt ist das noch immer der schlimmste Tag in meinem Leben. Ich redete auch sehr viel mit meiner Schwester darüber. Mein Papa zog dann kurze Zeit später aus. Da seine Wohnung nicht sehr weit weg ist, können wir ihn jeden Tag besuchen.
Katharina

Stephi, 16 Jahre

Die Zeit allein heilt nicht alle Wunden – Ein Scheidungskind erinnert sich

Eigentlich haben meine Eltern seit ich mich erinnern kann viel gestritten. Es war wahrscheinlich gar nicht so extrem, aber zumindest habe ich es so in Erinnerung. Ich erinnere mich an Abendessen, bei denen einer auf einmal wieder mit irgendwelchen Sticheleien oder Vorwürfen anfing, und der andere da-rauf einging, antwortete, lauter und aggressiver, und sich das »Gespräch« immer mehr zu einem unbewältigbaren, unzumutbaren, unfairen Streit entwickelte.

Ich erinnere mich daran, dass ich meine Eltern anbrüllte, in mein Zimmer lief, mich einsperrte und mich weinend auf mein Bett fallen ließ. Das wirklich Schlimme daran war, dass diese Tränen in keinster Weise leicht und erleichternd waren, sondern hart und schwer, und ich mich nach ihnen kein bisschen besser fühlte, sondern sie mich nur belasteten.

Ich erinnere mich an Weihnachten: Wir saßen im Auto und sie fingen schon wieder an, und ich war so wütend darüber, dass ich am liebsten irgendetwas eingeschlagen hätte.

Ich erinnere mich an endlose Gespräche und Diskussionen, nach denen es immer wieder hieß: Es tut uns leid, wir versuchen es ja, es wird besser werden. Sogar das machte mich wahnsinnig wütend, weil ich das Gefühl hatte, dass sie das einfach so sagten, und weil ich wusste, dass schon ein Wunder geschehen müsste, damit es jemals wirklich besser werden würde.

Ich erinnere mich an den Schmerz. Er war wie riesiger Stein, der auf meinem

Herzen lastete, ich konnte ihn weder bewegen noch in irgendeiner Weise bewältigen. Es gab Momente, in denen ich mir wünschte, ich könnte einfach alles vergessen, einfach einschlafen und nie wieder aufwachen. Manchmal war der Schmerz so stark, dass ich mir dachte, er herrschte über mich, als dominierte er alle meine Gedanken, Gefühle und mein Leben. So als könnte der Schmerz über mich bestimmen und mich schon im nächsten Moment zerspringen lassen, zerreißen und mich zerbrechen lassen.

Angst hatte ich ... Angst vor der Wahrheit, Angst vor der Zukunft und Angst vor dem Ungewissen.

Wütend war ich natürlich auch. Wenn ich weinte, schlug ich auf meinen Polster ein, einfach weil ich so wahnsinnig wütend war und meine Gefühle überschwappten. Ich war wütend auf die Welt, wütend auf meine Eltern und wütend auf mich selbst. Was mich wohl am meisten wütend machte, war, dass ich mir hilflos vorkam, so hilflos und machtlos, dass ich nichts an der Situation ändern oder in irgendeiner Weise das Problem angehen konnte. Ich fühlte mich allein und allein gelassen, einsam, zerrissen und absolut unverstanden. Ich sah einfach keinen Sinn in so einem, in meinem Leben.

Während dieser ganzen Zeit war auch diese eine Frage in meinem Kopf: Warum? Warum, warum, warum ..., warum meine Eltern, warum nur so, warum gerade ich ...? Ständig musste ich an ganze, heile, perfekte Familien denken (die es so ja eigentlich sowieso nicht gibt) und konnte dieses Warum einfach nicht gehen lassen. Warum konnten sie, wenn sie uns Kinder ja so liebten, nicht einmal vor uns einen halbwegs normalen Ton anschlagen? Warum konnten sie nicht nur für sich, sondern auch für uns klare Verhältnisse schaffen? Warum mussten sie mich nur so anlügen, demütigen und verletzen? Es gab Tausende von diesen Fragen. Das allerschlimmste an diesem Warum war allerdings die Tatsache, dass ich einfach keine Antwort darauf fand, dass es wahrscheinlich gar keine Antwort auf die meisten Fragen gab.

Ich weiß nicht, wann der Moment kam, als ich mir dann sagte, dass ich so nicht weitermachen könnte und dass ich meine Einstellung ändern müsste. Ich glaube, es waren viel mehr mehrere Momente, Tage, Wochen und Monate, in denen ich mir dessen langsam bewusst wurde, als nur ein Moment ...

Eines ist klar, so etwas zu bewältigen ist schwer und braucht Zeit. Jeder, der mir erzählt, nach ein paar Wochen oder Monaten ist alles wieder in Ordnung, verdrängt entweder alles oder will besonders stark sein. Doch manchmal ist es gut, schwach zu sein – es ist sogar nötig. Das Sprichwort »Zeit heilt alle Wunden« finde ich nicht richtig, denn eigentlich sagt es ja nur aus, dass man einfach warten muss und alles würde gut werden. So ist es natürlich nicht. Dass man Zeit braucht, ist klar, aber von selber passiert eine »Heilung« nicht. Man muss bereit sein, sich mit dem Problem und seinen Gefühlen auseinanderzusetzen, zu beschäftigen, und schließlich natürlich auch den Entschluss fassen und den festen Willen haben, etwas daran zu ändern und gestärkt daraus hervorzugehen. Man sollte einfach alles, was man fühlt, zulassen, dazu stehen und es vertreten.

Manchmal tut das Heilen einer Wunde mehr weh als das Entstehen. Auch wenn man das Gefühl hat, es geht nicht mehr so weiter und es gibt keine Hoffnung – Hoffnung gibt es immer. Man muss nur fest daran glauben. Und ich kann mit Sicherheit sagen, die Tränen werden mit der Zeit sanfter, leichter und erleichternder und ... glaube mir, der Tag kommt, an dem du wieder lächelst.

Das letzte Einhorn

Es kennt sicher fast jeder den Film »Das letzte Einhorn«. Am Anfang sind alle Einhörner glücklich, dann werden sie alle gefangen und es bleibt nur noch eines übrig: das letzte Einhorn. Das wird dann in einen Menschen verwandelt und holt alle Einhörner zurück. Am Schluss wird es zurückverwandelt und alle sind wieder glücklich. Fast so ist es auch bei Jennifer. Jennifer ist in ihrer Familie das letzte Einhorn. Alle anderen sind Elefanten geworden. Seit der Scheidung ihrer Eltern. Meine Eltern haben sich sehr sehr verändert. Zum Beispiel: Früher hat Papa-Einhorn Mama-Einhorn einen Kuss gegeben, wenn er zur Arbeit ging, jetzt gibt Papa-Elefant Mama-Elefant ein Schimpfwort und manchmal sogar eine Ohrfeige zum Abschied! Früher haben wir (die Familie) immer miteinander gesprochen, jetzt schreit jeder jeden ganz durcheinander an. Aber nicht nur wegen Problemen, sondern einfach nur wegen Hass!! Meine Schwester Sarah, die auch ein Elefant wurde, war 17 Jahre alt, als die Scheidung ins Zimmer platzte. Sarah-Elefant wurde zum Elefanten, weil sie sich immer mit meinen Eltern mitstritt! Das war vielleicht schlimm, man hörte sie durch ganze Haus streiten! Als wir noch alle Einhörner waren, war es so schön miteinander!

Eine Zeit lang war ich auch ein Elefant. Doch dann kam ich zu RAINBOWS. Sie halfen mir die Blindheit, die ich hatte, zu überwinden und ich konnte wieder KLAR sehen! Noch dazu machte es sehr viel Spaß!!! Das machte mich wieder zum Einhorn – zum letzten Einhorn! Ganz so wie im Film ist es hier zwar nicht, aber ich werde alles tun, um es auch nur annähernd so zu machen wie im Film. Ich werde die Elefanten wieder zu Einhörnern machen! Ich hoffe, dass ich nicht immer das letzte Einhorn bleiben werde.

Eva Maria

Die Scheidung

Damals war ich gerade 11 Jahre alt, als meine Eltern sich zu streiten begannen. Ich konnte überhaupt nicht verstehen wieso sie sich stritten.

An einen Abend kann ich mich noch ganz genau erinnern: Meine Eltern hatten wieder einmal heftigen Krach. Ich lag in meinem Bett und tausend Gedankenfetzen sausten durch meinen Kopf, ich dachte darüber nach, wie es jetzt wohl weiter gehen würde und was wir machen sollten, obwohl ich es in meinem Inneren spürte dass sie sich bald scheiden lassen würden.

So kam es dann auch, bald darauf ließen sie sich scheiden und meine Mutter, meine zwei jüngeren Geschwister und ich übersiedelten in eine andere Stadt.

Eigentlich war ich ganz froh über die Trennung meiner Eltern, da ich meinen Vater sowieso nicht ausstehen kann, weil er mich gegenüber meinen zwei Geschwistern ständig vernachlässigt und ungerecht behandelt hat, leider hat er sich bis heute nicht sehr geändert. Der Freund meiner Mutter zog dann auch bei uns ein, mit dem wir ca. 2 Jahre zusammen lebten. Meine Mutter trennte sich dann von ihm aus Gründen, auf die ich nicht näher eingehen möchte. Wir übersiedelten dann wieder in einen anderen Ort, wo wir inzwischen schon seit ca. 3 Jahren glücklich und zufrieden leben.

Alexander, 14 Jahre

Silvia Tuider

Mama, bitte halt mich!
– Wie eine Mutter ihr Kind
im Trennungsprozess erlebte

Wenn ich heute meine 10-jährige Tochter beschreibe, dann habe ich jeden Grund, auf sie stolz zu sein. Sie ist ein lebendiges, kreatives und feinfühliges Kind. Trotzdem hat es einen Einschnitt in ihrem Leben gegeben, der sie sehr geprägt hat und von dem sie heute noch sagt, dass es das Schlimmste sei, was in ihrem Leben passiert sei.

Als Alinas Vater und ich uns endgültig trennten, war Alina vier Jahre alt. Obwohl sie nie die heile Familie, d. h. die gemeinsame Wohnung erlebt hatte, spürte sie, dass sich in ihrer vertrauten Ordnung etwas verändert hatte. Ich hätte ihr das gerne »erspart« und wollte sie so gut wie möglich unterstützen, um diese Krise positiv zu bewältigen.

Anfänglich konnte ich mit ihr nicht darüber reden. Es war so, als ob sie einen inneren Rollbalken herabgelassen hätte und ich stieß immer wieder dagegen.
Wir als Eltern wollten das »Beste« für unser Kind. Wir waren jedoch mit unseren persönlichen Gefühlen so beschäftigt, dass es angenehm war, dass Alinas Reaktionen vorerst ausblieben. Ihre Bedürftigkeit konnte ich jedoch spüren, wenn sie meine körperliche Nähe suchte und das war sehr oft.

Das Schwerste war die »Übergabe«, der Wechsel von einem Elternteil zum anderen. Oft weinte sie – vielleicht weil ich es innerlich auch tat ...

Allein die Tatsache, dass sie immer einen Elternteil verlassen musste, um bei dem anderen zu sein, war für sie unverständlich. Vor der Trennung hatte sie das getrennte Wohnen und die gemeinsam verbrachten langen Wochenenden als eine bestimmte Form des Zusammenlebens erlebt und war gut damit zurechtgekommen. Jetzt aber war die Situation eine völlig andere.

»Warum???« Diese Frage hat sie mir später unzählige Male gestellt und es gab keine Antwort, die sie befriedigt hätte.

Die Jahre nach der Trennung waren geprägt von Angst und Unsicherheit und dem Wunsch nach Ordnung. Ich konnte nirgends alleine hingehen, ohne dass sie genau wissen wollte, wo ich sein würde. »Kommst du auch wieder?« Sie hatte Beziehungen mit anderen Kindern und Erwachsenen, doch sie brauchte die Sicherheit von mir.

Der Kontakt zu ihrem Vater war und ist regelmäßig und sehr gut. Trotzdem vermittelte sie mir oft: »Ich brauche euch beide« – entweder indem sie es direkt aussprach oder wenn etwas Besonderes passierte und sie sofort den Papa anrief, um es ihm mitzuteilen.

Es hat mich sehr berührt zu spüren, wie sehr sie uns beide liebt und wie schwer es ihr fällt, sich in zwei getrennten »Welten« zu bewegen. Manchmal war es ihr Wunsch, mich in den Bereich ihres Vaters mit einzubeziehen, indem sie an den »Besuchstagen« anrief und sie es beim Abholen gerne hatte, wenn wir zu dritt ein Spiel spielten. Dann wieder schloss sie die Tür, aus der sie gerade ging, fest hinter sich zu, um zum anderen Elternteil zu gehen. In dieser Zeit wollte sie auch nicht, dass wir uns als Eltern in ihrem Beisein begegneten.

Oft kam sie von ihrem Vater sehr widerwillig zu mir zurück, gab patzige Antworten, provozierte mich und knallte Türen.

In diesen Situation haben sich unsere Gefühle so hochgeschaukelt, dass ein heftiger Streit zwischen uns begann. Es hat gedonnert und geblitzt und danach konnten wir über die Situation reden und auch gemeinsam weinen. Ich glaube, wir waren beide überrascht, wie groß die Wut und wie eng Aggression und Schmerz zusammen lagen.

Manchmal ließ sie mich teilhaben an ihrer inneren Welt und ich stellte fest, wie sehr der Anteil ihrer Gedanken und Empfindungen die Trennung betrafen.

Ich erinnere mich an eine Situation bei der unser Nachbarsmädchen Alina sehr direkt fragte, warum denn ihr Vater nicht bei uns wohne. Der Blick mit dem mich Alina ansah, war hilfesuchend, verlegen und ich hatte das Gefühl, dass sie sich für ihre Situation schämte.

»Wir sind getrennt«, antwortete sie zögerlich. Dieser Satz begleitete sie, obwohl ich ihr immer wieder erklärte, dass die Trennung zwischen uns als Mann und Frau stattgefunden hatte und dass wir als Eltern für sie immer da sein würden.

Alle Veränderungen in ihrem Umfeld ließen neue, mühsam aufgebaute Orientierungsstützen wieder schwanken wie z. B die Übersiedlung des Vaters in eine neue Wohnung, die Karenzzeit ihrer Lehrerin. Diese Auseinandersetzung mit neuen Situationen lösten nicht nur Irritation, Unsicherheit, sondern auch Wut aus. Alina war frech, aggressiv, herausfordernd, weinerlich, anhänglich und nach Aufmerksamkeit und Zuwendung bedürftig. Es war eine Hochschaubahn der Gefühle, und ich begleitete sie, was nicht immer sehr leicht war. Diese Gefühlsausbrüche endeten immer mit der Bitte: »Mama, bitte halt mich!«

Als sie erfuhr, dass die Freundin ihres Vaters schwanger war, brach eine Welt für sie zusammen. »Jetzt kommt Papa nie wieder zurück.«

Trotz unserer vielen Gespräche hatte sie nicht aufgegeben, auf eine Versöhnung zu hoffen.

Mit der Geburt ihrer Schwester änderte sich sehr viel in ihrem Leben. Jetzt hatte sie nicht nur zwei getrennte Elternteile, sondern auch noch eine Halbschwester und deren Mutter, die Alina zu ihrem Familiensystem zählte. Unzählige Fragen beschäftigten sie: »Wer gehört zu meiner Familie? Wieso ist meine Schwester halb und nicht ganz? Ist die Freundin vom Papa meine Stiefmutter? Zu welcher Familie gehöre ich mehr?«

Für Alina war Zughörigkeit ebenso wichtig wie Klarheit.

Als Alina acht Jahre alt war, sprach ich mit ihr über die Möglichkeit, eine RAINBOWS-Gruppe zu besuchen. Ihre fast freudig-erleichterte Zustimmung machte mich sicher, dass sie jetzt dafür offen war, eine Unterstützung von außen anzunehmen.

Jede Woche freute sie sich auf die Gruppenstunde – erzählt darüber hat sie nie etwas.

Während dieser Zeit erfuhr ich von der Lehrerin, dass Alina zum ersten Mal beim Morgenkreis in der Schule über die Trennung gesprochen hatte. »Abschied« wurde zum Thema. Die Lehrerin war beeindruckt über ihre klare und selbstbewusste Erzählung darüber. Auch andere Kinder erzählten spontan über »Abschied« in ihrem Leben: den Tod der Großeltern, eines Haustiers und die Geschichte einer Scheidung.

RAINBOWS hat meine Tochter unterstützt auf ihrer Fahrt auf der Hochschaubahn. Sie wurde gestärkt, die Situation so anzunehmen, wie sie ist.

Wenn ich heute auf die Trennungsjahre zurückblicke, dann weiß und fühle ich, dass dieser Traum der heilen Familie für Alina noch immer nicht ausgeträumt ist. Dieser Einschnitt in ihrem Leben machte sie dünnhäutiger aber auch stärker.

Günther Urányi

Ich habe einen Papa!
Ein Vater berichtet

Sándor, unser Sohn, war vier, als wir uns trennten. Für die erste Zeit, bis seine Mutter eine neue Wohnung gefunden hatte, zog ich zu einem Freund ganz in der Nähe. Ich verbrachte aber dennoch viele Abende mit den beiden und ging erst, als Sándor schon eingeschlafen war. Auch an manchen Wochenenden waren wir zusammen, so merkte Sándor zuerst gar nicht, dass wir uns getrennt hatten.

Da sich die Spannungen zwischen mir und Sándors Mutter nur sehr langsam beruhigten, war es nicht zu vermeiden, dass er es bemerkte. Meine Trauer über den »Verlust« unserer Familiengemeinschaft war sehr groß, und ich konnte sie auch nicht immer vor Sándor verbergen. Meistens beim Abholen und Zurückbringen, wenn er gern gehabt hätte, dass ich noch bleibe, war es schwer, meinen Abschiedsschmerz zu verbergen.

Für uns drei war diese Phase damals sehr schwer zu bewältigen, aber Sándor lernte verhältnismäßig schnell damit umzugehen. Zu mir zu kommen, war und ist für ihn mit Freude verbunden. Ich denke, dass die Zeit, die ich mit Sándor verbrachte als er ein Jahr alt war, unsere Verbindung sehr gestärkt hat. Unser erstes gemeinsam verbrachtes Jahr hat sicher auch dazu beigetragen, dass er die Sicherheit und das Vertrauen hatte, mich nicht zu verlieren und er spürte und spürt, dass ich – obwohl wir nicht mehr zusammenleben – für ihn da bin und er sich auf mich verlassen kann.

Diese Vertrauensbasis war sicher die Ebene dafür, dass es Sándor trotz der

Veränderung gut ging. Es ist mir immer sehr wichtig, bei unseren gemeinsamen Wochenenden, auf die er sich sehr freut, für ihn da zu sein und mit ihm zu sein und trotzdem mein Leben weiterzuleben.

Es kommt aber auch vor, dass er gerne zu einem Freund gehen will, was natürlich absolut in Ordnung ist. Ich erwähne das nur, weil ich anfangs damit ein Problem hatte, als er lieber zu einem Freund gehen wollte statt bei mir zu sein. Ich dachte mir (sehr egoistisch): »Wir haben so wenig gemeinsame Zeit, und die verbringt er dann lieber bei einem Freund?« Mittlerweile ist mir natürlich klar, dass das nichts mit mir zu tun hat. Es ist einfach so und er denkt sich nichts dabei. Auch sein Alltag geht weiter!

Ich habe Sándor von Anfang an nie mit den zum Teil nicht sehr schönen Dingen, die zwischen seiner Mutter und mir abgelaufen sind, belastet. Ich hab ihm immer gezeigt, dass ich seine Mutter als solche respektiere und sie achte und ehre. Im Idealfall sollte das umgekehrt auch so sein! Auch wenn ich nicht immer der gleichen Meinung bin wie sie und wir betreffend Erziehung anders denken. Dies zu vermitteln, finde ich sehr wichtig und notwendig, weil er, wenn es nicht so vermittelt wird, dieses achtlose Verhalten übernimmt und der Respekt vor dem Vater oder der Mutter dadurch verloren geht.

Ich habe noch ein Kind. Lena-Fiora ist jetzt drei und lebt so wie Sándor bei ihrer Mama. Lena und Sándor sind Stiefgeschwister. Als meine zweite Beziehung mit Lenas Mutter in Brüche ging, war ich am tiefsten Punkt meines bisherigen Lebens.

Als wir uns trennten, war Lena eineinhalb, und da ihre Mutter meinte, sie sei noch zu klein, um bei mir zu übernachten, sah ich sie anfangs sehr unregelmäßig aber oft. Ich habe sie oft nach meiner Arbeit abgeholt und bin mit ihr spazieren gegangen, sie hat dann zwar meistens geschlafen, aber ich konnte mit ihr sein.

Sándor war damals acht Jahre alt und hat natürlich gespürt, dass es mir nicht gut ging. Meine Aufmerksamkeit ihm gegenüber war stark reduziert, da meine ganze Energie in den Rettungsversuch der zweiten Beziehung floss.

Ich beobachtete aber, dass sich Lena und Sándor – obwohl sie sich selten sahen – sehr verbunden waren und natürlich immer noch sind. In der Zeit, als ich ihnen nicht meine volle Aufmerksamkeit gegeben habe, waren sie um so mehr füreinander da.

Als Lena zweieinhalb Jahre alt war, blieb sie dann schon über Nacht bei mir. Lena ist jedes Wochenende von Freitag Vormittag bis Samstag Abend bei mir. An manchen Wochenenden bleibt sie bis Sonntag Abend. Sándor war zu Beginn von Donnerstag Nachmittag bis Montag früh bei mir. Seit er die Hauptschule besucht, ist es etwas weniger. Freitag Nachmittag bis Sonntag Abend. Sie sehen sich regelmäßig alle zwei Wochen. Es war mir sehr wichtig, dass sich meine zwei Kinder sehen und so viel Zeit wie möglich miteinander verbringen. Lena wird heuer im Oktober vier Jahre alt und Sándor im Juni elf. Trotz des Altersunterschiedes finden wir drei immer etwas, das wir gemeinsam unternehmen können. Ich genieße die Tage, an denen wir zu Hause sind, miteinander spielen, kuscheln und uns Geschichten erzählen genauso, wie unsere wunderbaren Ausflüge. Nach wie vor versuche ich aber ganz bewusst, meine zwei Kinder an meinem Alltag teilnehmen zu lassen. Ich denke ich bin kein typischer »Wochenendpapa«, bei dem alles erlaubt ist und der nie nein sagt.

Ich versuche, meinen Kindern sehr wohl ihre Grenzen zu zeigen und ihnen trotz der kurzen Zeit, die wir gemeinsam haben »Werte« zu vermitteln.

Beide Mütter stehen wieder in einer Beziehung. Dies ist eine Sache, ja vielleicht die einzige Sache, mit der ich manchmal noch Probleme habe. Nicht der Frauen wegen spüre ich eine gewisse Eifersucht, sondern der Gedanke und die Vorstellung, dass ein anderer Mann mit meinem Sohn oder mit meiner Tochter mehr Zeit verbringt als ich – der Vater. Ob es tatsächlich so ist, weiß ich nicht, ich sehe nur, dass es ihnen gut geht, und im Endeffekt ist dies das Wichtigste.

Die Aufgabe von uns getrennt lebenden Eltern ist es, den Kindern diese Ausnahmesituation so erträglich wie möglich zu machen. Denn die Kinder sind die Leidtragenden, die unfreiwillig das leben müssen, was wir Eltern verbockt haben.

Beate Kopp-Kelter

»Der Traum vom halben Motorrad« Eine Mutter erzählt von Krankheit und Tod ihres Partners

Rückblickend weiß ich heute oft nicht mehr, woher wir alle die Kraft bekommen haben, diese schlimme Zeit durchzustehen.

Die schlimme Zeit begann mit der absolut unerwarteten Diagnose »inoperabler Gehirntumor«, die bei meinem Mann nach einem Zusammenbruch festgestellt wurde. Unser Sohn war damals knapp drei Jahre und unsere Tochter ein halbes Jahr alt. Wir mussten uns von heute auf morgen mit der furchtbaren Tatsache auseinandersetzen, dass unser neu gegründetes Familienleben zu viert existentiell bedroht schien. Tage, Wochen, Monate des Wartens und Bangens begannen. Medizinische Behandlungen und alternative Wege, viele Gespräche und die Begleitung durch wichtige liebevolle Menschen bestimmten diese Zeit. Ca. 4 Monate vor dem Tod meines Mannes war es offensichtlich, dass die schlimmste aller Befürchtungen wohl eintreten würde.

Viele Anforderungen stürmten gleichzeitig auf mich ein: meinem Mann liebevoll zur Seite zu stehen, unseren Kindern gleichzeitig eine zugewandte Mutter zu sein und mir selbst genug Raum zu geben, um Kraft zu tanken, all diesen Wahnsinn zu bewältigen.

Ein sehr gutes Netzwerk von guten Freunden und Freundinnen, professionellen und ehrenamtlichen Helfern und Helferinnen haben mich und die ganze Familie dabei unterstützt.

Wie haben nun unsere Kinder diese Zeit verkraftet? Wie gehen sie jetzt mit der schmerzlichen Tatsache um, ohne ihren Papa aufzuwachsen?

Altersbedingt sehr unterschiedlich. Fabian hat die Zeit der Krankheit schon sehr bewusst erlebt. Viele Stunden im Krankenhaus, Arztbesuche, Gespräche und die Angst, die in der Luft lag, haben sicherlich einen bleibenden Eindruck in ihm hinterlassen.

Er musste sich langsam damit abfinden, dass sein Papa nicht mehr der war, den er gekannt hat. Musik machen, Fußball spielen, gemeinsam in der Badewanne sitzen oder herumtoben war nicht mehr möglich. Wir haben viel miteinander gesprochen und versucht, auf seine Fragen aufrichtige Antworten zu geben – ihn langsam mit der Tatsache vertraut gemacht, dass die Ärzte zwar alles versuchen, seinem Papa zu helfen, aber manchmal diese Hilfe nicht mehr hilft. Fabian hat wohl von Anfang an gespürt, wie ernst die Lage war, denn ziemlich zu Beginn gleich nach der Diagnosestellung, sagte er abends zu mir: »Wenn der Papa einmal stirbt, ist dann der Andy[56] mein Papa?«

Fabian und sein Papa konnten sich voneinander verabschieden, es gab eine letzte Begegnung. Heiße Tränen, als ich ihm am Todestag sagen musste, dass sein Papa nun in der Nacht gestorben sei. Zunächst verkroch er sich unter dem Tisch, wollte alleine sein, später assoziierte er so: »Die Seele vom Papa ist wie ein Flaschengeist« und »Papa ist im Himmel gleich bei der Sonne, da muss er nicht frieren!«

Etliche Nächte mit vielen Träumen und unruhigem Schlaf folgten. In der Früh kam er oft mit erinnerten Traumstücken wie »Heute Nacht habe ich geträumt, dass ich auf einem halben Motorrad fahre« oder »Heute Nacht habe ich geträumt, dass der Papa mir im Himmel eine Schultasche gekauft hat«.

Tagsüber verhielt er sich sehr unterschiedlich. Kindgerechtes Spielen, Toben, aufgewecktes Fragen wechselten sich ab mit riesigen Verlustängsten! Ich konnte in den ersten Monaten nicht das Zimmer verlassen, ohne mich abzumelden bzw. zu sagen, in welches Zimmer ich nun kurz gehe, was ich da mache und wann ich wieder komme. Das ganze Erklären nutzte nichts, er musste mit! Nach einem halben Jahr legte sich dann diese massive Verunsicherung allmählich.

Jetzt, zwei Jahre nach dem Tod, fragt er eher wenig nach seinem Papa. Ich kann jedoch an seinem Vermeidungsverhalten erkennen, wie sehr es ihn noch schmerzt. Er vermeidet es, zum Grab zu gehen, aus Angst vor meinen bzw. seinen Tränen. Er vermeidet es, traurige Geschichten zu hören, aus Angst, selbst

---

[56] Fabians Onkel

dabei traurig zu werden. Auf die Frage einer Freundin jedoch, ob er noch sehr traurig sei, dass sein Papa gestorben sei, antwortete er »Es war schon mal schlimmer.«

Was Fabian wohl tröstet, ist das Hören von Musik (sein Papa war Musiker), ganz oft und ganz laut immer wieder die gleichen Stücke.

Der Besuch einer RAINBOWS-Gruppe gelang nur halb. Nach sieben Treffen wollte er nicht mehr. Er konnte sich noch nicht wirklich gefühlsmäßig einlassen. Wir werden es später nochmals versuchen.

Viola geht ganz anders damit um. Sie hat die Krankheitszeit nicht wirklich bewusst erlebt und verfügt über wenig konkrete Erinnerungen. Deshalb fragt sie oft sehr unverblümt nach ihrem Papa. Sie muss erst langsam die Tatsache begreifen und sich durch Rückfragen vergewissern, dass sie keinen Papa mehr hat. Im Vergleich mit anderen Kinder bemerkt sie den Unterschied. Kein Papa, der mit ihr am Spielplatz tollt oder der sie vom Kindergarten abholt. »Gell, mein Papa ist gestorben. Aber bald kommt er wieder!« Die Endgültigkeit kann sie mit ihren knapp vier Jahren noch nicht wirklich verstehen. Sie meinte auf mein Verneinen, dass er nicht mehr wiederkommen könne: »Dann kaufen wir uns einfach einen neuen!«

»Wo ist der Papa jetzt, ist er in den Wolken?« Viele schwierige Fragen, die einer kindgerechten, behutsamen Antwort bedürfen.

Ich bin sehr froh, dass sich meine Kinder als Geschwister gegenseitig stützen. Sie verarbeiten viel miteinander im Spiel. »Vater, Mutter, Kind« – die Rollen werden abgewechselt, beide versuchen sich auch am väterlichen Part.

Auch Ihre Großeltern und Onkel nehmen einen wichtigen Platz in ihrem Leben ein, leider ist es für alle aufgrund der großen räumlichen Distanz nicht möglich, eine regelmäßige, lebendige Beziehung zu leben.

Wenn ich meine Kinder betrachte, freue ich mich an ihrer Entwicklung. Sie sind mit einer sehr großen Belastung bisher großartig umgegangen, und ich kann nur hoffen, dass sie ihr riesiges Potential an Bewältigungsstrategien noch lange bewahren können.

Auch mit einem halben Motorrad lässt sich offensichtlich doch eine große Wegstrecke bewältigen!

Ernst Pock

Weißt du, wer mir abgeht?
Sicht eines Vaters nach dem
plötzlichen Tod der Partnerin

»Das Schlimmste, was einem passieren kann, ist, wenn die Mutter stirbt.« Diesen Satz hörte ich meine Mutter sagen, als sie damals unter Bekannten den Tod ihrer Mutter betrauerte und alle stimmten zu. Meine Großmutter war schon 75, also in einem Alter in dem man durchaus damit rechnen kann, dass jemand stirbt und dennoch wird von Erwachsenen, die schon längst selber Mütter/Väter sind, ihr Leben bereits in die eigenen Hände genommen haben, der Tod der Mutter als massiver Verlust erlebt.

Um wieviel mehr muss ein Kind den Tod der Mutter als Verlust empfinden, da fast alles, was es bisher an Leben erfahren hat, in unmittelbarer Beziehung zu seiner Mutter stand. Es beginnt mit der Empfängnis im Schoß der Mutter, dem Wachsen darin bis zur Geburt, und der damit verbundenen ersten Trennung durch das Geboren-Werden in diese Welt. Doch die Mutter-Kind-Beziehung endet damit nicht, sondern bekommt eine neue Dimension: Das Kind erfährt, dass trotz der körperlichen Trennung die Mutter für das Kind da ist, wann immer sie gebraucht wird. Dieses Vertrauen wächst mit jeder Erfahrung des Ernstgenommenwerdens und Angenommenseins. Der Tod der Mutter bedeutet allerdings eine Trennung, die, so scheint es, endgültig ist, die keine neue Dimension einer Lebensbeziehung mehr gestattet.

Meine Kinder, sie waren damals 10, 9, 6 1/2 und 4, mussten diese Erkenntnis schon sehr früh machen und waren völlig unvorbereitet. Violanta, meine Frau, starb an den Folgen einer Gehirnblutung innerhalb von 24 Stunden. Es hatte somit keine Möglichkeit gegeben, sich mit ihrem bevorstehenden Tod auseinanderzusetzen oder sich zu verabschieden. Es blieb einzig der offen aufgebahrte Leichnam als letztes Bild der Mutter, und mir war es wichtig, dass die Kinder sie so noch einmal ansehen konnten.

Alle betrachteten den Körper eingehend, aber es war befremdlich für sie, ihre Mutter so zu sehen, wie sie plötzlich so unnatürlich und unnahbar geworden war und beinahe unberührbar. »Die Mama schaut aus wie eine Puppe!«, stellte die Jüngste fest. Alle – einschließlich mir – erkannten, dass Violanta so nicht mehr die Mutter, die Frau, die wir geliebt haben, war – dies war ihr lebloser Körper, der mit jedem Tag mehr dem Verfall preisgegeben war.

Was aber bleibt von der einstigen Lebensspenderin? Ich glaube, dass sich alle Kinder in der jeweils altersgemäßen Form diese Frage gestellt haben. Die Antwort bleibt aus, statt dessen macht sich eine tiefe Verlassenheit breit und jedes Kind versucht auf seine Weise, dieser Verlassenheit zu begegnen.

Laetitia (10), die Älteste, übt sich in einer neuen Selbstständigkeit und will ihr Leben in die eigenen Hände nehmen. Es gelingt ihr erstaunlicherweise sehr gut. Ihr Tagesablauf ist an den Lebensanforderungen orientiert, sie steht zur rechten Zeit auf, macht ihre Wochenpläne von sich aus, hat für die Schule meistens alles bereit, und auch ihre freien Zeiten organisiert sie nach ihren Bedürfnissen. Sie pflegt einen freundlichen, zuvorkommenden Umgang mit Lehrerlinnen und anderen Erwachsenen. Zu Hause übernimmt sie manchmal die Mutterrolle, die sie immer schon gerne spielte und verkörpert dann eher einen autoritären und direktiven Stil im Umgang mit ihren jüngeren Geschwistern. Ich bin bemüht, sie nicht wirklich zur Ersatzmutter werden zu lassen. Laetitia zeigt ihre Trauer und ihren Schmerz nicht und lässt diese Empfindungen durch intensive Beschäftigung mit der Selbstwerdung nicht überhand nehmen. Natürlich kann sie dem Schmerz nicht immer entfliehen, aber dann teilt sie ihn nicht mit anderen. Das Angebot zum Besuch einer RAINBOWS-Gruppe war für sie, möglicherweise aus diesem Grund, bis jetzt nicht reizvoll.

Jeremias (9), unser zweites Kind, hat mit Violanta seine größte Fürsprecherin und emotionale Stütze verloren. Bei keinem anderen Menschen hat er soviel Verständnis und Güte erfahren – er, der aufgrund seiner Lebhaftigkeit vieles, was ihn bewegt über den Körper ausdrückt und damit immer wieder an die harten Grenzen seiner Umgebung stößt. Auch seine drei Schwestern haben ihn diesbezüglich nicht geschont. Gerade in der Phase des Auslotens der eigenen Spielräume hätte er mehr den liebenden Halt seiner Mutter gebraucht und weniger die abgrenzende und oft reglementierende Erziehung seines Vaters und anderer MiterzieherInnen. Dementsprechend unverstanden fühlte er sich und konnte somit auch seinen Schmerz nur bruchstückhaft mit mir teilen. Ich glaube, dass er seinen Schmerz gerne öfters aus sich herausgeschrieen und geheult hätte. Dazu war er – wie ich – nicht in der Lage. Am ehesten konnte er diesen Schmerz über körperliche Aktivität loswerden. Umso erstaunter war ich, als er von sich aus in eine RAINBOWS-Gruppe gehen wollte. Scheinbar wusste er, dass etwas in ihm war, das einer Bearbeitung bedurfte. An den Gruppenstunden nahm er sehr gewissenhaft teil, dennoch hatte ich den Eindruck, dass er dort nicht gänzlich zu dem gekommen ist, was er wollte bzw. gebraucht hätte. Trotzdem war es eine wichtige Erfahrung, herausgelöst aus dem übrigen Alltag, sein Schicksal mit anderen Menschen zu teilen.

Damaris, sie war noch keine 7 Jahre alt, hat von Anfang an ihr Leiden am Tod ihrer Mutter beharrlich zum Ausdruck gebracht. »Weißt du, wer mir abgeht?«, diese Frage hat sie hunderte Male gestellt, sie kommt beinahe jeden Tag. Von mir folgt als Antwort stets ein mitfühlendes »Ja, die Mama – stimmt's?« Dazu nickt sie meist. Ihre größeren Geschwister reagieren schon mitunter ungeduldiger. »Ja, wir wissen's jetzt schon!« Vielmehr als dieser kurze Dialog findet selten statt. Damaris geht dann mit einem nachdenklichen Nicken zu einem ganz anderen Thema über, das aus ihrer aktuellen Lebenswelt kommt und nichts mehr mit dem kurzen Erinnern an ihre Mama zu tun hat. Es kann also auch etwas ganz Lustiges und Witziges sein. Es war für mich anfangs fast befremdlich, mit welchem Tempo ihre Stimmungslagen gewechselt haben. Damaris war auch in einer RAINBOWS-Gruppe und hätte am liebsten nie damit aufgehört. Dort fand sie ein Ventil für ihren eigenen Schmerz, vor allem in Form der Anteilnahme am Schicksal der anderen und in ihrer Gruppenleiterin. Das Geschehen in der Gruppe hütete sie wie ein Geheimnis und gerne überließ ich es ihr.

Dunja, unsere jüngste, war gerade erst 4 Jahre. Sie hat als Einzige miterlebt – sie schlief bei uns im Schlafzimmer – wie Violanta morgens mit schrecklichen Kopfschmerzen aufwachte und mit der Rettung ins Krankenhaus gebracht wurde. Für Dunja muss das lange wie ein Traum gewesen sein, den man vergisst, wenn man wieder wach wird. Erst ungefähr ein halbes Jahr später wachte sie in der Früh auf, mit dem freudigen Gesichtsausdruck, der auf eine Entdeckung schließen lässt, und sagte: »Ich weiß, wie die Mama gestorben ist!« Sie erzählte mir detailgetreu alles, was sich an diesem Morgen zugetragen hatte. Vom Aufwachen ihrer Mama, vom Verständigen der Rettung, wie wir die phasenweise bewusstlose Mutter ins Rettungsauto trugen, wie sie zur Nachbarin ging und so weiter. Seitdem spricht sie öfter über diese Erlebnisse. Dunja war in der ersten Zeit verschlossener und in sich gekehrter als sonst. Alle waren bemüht, sie nicht zusätzlich zu belasten und etwas von ihr einzufordern, wozu sie nicht von sich aus bereit war. Es erforderte viel Geduld, zu warten, bis sie zum Beispiel am Morgen bereit war, sich für den Kindergarten fertigzumachen. Nicht immer reichte die Geduld aus, damit Dunja, mit dem ihren Bedürfnissen entsprechenden Tempo, folgen konnte und dann brach es aus ihr heraus. Sie begann zu weinen: »Ma-ma, Ma-ma, ...«

Dieses erste »Mama« im Weinen kam erst Monate nach dem Tod und wiederholte sich im Laufe der nächsten Zeit einige Male. Mittlerweile, eineinhalb Jahre danach, habe ich es länger nicht mehr gehört.

Es war mir immer wichtig, in unserer Familie sehr bewusst mit dem Tod von Violanta umzugehen und den jeweiligen Bedürfnissen meiner Kinder entsprechenden Platz zu geben. So hatte ich auch immer das Gefühl, dass es uns, den Umständen entsprechend, gut ging. Als ich vor kurzem in Erinnerungen kramte und Fotos von uns allen, aus der Zeit nach dem Tod Violantas sah, wurde mir klar, wie gezeichnet wir damals waren. Jedem stand der Schock, der Verlust ins Gesicht geschrieben.

Fotos von heute zeigen diese Betroffenheit nicht mehr so offensichtlich. Trotzdem wird die Erfahrung dieses Todes solange wir leben in uns eingeprägt bleiben. Niemand kennt das Herz des anderen, und keiner weiß, was dieser Tod mit uns noch machen wird. Ich kann nur hoffend beten, dass jeder für sich eine Antwort findet und dass es letztlich gelingt, auch das zusammengeschnürte Herz zu befreien, damit nicht nur das Gesicht wieder strahlend wird.

Juhu
Rainbows
Schön doch nicht?
Rainbows
Juhu

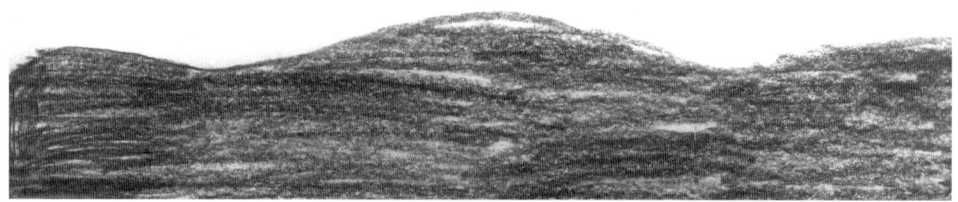

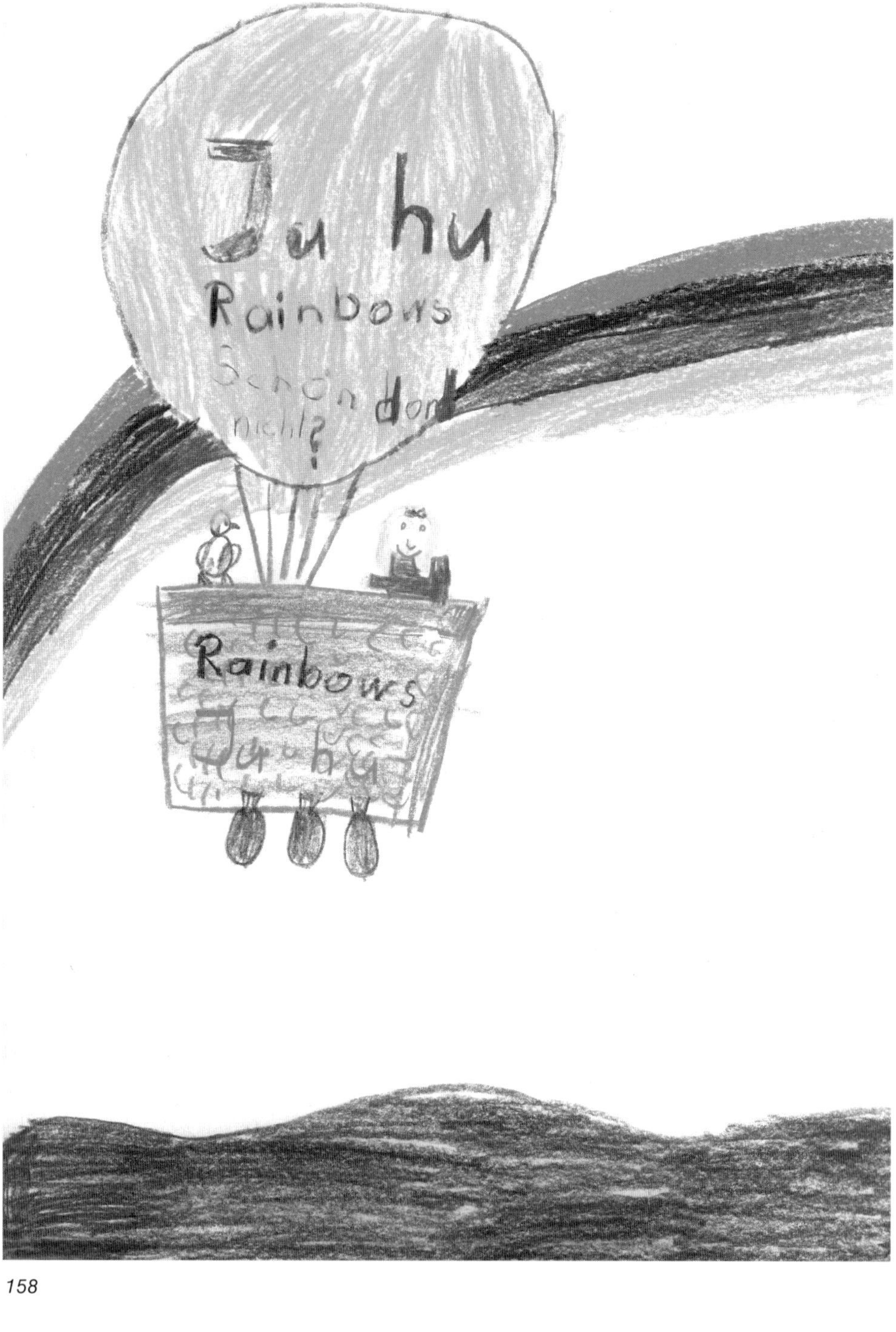

RAINBOWS –
»FÜR KINDER UND JUGENDLICHE IN STÜRMISCHEN ZEITEN«

Birgit Jellenz-Siegel

... und wer schaut auf uns? RAINBOWS mit dem Blick auf die Kinder und Jugendlichen!

Jedes Kind, jeder Jugendliche – dessen Eltern sich trennen oder scheiden lassen – erlebt einen Zustand hoher Irritation. Zur Wiedererlangung des psychischen Gleichgewichtes werden Reaktionen gesetzt, die unterschiedliche Ausprägungen besitzen können. Ihre Bewältigung ist abhängig von Faktoren wie dem Alter, dem Entwicklungsstand des Kindes, seiner persönlichen Stabilität; nicht zuletzt vom Verlauf der Vorscheidungs-, Scheidungs- und Nachscheidungsphase, sowie den zur Verfügung stehenden Ressourcen bei den Kindern und ihren Familien.

Die Intention einer Begleitung durch RAINBOWS[57] ist es, gerade in Zeiten vielfältiger Belastungen und eingeschränkter Handlungsmöglichkeiten eine zusätzliche Unterstützung anzubieten, um einem ‚Chronisch-Werden' psychischer Belastungen und Entwicklungsgefährdungen rechtzeitig vorzubeugen.

Da dieses Life Event in allen weiteren Entwicklungsstufen des Kindes und Jugendlichen eine erneute Beschäftigung benötigt sowie durch veränderte äußere Bedingungen (z.B. Bildung einer Stieffamilie) weitere Fragen relevant werden, kann die Unterstützung durch RAINBOWS auch zu einem späteren Zeitpunkt konstruktiv eingesetzt werden. Damit ist die Teilnahme an einer Gruppe – unabhängig vom Zeitpunkt des Geschehens – indiziert.

---

[57] Bundesverein RAINBOWS – »Für Kinder in stürmischen Zeiten«, 8010 Graz, Theodor-Körner-Straße 182

I. Das Konzept von RAINBOWS – »Für Kinder und Jugendliche in stürmischen Zeiten«[58]

RAINBOWS arbeitet präventiv und möchte verhindern, dass Kinder und Jugendliche aufgrund ihrer psychischen Belastung schwerwiegende Symptome entwickeln. Der gruppenpädagogische Ansatz von RAINBOWS bietet allen Kindern, die ein familäres Verlusterlebnis zu bewältigen haben, einen sicheren und geschützten Rahmen. Benötigt ein Kind darüber hinaus weitere Unterstützung, werden weiterführende therapeutische Angebote empfohlen.

RAINBOWS wird in kleinen Gruppen (4–7 Kinder) angeboten, im Zeitraum eines halben Jahres finden 14 Gruppentreffen statt. Die Themen der einzelnen Treffen stehen in einem inhaltlich sinnvollen Zusammenhang und werden methodisch vielfältig und altersgerecht aufbereitet. Begleitend werden drei Elterngespräche angeboten, die dem gegenseitigen Kennenlernen sowie dem Informations- und Erfahrungsaustausch dienen. Hierbei wird vor allem auf den Aspekt der Vertraulichkeit geachtet, es werden keine Einzelheiten aus dem Gruppengeschehen weitergegeben. Weiters werden die Eltern darauf vorbereitet, dass sich Reaktionen des Kindes – durch ein erneutes in Gang setzen des Trauerprozesses – verstärken können.

Die GruppenleiterInnen besitzen eine Grundausbildung im psychosozialen Bereich, Erfahrung in der Arbeit mit Kindern und Jugendlichen und absolvieren eine spezifische Zusatzausbildung bei RAINBOWS. Auftretende Herausforderungen werden in Supervision bzw. speziellen Fortbildungsangeboten bearbeitet.

II. Intentionen von RAINBOWS

RAINBOWS hat zum Ziel, Kinder und Jugendliche bei der Bewältigung ihrer Trauer zu unterstützen und ihnen zu helfen, mit ihrer neuen Situation besser zurecht zu kommen.

Das Erleben von Verlusten verschiedenster Art (Verlust von bekannten Beziehungen, vom gewohnten Umfeld und täglichen Rhythmus,...) löst im Besonderen Trauerreaktionen aus. Vor allem Kinder sind im Erwerb und im Ausdruck dieser Trauerreaktionen sehr von den diesbezüglichen Reaktionen der sie umgebenden Erwachsenen (v.a. nahe Bezugspersonen) abhängig. »Wie kann ich weinen, wenn ich deine Tränen nie gesehen habe?«[59]

Diese Reaktionen sind nicht nur hilfreich, sie sind unabdinglich für die Gene-

---

[58] Darüber hinaus sind spezielle Aspekte der Arbeit von RAINBOWS im Teil »Umhüllt von einem Regenbogen« dieses Buches ausführlicher dargestellt.
[59] Figdor H., ²1997.

sung jedes Kindes. So sollte es auch jedem Kind möglich gemacht werden, dass es sich in einem entsprechenden Umfeld (vgl. vorbereiteten Umgebung[60]) seiner Gefühle und Reaktionen bewusst wird und Wege des Ausdrucks kennenlernt.

RAINBOWS bietet den Kindern und Jugendlichen einen sicheren und geschützten Rahmen, in dem diese über ihre Erfahrungen, Gedanken und Gefühle sprechen können.

Gerade in dieser Phase der Irritation, hervorgerufen durch zahlreiche Veränderungen im direkten Lebensumfeld des Kindes sind stabilisierende Maßnahmen von großer Bedeutung.

In der Kleingruppe von Gleichaltrigen ist es dem Kind möglich, Vertrauen zu gewinnen, Beziehungen aufzubauen, sich »seinen Platz« in der Gruppe zu schaffen. Der Nachmittag der RAINBOWS-Gruppe gewinnt für das Kind an Bedeutung. Die gleichbleibende Struktur – ein Treffen pro Woche, in der gewohnten Umgebung, mit den selben Kindern – schaffen eine Atmosphäre des Vertrauens, der Bekanntheit.

Viele Kinder benötigen die ersten Treffen zur Orientierung, zur langsamen Annäherung. Behutsame Interventionen der GruppenleiterInnen verstärken diesen Prozess und es kann auf individuelle Entwicklungsprozesse eingegangen werden. Der ähnliche Aufbau der Einheiten lässt Vertrautheit entstehen. So können gemeinsam entwickelte Rituale Kindern Struktur und Halt vermitteln, das Zugehörigkeitsgefühl stärken, Sicherheit geben, zu Entspannung aber auch zu Aufmerksamkeit beitragen, Übergänge schaffen. Die gemeinsame Zeit kann durch Rituale beendet werden. Wichtiges wird z.B. noch einmal wiederholt, die Gruppenzugehörigkeit durch einen gemeinsamen abschließenden Händedruck verstärkt.

Die/die GruppenleiterIn vermittelt eine Haltung der Allparteilichkeit den Eltern gegenüber[61] und wird von dem Kind als seine Vertrauensperson entdeckt. Durch die Möglichkeit, ihre vielfältigen Gedanken aussprechen zu können, »zu erleben«, dass ihre Gefühle zugelassen werden dürfen, erlaubt sind, erfahren sie eine Stärkung des Selbst.

RAINBOWS vermittelt den Kindern und Jugendlichen, dass alle Gefühle – auch Trauer, Wut und Ängste – erlaubt sind. Die Kinder können sich im Freiraum der Kleingruppe ihrer Gefühle und Gedanken bewusst werden, diese ausdrücken und verstehen lernen.

---

[60] Montessori M., 1972.
[61] Jaede/Wolf/Zeller-König, 1996.

Kinder erfahren gerade in dieser schwierigen Zeit eine starke Bewertung ihres Gefühlsausdruckes seitens der Erwachsenen (insbesondere ihrer Eltern). Die dadurch entstehende Hemmung ihres Gefühlsausdruckes verzögert die Bearbeitung der Krisensituation. Hingegen würde die Sichtbarmachung der Gefühle Kontaktaufnahme und Vertiefung von Beziehungen erleichtern.

Die elterliche Reaktion wird verständlich, wenn sie in Zusammenhang gebracht wird mit dem Wunsch, ihrem Kind durch die Entscheidung »nicht weh zu tun«. Allerdings wird jegliche kindliche Reaktion meist als Indikator für einen möglichen Schmerz angesehen und somit gewisses kindliche Verhalten verstärkt (z.B. Angepasstheit, Unauffälligkeit) oder abgelehnt (z.B. Aggression, Wutausbrüche, starke Traurigkeit,...).

Noch immer ist es so, dass viele Kinder v.a. wegen »sichtbarer Auffälligkeiten« in der RAINBOWS-Gruppe angemeldet werden! Noch immer nimmt der Trugschluss: »je stärker die Verhaltensauffälligkeit, desto intensiver das Leid« einen breiten Raum ein! Dass auch Kinder und Jugendliche, die angepasst und unauffällig reagieren, in den »Genuss« einer Unterstützungsmaßnahme kommen, ist wohl der Wunsch jedes mit Kindern arbeitenden Menschen.

In der Gruppe bietet sich den Kindern die Möglichkeit, all ihre Gefühle in entsprechender, angemessener Weise auszudrücken. Sie erfahren dabei, dass ihre Gefühle ein wesentlicher Teil ihrer Person sind und erweitern im Laufe der Zeit ihr Repertoire an Ausdrucksmöglichkeiten.

RAINBOWS unterstützt die Kinder, die elterliche Trennung/Scheidung besser verstehen zu lernen, um Schuldgefühlen und Gefühlen des Ausgeliefertseins entgegenzuwirken und eine realistischere Einschätzung der eigenen Situation zu entwickeln.

Zwei Aspekte fließen hier zusammen: durch die spezielle kindliche Sichtweise, sowie durch den oben erwähnten elterlichen Wunsch, ihr Kind »zu schützen« erhalten Kinder relevante Informationen oft zu einem späteren Zeitpunkt oder gar nicht. Diese Diskrepanz zwischen kindlicher Wahrnehmung und Informationsdefizit führt zu starken Verunsicherungen.

In der Gruppe werden die Kinder angeregt, belastende Unklarheiten wahrzunehmen und auszudrücken. Bislang fehlende Sachinformationen werden zur Verfügung gestellt. Durch die thematische Auseinandersetzung gewinnen die Kinder die Kompetenz, ihre persönliche Geschichte in einen für sie verständlichen und fassbaren Zusammenhang zu bringen und entsprechende Begrifflichkeiten für die Kommunikation mit Dritten zu finden.

Die kindliche Frage »Was habe ich falsch gemacht?« drückt den Aspekt der Beteiligung aus und führt zu den tief liegenden Gefühlen der Schuld. In der

RAINBOWS-Gruppe werden erste Schritte gesetzt, die der Manifestation der Schuldgefühle entgegenwirken. Die Kinder werden zur Sichtweise ermutigt, dass die Verantwortung für die Trennung nicht bei ihnen liegt, sondern ihren Grund in der Beziehung der Eltern hat und somit eine Entscheidung der Eltern ist. Dies wird von den Kindern als große Erleichterung erlebt und kann dazu beitragen, das aktive Abschied »nehmen« von Schuldgefühlen einzuleiten.

RAINBOWS hilft den Kindern, Verhaltens- und Bewältigungsstrategien sowle Kommunikationsfähigkeiten zur besseren Problemlösung im Umgang mit den Elternteilen zu entwickeln.

Die veränderte Familiensituation verlangt von den Kindern neben dem Vermögen Kompromisse zu schließen, der Fähigkeiten der Anpassung und Geduld auch den Umgang mit neuen schwierigen Situationen. Ihr Leben verläuft nach veränderten Regeln, neue Bezugspersonen gewinnen an Bedeutung, neue Rhythmen bestimmen ihren Alltag.

Ihre Ressourcen kennenzulernen, die Erfahrung zu machen, sehr wohl mit schwierigen Situationen umgehen zu können, stärkt ihr Selbstvertrauen. Gemeinsam mit anderen Gleichbetroffenen erweitern sie ihre Möglichkeiten, und erproben neue Wege der Bewältigung. Die Kinder erfahren Ermutigung in der Gestaltung neuer Beziehungen, welche ihnen Sicherheit geben und belastbar sind.

Insbesondere soll den Kindern und Jugendlichen ermöglicht werden, in einer Gruppe Gleichaltriger festzustellen, dass es anderen Kindern ähnlich geht wie ihnen, um so dem häufigen Gefühl von Scham, Anderssein und Isolation zu begegnen.

Neben der Bearbeitung spezieller Inhalte wird die Wirkung dieser Kindergruppen durch Begegnung Gleichaltriger, die Ähnliches erlebt haben, verstärkt. Zudem reduzieren diese Begegnungen das kindliche Gefühl der Stigmatisierung.

Durch die Stärkung ihres Selbstbewusstseins beginnen Kinder, mutig nachzufragen. Oft wird dadurch der Kommunikationsprozess in der Familie neu aufgerollt. Es liegt an den Eltern, diese Herausforderung anzunehmen und die Reaktionen ihrer Kinder als Zeichen aktiver Auseinandersetzung mit ihrer neuen Lebenssituation zu betrachten.

Durch die Unterstützung der Kinder und Jugendlichen erfahren auch die Eltern/-teile Entlastung in einer Zeit, in der sie selbst sehr belastet sind.

Sich selbst durch eine persönliche Krisenzeit zu bewegen und gleichzeitig den eigenen Kindern vermehrt Halt und Stütze zu geben überfordert wohl jeden Menschen. Eltern, deren Kinder in eine RAINBOWS-Gruppe gehen, erleben diese Zeit sehr unterstützend.

Gleichzeitig werden die Eltern von den GruppenleiterInnen motiviert, auch eine adäquate Unterstützung für sich selbst in Anspruch zunehmen. So konnten schon zahlreiche Eltern – die »für sich« nie eine Beratungsstelle in Anspruch genommen hätten, über den Vertrauensprozess dafür gewonnen werden, sich selbst und ihre Gefühle ernst zu nehmen und ein Unterstützungsangebot (Mediation, Beratung, Therapie,...) anzunehmen. Dies ist ein lebendiges Beispiel für Vernetzung von unterschiedlichen Angeboten für Kinder und ihre Eltern!

III. Evaluation: »Wiedererlangung des psychischen Wohlbefindens durch den Besuch einer RAINBOWS-Gruppe«

Die langjährigen Erfahrungen unserer zahlreichen Kindergruppen sind ident mit den Ergebnissen von Evaluationsstudien[67], woraus sich zusammenfassend folgender Nutzen aus Kinder-Interventionsprogrammen ableiten lässt:

Der Selbstwert der Kinder konnte gesteigert werden, und die Kinder erlernten und erprobten neue Formen der Problemlösung. Weiters zeigten sich positive Verhaltensänderungen, sowohl in der Schule als auch zu Hause, da die Kinder ihre Gefühle häufiger und besser mitteilen konnten. Die begleiteten und unterstützten Kinder brachten im allgemeinen eine höhere Frustrationstoleranz zum Ausdruck, sie konnten sich besser durchsetzen und entwickelten größere Selbstständigkeit. Ihre Ängste konnten reduziert werden und sie verhielten sich weniger aggressiv gegenüber Gleichaltrigen. Zudem sprachen sie häufiger mit ihren Eltern über das Thema Scheidung. Kindliche Schuldgefühle und Verantwortlichkeit für das Befinden der Eltern nahmen ab.

Als weiterer positiver Aspekt kann die Verbesserung des Kontakts zum getrennt lebenden Elternteil angesehen werden, da sich auch der Informationsstand des Kindes über diesen ausweitet. Dadurch und insgesamt konnte das Kind eine realistischere Sichtweise in Bezug auf die Scheidung entwickeln.

---

[67] Fthenakis W., Gruppeninterventionsprogramm (TSK), Beltz 1995.

Literatur

Bowlby J., Verlust, Frankfurt am Main 1983.

Canacakis J., Ich sehe deine Tränen, Stuttgart 1992.

Canacakis J., Auf der Suche nach den Regenbogentränen, München 1994.

Dolto F., Scheidung – Wie ein Kind sie erlebt, Stuttgart 1996.

Douglas M., Ritual, Tabu und Körpersymbolik, Frankfurt am Main 1970.

Figdor H., Scheidungskinder - Wege der Hilfe. Gießen 1997.

Jaede/Wolf/Zeller-König, Gruppentraining mit Kindern aus Trennungs- und Scheidungsfamilien, Weinheim 1996.

Montessori M., Das kreative Kind, Freiburg 1972.

RAINBOWS -«Für Kinder in stürmischen Zeiten«, Sonderheft der Zeitschrift: Weg. Informationen und Bericht für Alleinerziehende. (2) 1997.

Rupp H., Rituale – pädagogisch inszeniert. Glaube und Lernen, 13.Jg. 1998 (1) 75-87.

Spiegel Y., Der Prozeß des Trauerns, Gütersloh 1973.

Monika Prettenthaler & Birgit Jellenz-Siegel

»Was tun wir denn da eigentlich?« Grundzüge des pädagogischen Konzeptes

Theoretischer Hintergrund

Für das Konzept von RAINBOWS ist – wie bei den meisten pädagogischen Gruppeninterventionsprogrammen im deutsch- und englischsprachigen Raum – nicht eine einzelne theoretische Orientierung maßgeblich. Vielmehr fließen im eklektischen Sinn effektive Elemente verschiedener Schulen zusammen, die in ein sinnvolles und unseren Zielen entsprechendes Gesamtkonzept integriert werden.

Elemente der Gesprächs- und Gestaltpsychotherapie

So gehen in die RAINBOWS-Konzeption etwa aus der Gesprächspsychotherapie die Prinzipien von Empathie, Wertschätzung sowie Kongruenz ein[68]. Die professionelle Beziehung GruppenleiterIn-Kind zeichnet sich dadurch aus, dass die Erlebnisse und Gefühle des Kindes erfasst werden und mit einfühlsamen Verständnis (Empathie) aufgenommen werden. Dabei ist die Betonung des Hier und Jetzt von großer Bedeutung. Dieses Gefühl des Verstandenwerdens lässt wiederum das Kind lernen, sich selbst besser zu verstehen und mehr von seinem aktuellen Erleben im Bewusstsein zulassen zu können.

Wenn die Zuwendung größtenteils frei von Beurteilungen und Bewertungen der geäußerten Gefühle und Verhaltensweisen (*Wertschätzung*) ist, erfährt das Kind ein bedingungsloses Akzeptieren seiner Person, fasst dadurch Vertrauen in sein Selbst und kann das Beziehungsangebot annehmen.

---

[68] Rogers C., Therapeut und Klient. Grundlagen der Gesprächspsychotherapie, Frankfurt/Main 1989 (fischer tb).

Das Prinzip der *Kongruenz* (Echtheit) der Beziehung zeigt sich, indem die Gruppenleiterin in der Beziehung zum Kind sie selbst ist und sich ebenfalls als ganze Person einbringt, dazu stehen kann und ihre Empfindungen dem Kind mitteilt.

Für Kinder mit der Erfahrung belastender Lebenssituationen ist es meist schwierig – auf sich gestellt – die damit verbundenen komplexen Gefühle zu verstehen und zu bewältigen. Im Gegensatz zu den Erwachsenen ist weder das notwendige kognitive Verständnis der Situation noch die Ausbildung entsprechender Bewältigungsmechanismen ausgeprägt. Die Integration gestalttherapeutischer Elemente hat – neben dem Ziel sich seiner selbst bewusst[69] zu werden, vor allem das Interesse – Selbstverantwortlichkeit zu fördern. Für Kinder ist es befreiend zu erkennen, in bestimmten Situationen Verantwortung übernehmen zu können bzw. auch nicht übernehmen zu müssen und somit die Wahl zu haben, etwas zu tun bzw. es nicht zu tun.

Das Arbeitsmodell der Themenzentrierten Interaktion (TZI)
Von ihrer Grundanlage entspricht die RAINBOWS-Arbeit den Ideen der TZI, die
- in den 60-er Jahren von Ruth Cohn entwickelt – keine (psychotherapeutische) Methode der Gruppenpädagogik sein will. Vielmehr lässt sie sich als pädagogisch-didaktisches Modell[70] bzw. grundlegende Haltung und Einstellung in der Arbeit mit Gruppen charakterisieren. Die TZI[71] vertritt Axiome[72] und unterscheidet folgende:
- Das *existentiell-anthropologische Axiom*: Der Mensch ist eine psychobiologisch-soziale Einheit, er ist gleichzeitig autonom und interdependent;
- das *philosophisch-ethische Axiom*: Ehrfurcht gebührt allem Lebendigen und dessen Wachstum;
- das *pragmatisch-politische Axiom*: Es gibt keine uneingeschränkte Freiheit, der Mensch lebt unter Gegebenheiten, die seine Freiheit einschränken, Freiheit lässt sich aber erweitern.

---

[69] Durch seine ‚Selbstbewusstheit' ist das Kind in der Lage, seine Bedürfnisse und Wünsche besser voneinander zu unterscheiden und besser zu erkennen, wodurch es sich froh und wodurch es sich niedergeschlagen fühlt. In: Stevens J., Die Kunst der Wahrnehmung. Übungen der Gestalttherapie, München 1975 (Kaiser).

[70] Vgl. Stumm, G., Themenzentrierte Interaktion (TZI) in: Stumm, G./Wirth, B. (Hg.), Psychotherapie. Schulen und Methoden, Wien 1994 (Falter Verlag), 362–367.

[71] Im Folgenden orientiere ich mich weitgehend an einer Kurzdarstellung der TZI, wie diese im Beitrag: Die Themenzentrierte Interaktion als Interaktionsmodell, in: Blau, B./Bußmann, G., Kreative Unterbrechung, Kevelaer 1995 (Butzon und Bercker), 17–24, geleistet wird.

[72] Unter Axiom wird hier eine nicht abgeleitete, als richtig erkannte Aussage verstanden.

Diese Axiome können als Grundhaltungen in der theoretischen Grundlagenarbeit von RAINBOWS entdeckt werden, konkret prägen sie aber in besonderer Weise die gemeinsame Arbeit der GruppenleiterInnen mit den Kindern und Jugendlichen in den Gruppen.

Prozessorientiertes Arbeiten in dynamischer Balance zwischen den Interessen, Bedürfnissen, Gefühlen des einzelnen Gruppenmitgliedes, dem Beziehungsgefüge der Gruppe und dem Thema sind Kennzeichen dieses Ansatzes.

Es ist gerade auch dieser Versuch, ein Gleichgewicht zwischen den drei wesentlichen Komponenten des Gruppengeschehens herzustellen, der in der Arbeit von RAINBOWS den Ansatz der TZI durchscheinen lässt:

- Das *Thema* (ES) als Aufgabe der Gruppe verbindet sowohl die einzelnen TeilnehmerInnen in der Gruppe miteinander als auch mit den realen Gegebenheiten des Alltags. Kinder und Jugendliche treffen sich in den RAINBOWS-Gruppen, weil sie die Erfahrung der Trennung/Scheidung der Eltern oder des Todes eines Elternteils verbindet – so unterschiedlich dieser Verlust von
- der einzelnen *Person* (ICH) auch erlebt worden sein mag. Jedes Kind, jede/r Jugendliche ist mit dem eigenen Zugang zum Thema in der Gruppe, mit den spezifischen Gefühlen und Schwierigkeiten und beansprucht damit den Raum, den es oder er/sie dafür braucht.
- *Die Gruppe* (WIR), ein Netz von Beziehungen und Interaktionen, bildet den Boden auf dem Vertrauen, Sachlichkeit und schöpferischer Umgang mit der Thematik entstehen können. Der/die RAINBOWS-GruppenleiterIn begleitet die Dynamik der Gruppe, damit das Handeln in der Gruppe und die Auseinandersetzung mit dem Thema in möglichst optimaler Weise geschehen kann.
- Wie die Arbeit von RAINBOWS überhaupt, sind auch für jede Gruppe *Rahmenbedingungen*, äußere Gegebenheiten und die soziale, historische Umwelt (GLOBE) beachtenswert. Kinder und Jugendliche sind in ihrem Zugang zur Thematik beispielsweise natürlich vom allgemeinen gesellschaftlichen Umgang mit Trennung/Scheidung beeinflusst.

Die drei folgenden *Prinzipien* prägen als unterstützende Orientierungen auch das Agieren in einer RAINBOWS-Gruppe und fließen auch in die Festlegung der »Gruppenregeln« ein, die in ersten Treffen von der Gruppe gemeinsam formuliert werden:

- Das *Chairperson-Prinzip* zielt auf die Verantwortungsübernahme jeder Person in der Gruppe. In RAINBOWS-Gruppen ist dies seitens der (oft noch sehr jungen) Kinder nicht immer in bewusster und ausdrücklicher Weise möglich – die GruppenleiterInnen lenken ihre Aufmerksamkeit daher besonders auf diesen Bereich und sehen sich als »AnwältInnen" der Kinder, indem sie zu advokato-

Das gefhärliche Wass

rischem Handeln für die Kinder fähig und bereit sind.

- Das – wahrscheinlich allgemein bekannteste – Prinzip der TZI von der *Priorität von Störungen* besagt, dass jene emotionalen Vorgänge oder äußeren Störungsquellen Beachtung finden, die der Bearbeitung des Themas im Wege stehen. In der RAINBOWS-Arbeit sind oft gerade sogenannte »Störungen« der Weg, über den Kinder ihre Zugänge zum Thema finden. Ängste und Widerstände, sich bewusst mit den belastenden Erfahrungen im Zusammenhang mit der Trennung/Scheidung der Eltern oder dem Tod eines Elternteiles auseinanderzusetzen, fließen häufig über den – für die Kinder geschützteren – Zugang einer sogenannten »Störung« in die Gruppe und können auch so vom/von der GruppenleiterIn behutsam zum Thema gemacht werden.

- Das Prinzip der *selektiven Authentizität* besagt, dass nicht alles, was authentisch ist gesagt werden muss; das, was jemand sagt, soll aber authentisch sein. Dieser Aspekt wird in der Erarbeitung der »Gruppenregeln« ausführlich besprochen – die Kinder und Jugendlichen sollen in der RAINBOWS-Gruppe jenen geschützten und vertrauten Raum finden, in dem alles, was sie empfinden, denken und sagen ... auch ausgesprochen werden kann und gut aufgehoben ist. Sie sollen sich aber keineswegs einem Druck (der Gruppe, der/des Gruppenleiterin/s) ausgesetzt fühlen, der sie dazu bewegt, Dinge zu erzählen, die sie nicht wirklich mitteilen möchten.

Elemente des 5-Phasen-Konzeptes von Elisabeth Kübler-Ross[73]

Der inhaltliche Aufbau der Kinder- und Jugendgruppen wurde in starker Anlehnung an das 5-Phasen-Modell (Schockphase – Emotionsphase – Verhandlungsphase – Depressionsphase – Akzeptierungsphase) zur Bewältigung einer existentiellen Krise entwickelt[74].

Elemente des kreativen Trauerumwandlungsmodells (TUM) von Jorgos Canacakis[75]

Mit diesem Modell zeigt Canacakis auf, dass sich alle Menschen – Kinder wie Erwachsene – durch jahrtausendealte Notwendigkeit grundsätzlich die Fähigkeit angeeignet haben, mit Erlebnissen der Freude aber auch des Verlustes umzugehen (Trauerausrüstung: weinen, schreien, klagen; kreative Ausdrucksmöglichkeiten; Begegnung mit anderen Menschen; sich erinnern; Einsatz von Ritualen ...).

Daraus ergibt sich als ein wesentliches Element der Arbeit mit Trauernden, ihrer Trauer individuellen Ausdruck zu verleihen – »das Unfassbare muss Ge-

---

[73] Kübler-Ross E., Was können wir noch tun? 1977.
[74] Eine inhaltliche Darstellung erfolgt im Artikel dieses Buches: Jellenz-Siegel, Trauer von Kindern und Jugendlichen
[75] Canacakis, 1999.
[76] Ebda S. 210.

stalt annehmen und greifbar werden, dann verliert es seinen Schrecken und kann innerlich nicht mehr vergiften.«[76] – unter Verwendung von Methoden, die den Trauernden mit *all seinen Komponenten* betrachten (Gespräche, Fantasiereisen, kreative Elemente, Rituale, Symbole ...) und ihn auf allen Ebenen anspricht. Wenn dies nicht möglich ist bzw. nicht unterstützt wird, kann es zu Formen *lebenshindernder Trauer* kommen wie Chronifizierung, Blockade oder Depression.

Canacakis lenkt somit den Blick auf die heilsame Wirkung der Trauer. Die Frage »Trauert dieses Kind?« ist somit nicht die geeignete Frage, es geht vielmehr darum, herauszufinden »Wie unterstütze ich dieses Kind, damit seine Trauer besser fließen kann?«.

Für die Arbeit in den RAINBOWS-Gruppen konnten folgende Grundsätze dieses Modells integriert werden: [77]

Übungszentrierung (Körperzentrierung)
Im Zentrum steht das Interesse des körperlichen Wohlbefindens durch Bewegung. Diese Bewegungs- und Körperübungen dienen dazu, Spannungen zu lösen und das körperliche Gleichgewicht (wieder)herzustellen. So können z. B. Gefühle durch körperliche Aktivität nach außen getragen werden (z. B. die Wut in den Sandsack zu schlagen); die Kinder bekommen verstärkt Kontakt zu ihrem Körper und erleben, »jetzt spür' ich mich wieder«. Gleichzeitig wird das allgemeine Wohlbefinden durch Erleben von z.B. Berührung, Kraft und Geschwindigkeit erhöht.

Erlebniszentrierung
Im Zentrum stehen das Erlebte und die damit verbundenen Gefühle. Das Einbringen der eigenen Geschichte und der damit verbundenen Erlebnisse und Gefühle wird somit leichter möglich und die Kinder werden bei der bewussten Wahrnehmung und beim Ausdruck ihrer Gefühle unterstützt.

Soziozentrierung
Im Zentrum steht das »Wir-Gefühl« welches u. a. in der Kleingruppenarbeit seine Ausprägung findet. Jemanden näher kennenzulernen, der Ähnliches erlebt hat, stärkt das Selbstbewusstsein und verringert das Gefühl der Isoliertheit. Darüber hinaus vermittelt die einfühlsame Begleitung: »Es ist jemand da, der dich in deiner Trauer wahrnimmt«.

Ritualzentrierung
Im Zentrum stehen einfache strukturierte Handlungen und Rituale, die den Kindern Sicherheit, Struktur (z. B. Ankommens-, Schlussrituale, Abschiedsrituale

---

[76] Ebda S. 210.
[77] Nach Canacakis, Ausbildungslehrgang 1997.

...) und einen gewissen Gleichklang vermitteln, welche besonders in der Zeit des Umbruchs, der Veränderung und Neuorientierung einen wesentlichen Platz einnehmen. Selbstgestaltete Rituale unterstützen »im Tun« den Ausdruck der Gefühle, »jeder kreative Ausdruck wirkt heilsam«.[78]

Symbolzentrierung

Gerade Kindern erleichtert die Identifizierung mit Personen oder Tieren aus Geschichten die Bearbeitung ihrer eigenen Lebenssituation. Symbolarbeit – wie z. B. »die Schwere der Schuldsteine im Rucksack am Rücken zu spüren« – unterstützt diesen Prozess.

Durch diese Formen der Begleitung sind folgende für den Prozess notwendige Bedingungen gegeben: Trauer wird *gesehen* (Tränen, Wut, ...), *gehört* (klagen, schreien) und *verstanden* (Gespräche, Erinnerungen, ...), und somit kann sie *akzeptiert werden* und sich zu einer Kraft entwickeln, die den Trauernden schrittweise aus seiner Krise herausführt, sich nicht gegen ihn stellt[79] und ihn so lebendig bleiben lässt[80].

Literatur:

Blau, B./Bußmann, G., Kreative Unterbrechung, Kevelaer 1995 (Butzon und Bercker), 17–24.

Canacakis J./Bassfeld-Schepers A., Auf der Suche nach den Regenbogentränen, München 1994 (Bertelsmann).

Canacakis J., Ich begleite dich durch deine Trauer, Stuttgart 1999 (Kreuz).

Canacakis J., Ich sehe deine Tränen, Stuttgart [15]1999 (Kreuz).

Kast V., Trauern – Phasen und Chancen des psychischen Prozesses, Stuttgart 1997 (Kreuz).

Kübler-Ross E., Was können wir noch tun? Antworten auf Fragen nach Sterben und Tod, Stuttgart 977 (Kreuz).

Rogers C., Therapeut und Klient. Grundlagen der Gesprächspsychotherapie, Frankfurt/Main 1989 (fischer tb).

Stevens, J., Die Kunst der Wahrnehmung. Übungen der Gestalttherapie, München 1975 (Kaiser).

Stumm, G./Wirth, B. (Hg.), Psychotherapie. Schulen und Methoden, Wien 1994 (Falter Verlag), 362–367.

---

[78] Canacakis, Auf der Suche nach den Regenbogentränen, S. 210, 1994.

[79] »Umwandlung der lebenshindernden Trauer in lebensfördernde Trauer", Canacakis, 1999.

[80] Canacakis, Auf der Suche nach den Regenbogentränen, S. 217, 1994.

UMHÜLLT VON EINEM REGENBOGEN

ASPEKTE AUS DER PRAXIS

Karin Madensky

Zur Motivation der Kinder, eine RAINBOWS-Gruppe zu besuchen

Die freiwillige Teilnahme und die »Gruppenfähigkeit« der Kinder sind Voraussetzungen für die Arbeit von RAINBOWS, sie ermöglichen letztlich einen regelmäßigen Besuch, wodurch die notwendige Kontinuität und Stabilität der Gruppe sichergestellt wird.

Obwohl sie von den Eltern informiert wurden, zeigen viele Kinder in der ersten Stunde natürlich noch Unsicherheiten, da sie noch nicht genau wissen, was hier konkret auf sie zukommt. Diese erste Stunde gilt daher für viele als »Schnupperstunde«, nach der die Kinder selbst ihre eigene Entscheidung über die weitere Teilnahme treffen können.

Nicht nur, weil sie für das Kind die Entscheidungsgrundlage dafür bildet, ob es wiederkommen möchte, nimmt die erste Einheit des Kennenlernens einen wichtigen Stellenwert ein. Denn die Art und Weise des Beginns beeinflusst zumeist den weiteren Verlauf der Gruppe und somit auch die Qualität der Gruppe, mit der die einzelnen TeilnehmerInnen die Gruppe führen.

Je besser es den GruppenleiterInnen gelingt, einen Prozess einzuleiten, in dem den Kindern die Möglichkeit eröffnet wird, sich miteinander vertraut zu machen und sich selber um einen Zusammenhalt der Gruppe zu bemühen, umso größer wird die Motivation sein, an dieser RAINBOWS-Gruppe teilzunehmen und der Wunsch sein, ein Teil dieser Gruppe zu bleiben.

In der nun folgenden theoretischen Reflexion von Motivationsstufen soll gezeigt werden, welche Teile und in welcher Form diese in der RAINBOWS-Arbeit Berücksichtigung finden.

Die Stufen des Könnens, Mögens und Dürfens sind als Basis für Motivationsentwicklung ausschlaggebend:

- Damit Motivation entstehen kann, muss Vertrauen bzw. Vertrautheit da sein. Vertrauen vor allem in die vorliegende Umgebung, in die Personen, die daran teilnehmen und in die »Sache«, die man macht. Aus diesem Grundvertrauen kann sich ein weiteres Vertrauen in sich und seine eigenen Fähigkeiten (weiter)entwickeln.

Um diese Motivationsentwicklung zu stützen, bemühen sich RAINBOWS-GruppenleiterInnen, den Kindern von Beginn an den nötigen Raum zu schaffen, in dem sich ein Zusammenhalt unter den Kinder entwickeln kann.

Gleich in der ersten Stunde müssen die Rahmenbedingungen für die Kinder offengelegt werden:

- Damit die Kinder die Möglichkeit haben, den Raum und seine Beschaffenheit entdecken, kennenlernen und wahrnehmen zu können.
- Damit die Kinder gleich von Beginn weg wissen, was sie hier erwarten wird.
- Damit sich die Kinder kennenlernen und miteinander vertraut machen können.
- Damit die Kinder von der/dem GruppenleiterIn und die/der GruppenleiterIn von den Kindern einen ersten persönlichen Eindruck gewinnen können.

Einen Teil dieser Rahmenbedingungen stellen sicherlich die Gruppenregeln dar, die gleich in der ersten Stunde gemeinsam ausgehandelt werden. Die Kinder können dadurch mitbestimmen, was hier passieren soll und was hier nicht passieren darf. Das Aushandeln der Gruppenregeln und das gemeinsame Gestalten eines Plakates dazu, stellt die erste gemeinsame Arbeit der Gruppe dar und kann als erstes positives Gruppenerlebnis »mitgenommen« werden.

Die Gruppenregeln dienen als verbindendes Element, als Rahmen für die Gruppe, in dem sich die Kinder bewegen können und dadurch einen Schutzraum für ihr individuell Er- und Verarbeitetes erhalten.

Das gesamte RAINBOWS-Konzept ist darauf ausgelegt, dass die/der GruppenleiterIn bei dem Kind steht. Im Mittelpunkt steht dabei die Arbeit mit den Kindern und ihren Bedürfnissen. D. h. der/die GruppenleiterIn lässt sich weder für die Bedürfnisse und Erwartungen der Eltern, noch für die Bedürfnisse und Erwartungen der Eltern an ihre Kinder im Rahmen der Arbeit mit den Kindern instrumentalisieren.

Insofern signalisiert diese Haltung der/des Gruppenleiterin/s schon eine ei-

gene Beziehungsqualität zwischen ihr/ihm und den Kindern. Eine der Gruppenregeln beinhaltet auch, dass das, was in diesem Raum gesagt wird, nicht nach
außen getragen wird. Die Eltern werden gebeten, ihrem Kind diesen Raum zu
gewähren; indem sie nicht nachfragen, sondern abwarten, was ihr Kind ihnen
über den Stundeninhalt mitteilen möchte. Zusammengefasste Eindrücke aus
dem Gruppengeschehen werden den Eltern von den GruppenleiterInnnen freilich mitgeteilt. Die Kinder fühlen sich dadurch entspannt und sicher. Sie können hier so sein, wie sie sind und das sagen, was ihnen am Herzen liegt.

Mit dem Erhalt einer eigenen RAINBOWS-Mappe in der ersten Stunde können persönliche Unterlagen gesammelt werden, auf die niemand anderer Zu-
griff hat als die Kinder selbst. Wo diese aufgehoben wird und wer sie anschau-
en darf, wird von den Kindern selbst bestimmt.

Neugierde und Interesse auf weiteres Material im Laufe der weiteren Stunden kann geweckt werden.

Die Kinder sollten von der ersten Stunde an das Gefühl haben, »erwartet« zu
werden, damit sie merken, einen Platz im Raum und in der Gruppe zu haben
und diesen einnehmen zu können. Dazu wird z. B. der Raum für die Kinder liebevoll gestaltet, ihre Mappen und Materialien bereitgelegt und/oder eine große
RAINBOWS-(Schatz)kiste für sie bereitgestellt. Die Kinder können auch ein
Stück von Zuhause mitnehmen, wie persönliche Fotos oder ihren Lieblings-
gegenstand. Die Kinder können ihren Platz in der Gruppe auch besser einnehmen, wenn man ihnen am Anfang spielerisch dabei hilft; z. B. Spiele, die den
eigenen Namen, seine Herkunft und seine Bedeutung näher beleuchten.

Am Beginn jeder Stunde erfolgt eine Rückschau auf (das) vorhergehende
Treffen und am Ende einer Stunde wird ein Ausblick auf die darauffolgende
Stunde gegeben. Damit haben die Kinder die Möglichkeit, sich mit der Gruppe
zu beschäftigen und sich mit ihr zu identifizieren.

Es kann Neugierde auf die weiter folgenden Stunden entstehen.
Je sensibler der Einstieg erfolgt, umso besser können erste Ängste und Unsicherheiten gemildert werden.

Der/dem GruppenleiterIn gelingt dies am Besten, indem sie/er die Bedeutung jedes einzelnen Kindes für die Gesamtgruppe hervorhebt. Das kann erreicht werden durch Einstiegsrunden, durch die alle die Möglichkeit erhalten,
»ankommen« zu können und erfassen zu können, wie es jedem einzelnen jetzt
so geht und wer alles ein Teil von dieser neuen Gruppe ist. Viele methodische
Spiele bieten die Möglichkeit, den Zusammenhalt einer Gruppe zu stärken.
Spiele, die Unterschiede und Gemeinsamkeiten der Kinder klar aufzeigen.
Somit wird zu einer intensiveren Auseinandersetzung mit der eigenen Person
und ihrer Bedeutung für die und in der Gruppe beigetragen. Durch spiel-

pädagogische Impulse werden themenzentrierte Erarbeitungen erleichtert bzw. zwischenzeitlich aufgelockert. Denn es darf ja nicht vergessen werden, dass RAINBOWS auch ein Ort ist, an dem neben den »ernsten«, tief- und nahegehenden Themen »auch« gespielt, gezeichnet, gewerkt, gebastelt, gelacht, sich bewegt und »auch Unfug« gemacht wird. Die Kinder werden in ihrer Kreativität gefördert und zeigen sich, den Erfahrungswerten nach, durch das vielseitige Angebot sehr motiviert, diese in den Stunden frei zu entfalten.

Von Beginn an erleben sich die Kinder unter Gleichaltrigen, sind im Erfahrungsaustausch mit anderen, erfahren Gemeinsamkeiten und Unterschiede jedes Gruppenmitgliedes. Das stellt ein (ver)bindendes Element dar.

All dies schafft eine Atmosphäre, die den Kindern Geborgenheit, Halt und Orientierung anbietet. Ein Ort, an dem durch das Erleben und Ausprobieren wieder Vertrauen in sich, in andere und in sein Umfeld gewonnen werden kann. Aus diesem Klima bilden sich auch oft Freundschaften, die oft über den Gruppenbesuch hinaus bestehen. Das bindet natürlich und hält die Motivation zu kommen aufrecht bzw. beeinflusst diese positiv.

- Motivation beinhaltet auch immer Neugierde, und damit diese geweckt werden kann, muss bei den Kindern das Gefühl erreicht werden, dass sie sich hier einlassen wollen und dadurch jeglichem Angebot neugierig und offen begegnen können.

Dieses Gefühl des »Hiersein-Mögens«, erreicht die/der GruppenleiterIn am Besten durch das Beobachten der individuellen Bedürfnisse und Vorlieben der einzelnen Kinder aber auch der Gesamtgruppe. Durch eigene sensible Abschätzung wird damit gewährleistet, den Bedürfnissen der Gruppe nachzukommen und dadurch ein breitgestreutes Angebot an diversen Methoden im Interesse der Kinder zu setzen.

Das beinhaltet auch, den Kindern die eigene aktive Gestaltung der Gruppenstunde zuzutrauen. D. h. als GruppenleiterIn zu erkennen, wann sie/er sich von Zeit zu Zeit auch mal aus dem Gruppengeschehen zurückziehen sollte.

Ein großes Repertoire an methodischen Inhalten und eine sichere Gruppenführung, erhöht die Flexibilität im Umgang mit den geplanten Stundenvorbereitungen. Das gewährt einen größeren Spielraum für alle Beteiligten im Umgang mit den tatsächlichen Bedürfnissen in dieser RAINBOWS-Stunde. Denn nicht immer entspricht die vorgesehene Stundenplanung den momentanen Bedürfnissen der Kinder. Die Kinder erleben während des RAINBOWS-Gruppenverlaufs auch immer wieder überraschende Veränderungen, die Irritationen auslösen können (neue Partnerschaft oder Hochzeit eines Elternteils, Zerwürfnis mit der/dem eigenen FreundIn). Diese Gefühle werden in die Stunde mitgenommen und können dafür sorgen, dass die geplante Vorbereitung nicht aufgenommen werden möchte. Je mehr Information sich die GruppenleiterInnen einholen und je besser sie die Kinder »wahrnehmen«, umso leichter können sie das Kind dort abholen, wo es steht. Es fällt ihr/ihm und den Kindern dadurch leichter, den richtigen Umgang für die jeweiligen Stunden zu finden. Da sich die Kinder mit all ihren Wünschen und Bedürfnissen angenommen, verstanden und ernst genommen fühlen.

- Damit Motivation entstehen und aufrecht gehalten werden kann, muss das Gefühl vorherrschen, dass man so, wie man ist, gut ist; dass das, was man hier tut, seine Berechtigung hat. Darin liegt die Akzeptanz, die man einer Person entgegenbringt. Diese ermöglicht ihr erst den Raum zur freien Entfaltung. So kann Kreativität und Lust am Geschehen wachsen und steigert die Motivation da zu sein, mitzumachen und sich einzulassen.

Eine Grundhaltung bei RAINBOWS ist die Akzeptanz den Kindern gegenüber.

Eine Haltung, die die Botschaft enthält: »Wir dürfen so sein, wie wir sind mit all unseren Gefühlen.«

Das wird gezeigt, indem »RAINBOWS-Kinder« zu keiner Aussage »gezwungen« werden. Den Zeitpunkt selbst bestimmen können, ob und wann sie sich themenzentriert äußern möchten. Es kommt auch vor, dass Kinder nichts über ihre Familiensituation erzählen möchten und auch das hat in einer RAINBOWS-Stunde seinen Platz.

Es kann also das Gefühl »mit mir ist alles in Ordnung/mit mir stimmt alles« als Basis wirken, und das schafft eine Erleichterung für die Teilnahme und den Motivationserhalt an diesem gruppenpädagogischen Ansatz einer RAINBOWS-Gruppe und erweitert den Handlungsspielraum im Gruppengeschehen.

Elisabeth Wöran

Vom Wert der Gruppe für die Kinder

RAINBOWS bietet die Begleitung bei Trennung/Scheidung oder Tod eines Elternteiles innerhalb eines gruppenpädagogischen Konzeptes an, das die Vorteile einer Selbsthilfegruppe mit den Vorteilen einer individuellen Begleitung verbindet.

In einer Gruppe werden vier bis fünf Kinder altersspezifisch von einer/m GruppenleiterIn bzw. sechs bis sieben Kinder von zwei GruppenleiterInnen betreut. Die GruppenleiterInnen sind speziell fachlich geschult. Durch die geringe Kinderanzahl in den RAINBOWS-Gruppen ist die Gruppe gut überschaubar und die individuelle Begleitung der einzelnen Kinder gewährleistet, außerdem ist ein Ausgleich von eher lebhaften und ruhigeren Kindern möglich. In der kleinen Gruppe ist das Beziehungsangebot zwischen den Kindern untereinander und zwischen Kindern und GruppenleiterIn vertieft, daher entsteht leichter Vertrauen, das wiederum Sicherheit gibt.

Andererseits nimmt die Gruppensituation den Druck vom Kind, der sich bei einzelner Betreuung des Kindes einstellen kann, z. B. dass es sich selbst als fehlerhaft oder mangelhaft erlebt, wenn es zur Einzeltherapie oder -beratung gebracht bzw. geschickt wird.

Wie auch in Selbsthilfegruppen für Erwachsene, ist das Erleben der Kinder, dass sich andere in einer ähnlichen Situation wie sie selbst befinden und ähnliche Gefühle dazu haben, sehr entlastend. Gerade der Austausch mit Gleichaltrigen ist für die Kinder wichtig, da sie in der Schule oder auch mit FreundInnen oft nicht über ihre Situation und die damit verbundenen Gefühle sprechen. Erfahrungsgemäß lässt sich jedoch alles leichter begreifen und bearbeiten, wenn Unterstützung durch die Gruppe stattfindet.

Eine der wichtigsten Gruppenregeln ist die Vertraulichkeit. Alles, was in der Gruppe besprochen, gestaltet oder sonst wie geäußert wird, bleibt in der Gruppe, wird nicht nach außen getragen. Erst diese Vertraulichkeit ermöglicht es den Kindern, sich auf ihre Gefühle einzulassen und sie zu äußern. Unsere Erfahrungen zeigen, dass dieser geschützte Rahmen erst ein konstruktives Arbeiten mit den Kindern zulässt.

Eine weitere wichtige Regel ist, dass niemand etwas sagen muss, wenn er oder sie nicht will. Gerade Kinder, die uns eher als verschlossen beschrieben wurden, begannen meist nach kurzer Zeit, von sich aus zu sprechen. Sobald die Kinder Vertrauen in die Gruppe aufbauen konnten und ihren Platz gefunden hatten, wurden sie gesprächig.

Benötigen viele Kinder die ersten Gruppenstunden noch zur Orientierung und langsamen Annäherung, so kann die Gruppe nach einigen Treffen die Vertrautheit bereits soweit gestärkt haben, dass auch stille bzw. schüchterne Kinder bereit sind, sich zu öffnen und sich auf ihren Prozess einzulassen.

Von der/dem GruppenleiterIn sind dabei behutsame Interventionen notwendig, um den individuellen Prozess der Kinder und den Gruppenprozess förderlich zu begleiten und zu unterstützen.

Gruppenregeln, für den Umgang miteinander, werden ebenso gemeinsam mit den Kindern erarbeitet und fließen in die Gruppendynamik mit ein.

Durch die Arbeit mit den Kindern in ähnlichem Alter können altersbezogene Materialien, Arbeitsunterlagen und Methoden, wie sie im RAINBOWS-Methodenkompendium vorgesehen sind, individuell angepasst für die jeweilige Kindergruppe eingesetzt werden.

Christina Kohlfürst

Über die Beziehung zum/zur GruppenleiterIn

RAINBOWS konzentriert sich darauf, Kindern eine Gruppe und deren Begleitung anzubieten, wo sie ihre Gefühle spüren dürfen, darauf hören können und wo sie im Rahmen eines bewussten Miteinanders Beziehungen eingehen, gestalten und vertiefen können[81]. Gerade für Kinder bis zum frühen Schulalter bedeutet die Beziehung zu ihrem RAINBOWS-Gruppenleiter/ihrer RAINBOWS-Gruppenleiterin eine Erweiterung ihrer Bezugspersonen. Während der Begleitung über ca. ein halbes Jahr tritt die/der GruppenleiterIn sehr intensiv in einen Austausch mit den Kindern und Jugendlichen und erlebt in dieser Zeit immer wieder viele persönliche Momente mit diesen. Traurige, nachdenkliche aber auch lustige Augenblicke, die jede Gruppe einzigartig erscheinen lassen.

Der Entwicklungsprozess einer RAINBOWS-Gruppe

Als GruppenleiterIn ist mir bewusst, dass individuelle Merkmale und Charaktereigenschaften der Kinder, das soziale Umfeld aus dem sie kommen (Schule, sonstige Netzwerke), die familiären Bedingungen, sowie die derzeitigen psychischen Befindlichkeiten der Kinder den Entwicklungsprozess beeinflussen.

Am Anfang des entstehenden Gruppenprozesses erlebe ich die Kinder häufig unsicher. Viele Kinder benötigen die ersten Treffen zur Orientierung, zur langsamen Annäherung, daher versuche ich, durch das Setzen behutsamer Interventionen diesen Prozess zu verstärken und gehe dabei auch auf individuelle Entwicklungsprozesse ein. Ein ähnlicher Aufbau der Einheiten lässt Vertrautheit entstehen. Gemeinsam entwickeln die Kinder und ich Rituale, die Struktur

---

81 Vgl. Prettenthaler, M. (Hg.), Handbuch für RAINBOWS-Gruppenleiter/innen, Graz 2005 (Eigenverlag).

und Halt vermitteln sowie Sicherheit geben und Übergänge schaffen. Wichtig ist auch, dass jedes Kind seinen »Platz« in der Gruppe findet und sich dabei wohl fühlt. Ich vermittle den Kindern auch, dass sie sich soweit einlassen können wie sie möchten. Kein Kind wird gezwungen etwas zu erzählen, wofür es möglicherweise noch keine Sprache hat. Auf meine Frage: »Was brauchst du Anna, um dich wohl zu fühlen?«, meinte das 9-jährige Mädchen nach einer kurzen Nachdenkpause zu mir und zur Gruppe: »Dass ich nichts erzählen muss, was ich nicht will!«

Da dieser Prozess des Sich-Einlassens ein wechselseitiger ist, fragen die Kinder immer wieder nach der Erfahrung der Gruppenleiterin/des Gruppenleiters. In diesem Zusammenhang sind Kongruenz und Ehrlichkeit zwei wichtige Aspekte, da die Kinder nach ehrlichen und persönlichen Antworten suchen. Gerade indem den Kindern mit Wertschätzung begegnet wird, können sie erfahren, dass sie, so wie sie sind, an- und ernst genommen werden.

Eine Atmosphäre zum Wohlfühlen ...

Sich auf einen Gruppenprozess einzulassen bedeutet manchmal auch, Abstand zu nehmen von meinen eigenen Ideen und offen zu sein für die Impulse (Spiele, Diskussionen etc.) der Kinder und Jugendlichen. Die Kinder können so lernen, differenzierter die veränderte Situation wahrzunehmen, ihre Sichtweisen zu erweitern und erfahren möglicherweise neue Formen des Umgangs oder Lösungsansätze für die persönliche Situation. Ich stelle den Kindern Raum zur Verfügung, wo sie verschiedene Übungen oder sogar neue Methoden ausprobieren können, was sie als »Erfahrungsschatz« mitnehmen. Einmal Wut raus zu lassen, indem die Wutklumpen aus Ton auf den Boden geknallt werden, oder in die Rolle eines Elternteils zu schlüpfen im Rahmen einer »Talkshow«, ohne dass jemand darüber lacht oder eine abfällige Bemerkung darüber abgibt. Wenn die Kinder und Jugendlichen einander vertrauen, dann passiert es auch, dass sie sich »Luft machen« wie z. B. über den anstehenden Schularbeitenstress, den Krach mit der besten Freundin und vieles mehr.

... und Raum für wichtige Erfahrungen

In der Gruppe werden die Kinder angeregt, belastende Unklarheiten wahrzunehmen und auszudrücken. Bislang fehlende Sachinformationen werden durch den Gruppenleiter/die Gruppenleiterin zur Verfügung gestellt. Aufgrund der Themen, die ich einbringe und der entstehenden Auseinandersetzung, gewinnen die Kinder die Kompetenz, ihre persönliche Geschichte in einen für sie verständlichen und fassbaren Zusammenhang zu bringen und entsprechende Begrifflichkeiten für die Kommunikation mit Dritten zu finden.

Wichtig in der Begleitung der Kinder ist der Fokus auf ihre Ressourcen und

Stärken. In der Gruppe haben sie die Möglichkeit, ihre Ressourcen kennenzulernen und die Erfahrung zu machen, sehr wohl mit schwierigen Situationen umgehen zu können. Sie in ihrem Selbstvertrauen zu stärken, sehe ich als eine wesentliche Aufgabe in der Begleitung, gerade in einer Zeit, in der ihr Selbstwert und ihr Vertrauen in andere möglicherweise erschüttert ist. Durch die Stärkung ihres Selbstbewusstseins beginnen Kinder, mutig nachzufragen nach dem »Warum« der Trennung. Es liegt an den Eltern, diese Herausforderung anzunehmen und die Reaktionen ihrer Kinder als Zeichen aktiver Auseinandersetzung mit ihrer neuen Lebenssituation zu betrachten. Der 14-jährige Fabian erzählte während der ersten zehn Treffen nichts über seine familiäre Situation. Beim elften Treffen zog er plötzlich ein Foto seines Vaters aus seiner Hosentasche. Er erzählte, dass sich seine Eltern scheiden ließen, als er noch ganz klein war. Nach der Scheidung ist der Vater nach Amerika gegangen, wo er bei einem Autounfall Jahre später ums Leben kam. Fabian kann sich kaum an seinen Vater erinnern. »Aber weißt du«, meinte er zu mir, »irgendwann, wenn ich älter bin, möchte ich mich auf die Spurensuche meines Vaters machen und Leute treffen, mit denen er in Kontakt war. Mit meiner Mama habe ich darüber auch schon gesprochen. Die findet das gut!"

Gegen Ende der vierzehn Treffen werden die Kinder und Jugendlichen auf den Abschied von der Gruppe vorbereitet. Aber auch mein Abschied als Gruppenleiterin von den Kindern steht bevor. Beim gemeinsamen Pizzaessen quatschen wir über unsere Erlebnisse in der Gruppe, lachen über gemeinsam erlebte lustige Situationen und tauschen uns darüber aus, mit wem die Kinder künftig über ihre Sorgen oder Ängste reden können. Ich frage die Kinder nach Ideen, wie sie – wenn sie möchten – miteinander in Kontakt bleiben können. So können die Kinder den Abschied als positiv bewerten und haben die Möglichkeit einer »Abschiedserfahrung«, die bewältigbar ist. Diese Erfahrung kann ein wichtiges Gegengewicht zu ihren bisherigen Erlebnissen darstellen.

Simone Baumgartner

Erlebnisse von Trennung und Tod in derselben RAINBOWS-Gruppe

Als Gruppenleiterin bekommt man oft die Frage gestellt, wieso Kinder, deren Eltern getrennt/geschieden[82] leben und Kinder, die einen Elternteil durch Tod verloren haben, ein und dieselbe Gruppe besuchen. Die Antwort auf diese Frage ergibt sich aus dem Verständnis von RAINBOWS als Begleitung für Kinder mit Verlusterlebnissen.

Die Reaktionen eines Kindes sowohl auf eine Trennung der Eltern als auch auf den Tod eines Elternteils sind Trauerreaktionen auf ein Verlusterlebnis.
Der Tod eines Elternteiles bedeutet für ein Kind einen unwiederbringlichen Verlust einer wichtigen Bezugsperson. Eine Trennung der Eltern kann zweierlei heißen: Sind beide Elternteile weiterhin für das Kind präsent, muss es lernen, sich von einer 3-Ebenen-Beziehung (Vater-Mutter-Kind) zu verabschieden und in zwei getrennten Beziehungen zu leben. Geht der Kontakt zu einem Elternteil völlig verloren, muss es mit einem realen Verlust einer geliebten Person leben lernen.

Unterschiede und Gemeinsamkeiten der Trauerreaktionen

Sowohl bei einer Trennung der Eltern als auch bei dem Tod eines Elternteiles ist das Kind mit ähnlichen Gefühlen konfrontiert. Sie werden vom Kind jedoch als unterschiedlich »erlaubt« erlebt. Gefühle wie Trauer, Angst, Verzweiflung oder Einsamkeit sind für die Umwelt in beiden Fällen verständliche Reaktionen. Wut, Aggression und Schuld sind bei einer Trennung jedoch von der Gesellschaft eher nachvollziehbar als bei dem Tod eines Elternteils. Wut auf den Elternteil, der gestorben ist, also das Kind für seine Begriffe verlassen hat, darf

---

82 Trennung/Scheidung wird in der Folge als Trennung bezeichnet.

oft nicht geäußert werden, und die Frage des Schuldseins am Tod wird vom Kind meist nicht laut gestellt.

Abhängig vom Ereignis zeigen sich auch Unterschiede in den Verarbeitungsmöglichkeiten des Erlebten: Ein Kind, dessen Elternteil gestorben ist, hat die Möglichkeit, sämtliche Energie dazu einzusetzen, den Verlust, der nicht mehr rückgängig gemacht werden kann, zu betrauern und somit zu verarbeiten. Bei einer Trennung dauert es oft sehr lange, bis für ein Kind ein endgültiger Abschied von einer gewohnten Familiensituation möglich ist, da die Nachscheidungsphase mit sehr viel Hoffnung auf Versöhnung der Eltern verbunden sein kann.

Trauerphasen

Trauer ist ein Prozess, der in jedem Menschenleben vorkommt. In Abhängigkeit von Alter und Persönlichkeit trauert jeder Mensch anders. Trotzdem lassen sich Trauerphasen feststellen, die durch verschiedene Ereignisse, wie Trennung der Eltern oder Tod eines Angehörigen, ausgelöst werden. Kinder, die in eine RAINBOWS-Gruppe kommen, können sich in unterschiedlichen Trauerphasen befinden und werden in der Entwicklung des Trauerprozesses unterstützt.

Anhand des 4-stufigen Trauermodells von Hilarion Petzold sind Überschneidungen zwischen den beiden Themen Trennung und Tod ersichtlich:

1. *Schock, Verleugnung:* Ein Betroffener befindet sich in einem schockartigen Zustand, der ihn unfähig macht, die Wirklichkeit des Verlustes anzuerkennen.
   Peter, 5 Jahre: »Meine Eltern haben sich immer lieb. Wir wohnen alle in einem Haus.«[83]
   Daniel, 12 Jahre: »Mein Vater lebt in Südafrika. Ich habe ihn schon lange nicht mehr gesehen. Diesen Sommer werde ich ihn aber besuchen.«[84]

2. *Kontrolle:* Da das Zulassen der Gefühle zu schmerzhaft sein kann, wird versucht, sie unter Kontrolle zu halten. Die Anforderungen des Alltags müssen bewältigt werden. In dieser Phase werden Gefühle häufig verleugnet.
   Peter, 6 Jahre: »Ich habe meine Mama schon lange nicht mehr gesehen, aber das macht mir überhaupt nichts aus. Können wir jetzt endlich spielen?«[85]
   Nina, 12 Jahre: »Ich muss gerade sehr viel für die Schule lernen. Ich habe gar keine Zeit, um an den Papa zu denken.«[86]

---

[83] Die Trennung der Eltern lag noch nicht lange zurück. Peter hatte die Verleugnungsphase jedoch noch nicht überwunden. In seinen Erzählungen lebte die Familie noch ein gemeinsames Leben.

[84] Daniels Vater starb ein Jahr zuvor bei einem Verkehrsunfall in Südafrika. Erst in den letzten Treffen der RAINBOWS-Gruppe konnte er davon erzählen. Er verweilte sehr lange in der Schock- bzw. Verleugnungsphase.

[85] Peter hatte seine Mutter nach ihrem plötzlichen Auszug nicht mehr gesehen. Wenn dies in der Gruppe thematisiert wurde, betonte er immer wieder, dass ihm dies nichts ausmache und lenkte sofort auf ein anderes Thema ab. Sein Vater erzählte, dass Peter wieder begonnen hatte einzukoten.

[86] Ninas Vater beging Suizid. Sie wirkte sehr emotionslos, wenn sie von seinem Tod sprach. Sie benötigte sehr viel an Energie, ihre Emotionen unter Kontrolle zu halten. Dies wirkte sich so aus, dass sie zu dieser Zeit sehr oft krank war.

3. *Turbulenz:* Der Trauernde fragt nach dem »Warum«, bricht in Verzweiflung aus und kann seinen Schmerz ausdrücken. Dies bedeutet den Beginn des Abschieds.

Melanie, 4 Jahre: Als in der RAINBOWS-Gruppe über angenehme und unangenehme Gefühle gesprochen wurde, legte sich Melanie auf meinen Schoß und begann leise vor sich hin zu weinen. Sie schluchzte und sagte plötzlich: »Ich bin so traurig, dass der Papa nicht mehr da ist.« Danach konnte sie sich langsam wieder beruhigen. Zuvor hatte sie die Trennung noch nie angesprochen.

Thomas, 10 Jahre: »Ich bin so zornig auf den Papa, dass ich jetzt ohne ihn bin. Aber die Mama sagt, dass er ja nichts dafür kann. Das weiß ich ja eh, aber trotzdem bin ich traurig und zornig.«[87]

4. *Akzeptanz und Neuorientierung:* Nach ausreichender Turbulenz beginnt der Trauernde den erlittenen Verlust zu akzeptieren. Daraus folgende Konsequenzen werden ihm bewusst und Chancen zu neuer Lebensgestaltung werden wahrgenommen.

Claudia, 13 Jahre: »Ich habe mich entschlossen, zu Papa zu ziehen. Das heißt nicht, dass ich meine Mama weniger gern habe. Das ewige Hin und Her geht mir schon so auf die Nerven.«[88]

Matthias, 12 Jahre: »Ich bin schon noch oft sehr traurig, dass meine Mama tot ist. Dann muss ich auch immer wieder weinen. Aber irgendwie ist das immer weniger geworden. Und ich weiß ja auch, dass sie in meinem Herz wohnt.«[89]

Diese Phasen können bei jedem Kind anders verlaufen. Sie können sich vermischen, sich überlappen oder in einer anderen Reihenfolge ablaufen. Auch die Dauer und die Intensität kann unterschiedlich sein.

Leitung einer gemischten Gruppe

Es kommt sehr häufig vor, dass an einer RAINBOWS-Gruppe mehrere Kinder teilnehmen, deren Eltern getrennt leben, aber nur ein Kind, das einen Elternteil durch Tod verloren hat. Diese Gruppenzusammensetzung kommt durch die unterschiedlichen Häufigkeiten der Ereignisse Trennung und Tod eines Elternteiles zustande.

---

[87] Thomas Vater starb bei einem Arbeitsunfall. In der RAINBOWS-Gruppe war er von Anfang an sehr aufgewühlt, konnte aber sehr offen über seine Gefühle sprechen. Hier war es ihm erlaubt, Wut auf seinen Vater und somit auf das Verlassensein empfinden zu können.

[88] Claudia pendelte nach der Trennung der Eltern in Wochenabständen zwischen Vater und Mutter. Im Laufe der RAINBOWS-Gruppe traf sie die Entscheidung, zu ihrem Vater zu ziehen. Das Pendeln zwischen zwei Wohnungen belastete sie mit zunehmendem Alter sehr. Sie konnte erkennen, dass dies nicht eine Entscheidung gegen ihre Mutter, sondern für einen Wohnsitz war.

[89] Matthias Mutter war nach langer, schwerer Krankheit gestorben. Er zog sich daraufhin sehr zurück. In der RAINBOWS-Gruppe konnte er langsam wieder Freundschaften schließen. Dies war ihm möglich, da die anderen Kinder sehr behutsam mit ihm umgingen.

Natürlich ergibt sich in einer Gruppe, in der ein Mitglied durch eine Besonderheit ausgezeichnet ist, eine andere Dynamik als in einer sehr homogenen Gruppe. Als Gruppenleiterin muss man sich dessen bewusst sein und schon in der Vorbereitung darauf achten. Mir erscheinen vor allem zwei Punkte in der Leitung von gemischten Gruppen von Bedeutung:

1) Nimmt ein Kind, dessen Elternteil verstorben ist, an einer RAINBOWS-Gruppe teil, ist es von Anfang an wichtig, dass die Themen Trennung und Tod zu gleichen Teilen in der Gruppe Platz finden. Wird z. B. eine Geschichte über einen Besuchstag gemeinsam gelesen, muss das Kind, dessen Elternteil verstorben ist, mit einbezogen werden. Es soll nach seiner Meinung und nach seinen Gefühlen gefragt werden. Es ist von großer Bedeutung, dass sich dieses Kind nicht ausgegrenzt fühlt. Sehr wichtig erscheint mir, mit der Gruppe zu erarbeiten, wo sich die Situationen der Kinder unterscheidet und wo sich Gemeinsamkeiten zeigen.

2) Bei der Leitung von RAINBOWS-Gruppen unterschiedlichen Alters habe ich beobachtet, dass Kinder meist keine Scheu haben, sich mit einem anderen Kind über den Tod des Elternteils zu unterhalten. Über den Tod zu reden, ist für Kinder nicht so mit Angst besetzt wie für Erwachsene. Dies zeigt sich darin, dass die Kinder sehr viele und auch detaillierte Fragen an das betreffende Kind stellen. Sie sind sehr an der Lebenssituation, den Gefühlen und an der momentanen Befindlichkeit des Halbwaisenkindes interessiert. Es kommt auch immer wieder vor, dass offen Vergleiche gezogen werden, wie z. B. wem es denn nun besser oder schlechter gehe. Dieses gesteigerte Interesse besteht vor allem in der Gruppenanfangsphase, geht dann aber oft wieder zurück. Es kann jedoch auch dazu kommen, dass dieses Kind eine Sonderrolle erhält. Dem kann man entgegenwirken, indem – falls organisatorisch möglich – mindestens zwei Kinder, deren Elternteile gestorben sind, eine Gruppe besuchen.

Wenn widersprüchliche Gefühle aufeinandertreffen, oder wenn es einem Kind unmöglich ist, Gefühle auszudrücken, können sich verschiedene Symptome entwickeln. Als RAINBOWS-Gruppenleiterin versuche ich nicht, diese Symptome zu bekämpfen, sondern sie als Sprache zu verstehen und durch sie zu kommunizieren. Die Kinder sollen in einer Gruppe die Möglichkeit bekommen, sich mit den Gefühlen, die sie mitbringen, auseinanderzusetzen. Das heißt, dass die Trauerphase, in der sich ein Kind gerade befindet, als Ausgangspunkt für die individuelle Trauerbegleitung akzeptiert werden muss.

Wichtige Ziele einer RAINBOWS-Gruppe sind also, zu erkennen, dass man Gefühle zulassen darf und dass es für sie auch adäquate Ausdrucksmöglichkeiten gibt. Dies scheint mir unabhängig davon möglich zu sein, ob die Trauer durch Trennung der Eltern oder durch Tod eines Elternteiles verursacht wurde.

Elisabeth Waibel-Krammer

Wenn Geschwister dieselbe RAINBOWS-Gruppe besuchen ...

Trotz starker Betroffenheit aller Kinder eines Familiensystems durch Trennung/Scheidung oder Tod eines Elternteils reagieren Geschwister nach außen sichtbar häufig sehr unterschiedlich. Eltern wissen oft wenig über das Ausmaß, in dem sich ihre Kinder austauschen, gemeinsame Strategien entwickeln und gegenseitig stützen und nehmen natürlich das Kind, das offensichtlich mit der Situation größere Probleme zeigt, stärker wahr. Das führt dazu, dass häufig zuerst nur ein Kind aus einer Mehrkindfamilie zu einer RAINBOWS-Gruppe angemeldet wird[90].

Wenn Eltern aber früh erkennen, dass jedes ihrer Kinder in dieser Umbruchphase Unterstützung brauchen kann und die Kinder auch bereit sind diese anzunehmen, hat die gesamte Familie oft den Wunsch, dass die Kinder in dieselbe Gruppe gehen. Die Vertrautheit, das gemeinsame Wissen um die Probleme und das gemeinsam Erlebte, geben Sicherheit und erleichtern die Anfangsphase in einer fremden, neuen Gruppe für die Kinder – und den Eltern fällt es leichter, sie *gemeinsam* der neuen Situation zu überlassen.

Dem gegenüber steht die Tatsache, dass die klaren Rollen, die jedes Kind innerhalb eines Familiensystems übernimmt, sowie die familiären Spielregeln, nach denen Kommunikation und Auseinandersetzung bzw. das Zusammenle-

---

[90] Das Gruppengeschehen und die sich daraus ergebenden Gespräche innerhalb der Familie führen aber immer wieder dazu, dass das Verhalten des stilleren und angepassteren Kindes auch hinterfragt und es möglicherweise zu einem späteren Zeitpunkt eine RAINBOWS-Gruppe besuchen wird.

ben als Ganzes geschieht, von Geschwistern, die gemeinsam an einer Gruppe teilnehmen, natürlich in diese Gruppe mit hineingebracht werden. Dieser Umstand kann sowohl die Geschwisterkinder als auch das gesamte Gruppengeschehen (stark) einschränken.

RAINBOWS versucht daher grundsätzlich, Geschwisterkindern den Besuch *in verschiedenen* Gruppen zu ermöglichen. Manchmal ist dies aus organisatorischen oder persönlich/familiären Gründen – die es abzuwägen bzw. zu hinterfragen gilt – nicht möglich und Geschwisterkinder besuchen dieselbe Gruppe.

Zwei doch unterschiedliche Erfahrungen sollen mögliche Auswirkungen auf das Gruppengeschehen verdeutlichen:

Zwei Schwestern im Alter von 11 und 13 Jahren sollten auf Wunsch der Mutter dieselbe RAINBOWS-Gruppe besuchen. Die Mädchen mussten jedesmal von der Mutter 35 Minuten mit dem Auto zur Gruppe gebracht und wieder abgeholt werden (eine parallel laufende Gruppe konnte zu dieser Zeit nicht angeboten werden); außerdem beschrieb die Mutter das Verhältnis der beiden Mädchen als recht gut und beide Mädchen hatten auch den Wunsch geäußert, die Gruppe zusammen besuchen zu können.
Nach Ende der ersten Einheit wiederholten die Mädchen diesen Wunsch (außer den beiden Schwestern waren noch 3 Kinder in der Gruppe).
Die 14 Treffen verliefen sehr konstruktiv, das Gemeinschaftsgefühl innerhalb der Gruppe entwickelte sich stark, ebenso die Bereitschaft, sich gegenseitig zuzuhören und zu unterstützen.
Das jüngere Mädchen fand in einer gleichaltrigen Gruppenteilnehmerin eine »verbündete Freundin«, die Ältere schloss sich den beiden etwas älteren GruppenteilnehmerInnen an. Dadurch ergab sich automatisch, dass beide Schwestern immer wieder getrennt voneinander und mit anderen GruppenteilnehmerInnen Teile eines Themas bearbeiteten und so jede auch einen Bereich jeweils »für sich« hatten. Die anderen GruppenteilnehmerInnen musste ich hin und wieder unterstützen, damit die beiden Schwestern nicht zu sehr die Themenführerschaft übernahmen.

Die Rückmeldungen der GruppenteilnehmerInnen und der Eltern waren sehr positiv. Das Verhältnis der beiden Schwestern hat sich in dieser Zeit sehr vertieft; sowohl die Mädchen als auch die Mutter empfanden dies als sehr wohltuend. Zusätzlich fühlte sich die Mutter dadurch entlastet.

Das zweite Gruppengeschehen, das ich schildern möchte, betrifft eine Gruppe von 6–8-jährigen Kindern. Angemeldet war ein Zwillingspaar (Schwestern) und zwei andere Mädchen. Die Beziehung der Zwillinge wurde von der Mutter als ambivalent beschrieben – einerseits waren die Zwillinge stark verbündet aber auch große Konkurrentinnen. Die Mädchen (sie besuchten damals die 1. Klasse Volksschule) wollten die Gruppe nur gemeinsam besuchen; diesen Wunsch unterstützte die Mutter sehr.

Im Verlauf dieser Gruppe war ich stark gefordert, die Geschwisterrivalitäten rechtzeitig zu erkennen, zu benennen und sie dann so weit als möglich vom Gruppengeschehen zu entkoppeln. Die große Nähe der beiden Mädchen aber auch ihre starken Konflikte bestimmten immer wieder die Themen und den Verlauf der Gruppe. Rückblickend war das eine Gruppe, die enorm viel Aufmerksamkeit und das Setzen vieler Grenzen meinerseits erforderte, damit alle GruppenteilnehmerInnen die für sie wichtigen Themen und Fragen bearbeiten konnten.

Für die GruppenteilnehmerInnen war in der Rückschau schon eine gewisse Dominanz der beiden Mädchen spürbar; die Mädchen selbst waren froh, diese Gruppe gemeinsam gemacht zu haben – sie konnten sich nach Abschluss dieser Gruppe vorstellen, später einmal eine Gruppe auch getrennt zu besuchen.

Aus meinen Erfahrungen möchte ich nun Aspekte, die für und gegen eine gemeinsame Teilnahme von Geschwistern an einer RAINBOWS-Gruppe sprechen, zusammenfassen:

Vorteile einer getrennten Teilnahme:
- In einer völlig neuen Umgebung, losgelöst von den bekannten Rollen, wird jedes Kind neue Erfahrungen sammeln, die den Handlungsspielraum innerhalb der Familie für dieses Kind deutlich vergrößern können.

- Das Kind steht im Mittelpunkt mit seiner subjektiven Erfahrung und Wahrnehmung, wird damit ernst genommen und muss sie gegenüber niemandem verteidigen. Seine Gefühle werden nicht in Frage gestellt und es muss die Aufmerksamkeit in der Gruppe zwar mit anderen Kindern teilen, nicht aber, wie zu Hause, mit dem Bruder oder der Schwester. (Rivalitäten wie sie zwischen Geschwistern entstehen, entwickeln sich zwischen den GruppenteilnehmerInnen nicht im vergleichbaren Ausmaß).

- Konflikte, die es zwangsläufig in allen Geschwisterbeziehungen gibt, bleiben außerhalb des Gruppengeschehens. Dadurch fühlt sich das Kind anonymer, und es kann selbst steuern, wieviel die Familie vom Gruppengeschehen oder von eigenen Erfahrungen im Verlauf der Gruppe erfährt.

- Das Kind ist offener für die anderen GruppenteilnehmerInnen und kann sich freier mit den anderen Kindern und deren Bewältigungsstrategien auseinandersetzen.

- Die Erfahrung außerhalb aller Familienmuster kann die Selbstsicherheit des Kindes stärken und ihm die eigenen Fähigkeiten, Stärken und Möglichkeiten deutlicher vor Augen führen.

- Fast immer wird es für Geschwisterkinder etwas schwieriger sein sich zu öffnen, weil der Bruder/die Schwester ja etwas zu Hause erzählen könnte und somit der geschützte Rahmen in dem Maße nicht so gegeben ist.

Wenn Geschwisterkinder in einer Gruppe sind, ist die Entstehung einer »Untergruppe« möglich. Geschwister bringen ihre eigene Dynamik (Kommunikationsstil, Umgangsformen, Konflikte ...) mit. Somit ist darauf zu achten, dass diese Dynamik nicht zu dominant für die ganze Gruppe wird und die anderen Kinder zu kurz kommen.

Die Vorteile einer gemeinsamen Teilnahme sehe ich in folgenden Punkten:
- Die gemeinsame Teilnahme von Geschwistern an einer Gruppe kann das geschwisterliche Verhältnis vertiefen und stärken – und in der Folge im Familienalltag sehr unterstützend sein. Beide können auf eine gemeinsame Erfahrung zurückgreifen bzw. sie miteinander besprechen/reflektieren.

- Die gemeinsame Teilnahme kann vor allem kleineren Kindern den Einstieg in die Gruppe und den Abschied von den Eltern für die Zeit der Gruppeneinheit erleichtern. Kinder könnten ansonsten auch die Teilnahme an verschiedenen Gruppen als »ihnen zugefügte Trennung« empfinden.

Ich möchte nochmals darauf hinweisen, dass in dieser Zeit des Umbruchs die Geschwisterbeziehung ein wichtiges Auffangnetz sein kann. Die Kinder erleben, dass alles durcheinander gerät, der Bruder aber immer der Bruder bleibt und die Schwester immer die Schwester!

Simone Baumgartner

Zur Bedeutung von Veränderungen

Veränderung kann als Abweichung von einem Zustand verstanden werden. Die Beschaffenheit einer Form bricht auf und verändert ihre Natur. Dies kann einladend auf uns wirken, aber auch Angst verursachen, vor allem dann, wenn nicht klar absehbar ist, ob Veränderung zum Guten oder zum Schlechten erfolgt.

Kinder, deren Eltern in Trennung bzw. Scheidung begriffen sind oder die einen Elternteil durch Tod verloren haben, durchleben meist genau das. Sie sehen einer ungewissen Zukunft entgegen, in der nichts mehr so ist, wie es war. Eine verstandesmäßige Einschätzung dieser Situation ist nicht möglich. Um Orientierung zu gewinnen erfolgt jedoch oft eine subjektive[91] Beurteilung dieser Veränderung, und die fällt sehr häufig negativ aus. Eine positive Zuschreibung ist nicht sehr einfach, wenn ein Ereignis mit Gefühlen wie Angst, Wut und Trauer verbunden ist.

Mögliche Ziele einer RAINBOWS-Gruppe sind, dass ein Kind lernt, diese Gefühle annehmen zu können und damit einem Wandel auch etwas Positives abgewinnen zu können. Eine Veränderung kann auch als ein Neubeginn gesehen werden, ohne die Vergangenheit verlieren zu müssen. Aus diesem Grund ist es wichtig, die Bedeutung von Veränderung in der Gruppe zu thematisieren.

Veränderungsmöglichkeiten in einer RAINBOWS-Gruppe

Wenn wir von Veränderung eines Kindes sprechen, meinen wir meist eine Verhaltensänderung, also eine Änderung, die vom Kind ausgeht. Sehr selten wird dabei von einer Umgestaltung des kindlichen Umfeldes gesprochen oder etwa von einer Einstellungsänderung der unmittelbaren Umgebung.

Als RAINBOWS-Gruppenleiterin beziehe ich Veränderung nicht nur auf das Verhalten des Kindes selbst (z. B: das Kind verhält sich den anderen Kindern gegenüber offener, es kann klarer über seine konkreten Ängste sprechen etc.),

---

[91] Diese Feststellung beruht auf subjektiven Beobachtungen in RAINBOWS-Gruppen unterschiedlichen Alters. So wird z. B. bei einer Kategorisierung von Begriffen dem Wort Veränderung meist eine negative Bedeutung zugewiesen.

sondern sehe eine Veränderung auch als eine Einstellungsänderung von nahen Bezugspersonen. Aus diesem Grund ist es wichtig, beim ersten Elterngespräch gemeinsam mit den Eltern bzw. dem Elternteil in einen Prozess zu treten. Eine Veränderung der Lebenssituation eines Kindes ist nur möglich, wenn Eltern(teile) etwas dazu beitragen.

Wenn sich Eltern(teile) entschieden haben, ihr(e) Kind(er) an einer RAINBOWS-Gruppe teilhaben zu lassen, sind die Erwartungen meist hoch. Das Kind soll jemanden haben, mit dem es über alles reden kann, es soll nicht mehr einnässen, es soll nicht mehr so launisch sein oder seine Schulleistungen verbessern etc. Sehr wichtig ist es aber, dass den Eltern(teilen) bewusst wird, dass sich das Kind im Laufe der RAINBOWS-Gruppe mit all seinen Gefühlen auseinandersetzt und dies auch bedeuten kann, dass Emotionen wie Wut, Angst und Trauer vermehrt auftreten können. Wenn Eltern(teile) darüber informiert sind, dass der Ausdruck dieser Gefühle die Grundlage eines gesunden Trauerverarbeitungsprozesses sind, dann können sie ihre Kinder besser dabei stützen und begleiten.

Wie bzw. wobei ist Veränderung beobachtbar?

Eine RAINBOWS-Gruppe besteht nicht nur aus ihren Mitgliedern, sondern umfasst auch die Eltern(teile) und das Gruppengefüge an sich. Veränderung in einer RAINBOWS-Gruppe muss somit durch mehrere Aspekte beschrieben werden.

Veränderungen der Gruppe

Vergleicht man eine RAINBOWS-Gruppe beim ersten Zusammentreffen mit der Gruppe am Tag der Abschlussfeier, haben sich eine Reihe an Veränderungen ergeben. Freundschaften wurden geschlossen, heikle Themen besprochen, gelacht, geweint, gestritten. Für viele Kinder wird die RAINBOWS-Gruppe ein Fixpunkt in einer ungeordneten Gegenwart. Ein erster großer Wandel passiert, wenn die Kinder bemerken, dass sie nicht die Einzigen sind, deren Eltern sich getrennt haben bzw. deren Elternteil verstorben ist. Diese Tatsache macht aus einzelnen Kindern eine Gruppe, und dies führt zu einer sehr wichtigen ersten Veränderung. Das Gefühl, durch die momentane Familiensituation stigmatisiert zu sein und mit niemanden darüber sprechen zu können, geht durch die Gruppenerfahrung allmählich verloren.

Peter, 6 Jahre: »Und ich habe mir immer gedacht, ich bin der Einzige, bei dem der Papa ausgezogen ist!«

Melanie, 12 Jahre: »Mit meinen Freundinnen traue ich mich nicht, über die Scheidung meiner Eltern zu reden, aber hier ist das ganz einfach, es geht eh jedem gleich!«

Hallo, mein Name ist Julia. Ich bin 9 Jahre alt. Als ich einmal beim Doktor war, habe ich ein Plakat von RAINBOWS gelesen. Da meine Eltern auch geschieden sind und ich traurig war, wollte ich auch zu RAINBOWS gehen. Meine Mama meldete mich an.

Dort lernte ich meine Gruppenleiterin Gerlinde kennen. Sie war sehr nett. Außerdem waren noch drei andere Kinder dabei, die auch Probleme wie ich hatten. Gemeinsam spielten wir Spiele, machten Zukunftsreisen, haben dabei genascht und Säfte getrunken. Wir bastelten und machten Zeichnungen, wie wir uns gerade fühlten, ob wir traurig oder lustig waren oder ob wir Angst hatten oder wütend waren. Wir sprachen über unsere Probleme und Traurigkeit. Wir haben uns gegenseitig geholfen und hatten sehr viel Spaß miteinander. Mir hat gefallen, dass unsere Gespräche ein Geheimnis bleiben.

Ich habe schon anderen Kindern von RAINBOWS erzählt. Mir ging es danach besser. Ich traute mich mehr zu sagen, was mich störte. Ich habe mehr Mut. RAINBOWS hat mir viel geholfen, weil ich dann nicht mehr so traurig war.
Julia

RAINBOWS ist so toll, weil man über schlimme Erinnerungen sprechen kann.
Julia, 8 Jahre

Liebe Claudia

Mir haben deine Stunden sehr gut gefallen. Obwohl sie manchmal sehr kurz waren. Sie waren dennoch schön und lustig. Ich bin gern zu dir gekommen. Du hast mir sehr bei meinen Problemen geholfen. Du warst wie ein offenes Buch für mich und dafür danke ich dir. Besonders danke ich dir dafür, dass du gesagt hast, dass wir nicht kommen müssen. Ich habe auch gelernt, wie man sich verhalten muss, wenn man wütend ist. Ich habe auch bei dir gelernt, mit meinen Gefühlen umzugehen.
Stephanie

Seit ich bei RAINBOWS bin, geht es mir mit meinen Gefühlen viel besser. Bei einer Rose ist es so etwas Ähnliches wie bei meinem Leben, denn nur der Duft der Rose ist gut, bei den Dornen kann man sich verletzen.
Frederik, 11 Jahre

»Man kann alles ausdrücken, was einen bedrückt. Es gibt keinen Streit und tolle Spiele.«
Hermann, 12 Jahre

Gespräch zweier Kinder aus der RAINBOWS-Gruppe:
Florian 5 Jahre: »Der Stefan ist mein neuer Papa!« Darauf der Wolfgang (6 Jahre):
»Aber dein alter Papa bleibt immer dein Papa!«

Veränderung des Kindes in der Gruppe

Wie bereits erwähnt, ist es eine grundlegende Aufgabe von RAINBOWS, den Kindern zu ermöglichen, den eigenen Gefühlen, und seien sie noch so verwirrend und widersprüchlich, Ausdruck zu verleihen. Dies gibt ihnen die Möglichkeit zu trauern, also den Abschied von einer gewohnten Familiensituation zu erleben. Eine Aufgabe einer/eines RAINBOWS-GruppenleiterIn/s besteht darin, den Kindern Instrumente für diese Verarbeitungsphase zur Verfügung zu stellen, ihnen Wege aufzuzeigen, die durch das Gefühlschaos führen. Um Wut, Ärger, Angst, Schuldgefühle oder Trauer etc. ausdrücken zu können, kommen vor allem kreative Mittel zum Einsatz. Da diese Methoden meist sehr konkret sind (z. B. ein Wutluftballon, der mit all dem gefüllt ist, was das Kind zornig macht) sind Veränderungen bei Kindern oft sehr unmittelbar beobachtbar.

Matthias, 14 Jahre: »Ich fühle mich so erleichtert! Ich glaube, meine ganze Wut ist wirklich in diesem Ballon davongeflogen!«[92]

Martin, 7 Jahre: »Jetzt bin ich mir ganz sicher, dass mein Papa nicht mehr zurückkommt. Ich glaube, das wäre gar nicht mehr so toll.«[93]

Das nächste Beispiel zeigt, dass der Ausdruck und das Bewusstwerden von Gefühlen eine Veränderung in der Befindlichkeit eines Kindes bewirken und somit auch in seinem alltäglichen Leben einen Wandel auslösen können.

Kerstin, 10 Jahre: »Immer wenn ich am Abend traurig bin, dann lege ich die Gefühlsblume auf mein Herz und dann weiß ich, dass da alle Gefühle Platz haben und es geht mir gleich besser!«[94]

Natürlich ist es auch möglich, dass Kinder durch die Legitimation aller emotionaler Regungen auch vermehrt Reaktionen zeigen, die mit Wut oder auch Traurigkeit verbunden sind. Dies ist meist dann der Fall, wenn Kinder erstmalig die Phasen der Trauer bewusst erleben. Das bedeutet jedoch auch, dass sich ein Kind mit seinen Gefühlen auseinandersetzt und somit auch Verarbeitung möglich ist.

Elternberichte von Veränderungen ihrer Kinder

Im Laufe einer RAINBOWS-Gruppe gibt es drei Mal die Möglichkeit, mit den Eltern(teilen) Gespräche zu führen – zu Gruppenbeginn, zwischen erstem und zweitem Teil und am Ende der Gruppe. Dabei wird viel über das Verhalten und die Befindlichkeit der Kinder gesprochen. Diese Rückmeldungen können sehr unterschiedlich sein. Ich möchte folgende zwei Beispiele zusammenfassend für sehr unterschiedliche Berichte geben:

»Mein Sohn hat nie nach seinem Papa gefragt, nachdem er gestorben war.

---

92 Wir machten zuvor gemeinsam eine Fanasiereise, in der die Kinder ihre Wut in einen Heißluftballon laden konnten, der dann auf eine Reise geschickt wurde.

93 Auf ein Papierschiff wurden Wünsche geschrieben, die nicht erfüllbar sind. Um sich von ihnen zu verabschieden, setzten wir sie in einen Fluss und beobachteten, wie sie davon segelten.

94 In der Gefühlsblume wurden verschiedene Gefühle gezeichnet. Sie dient zur Erinnerung, dass es viele verschiedene, aber keine verbotenen Gefühle gibt.

Seitdem er bei RAINBOWS ist, sagt er immer wieder, dass er ihm fehlt und will genau wissen, wie und warum er gestorben ist.«[95]

Eltern(teile) berichten immer wieder, dass ihr Kind durch die RAINBOWS-Gruppe den Anstoß erhält, sich mit der Veränderung der familiären Situation auseinanderzusetzen. Kinder, die scheinbar auf die Trennung/Scheidung bzw. den Tod eines Elternteiles kaum mit Verhaltensänderungen reagieren, haben die Möglichkeit, in einen Prozess einzutreten und sich mit ihren Gefühlen auseinanderzusetzen.

»Daniel scheint erst jetzt zu begreifen, dass wir uns wirklich und endgültig getrennt haben. Ich glaube, er kämpft nicht mehr so gegen die Wirklichkeit an.«[96]

Der Zeitpunkt der Änderung (Scheidung/Tod) einer Lebenssituation ist immer ein anderer als der der Akzeptanz dieser Veränderung. In einer RAINBOWS-Gruppe haben Kinder die Möglichkeit, die Wirklichkeit, die oft auch als schmerzvoll erlebt wird, als Neubeginn zu erfahren.

Veränderung bei den Eltern(teilen)

Ein alleinerziehender Vater von drei Kindern beendet in einem Elterngespräch eine längere Diskussion über Auswirkungen der eigenen Befindlichkeit auf die Kinder kurz und bündig mit folgendem Satz: »Meinen Kindern geht es so gut wie es mir geht!«

Kinder, auch in sehr jungem Alter, haben feine Antennen, mit denen sie die Befindlichkeit ihrer Eltern auffangen können und darauf mit eigenem Verhalten reagieren. Können Erwachsene mit ihren Emotionen umgehen und sie auch ausdrücken, haben Kinder ein positives Modell, das sie nachahmen können.

Oft ist es nicht so wichtig, eine konkrete Änderung der Situation (wie z. B. eine Änderung der Besuchsregelung) herbeizuführen. Viel wichtiger ist meist, die Kinder mit ihren Gefühlen wahrzunehmen und dabei zu fördern, die ganze Bandbreite an möglichen Gefühlen auszudrücken. Ich mache immer wieder die Erfahrung, dass Eltern(teile), die einen Schritt in diese Richtung wagen, viel an Veränderung und somit Entwicklung bewirken können. Wichtig ist jedoch, dass sich Eltern(teile) auch selbst mit der eigenen Trauer auseinandersetzen und sich ihrer eigenen widersprüchlichen Gefühle gewahr sind.

Martin, 8 Jahre: »Bei uns hat sich so viel verändert, aber eigentlich ist das gar nicht immer so blöd.«

---

[95] Der Vater des Jungen beging Suizid. Der Junge zog sich seither sehr zurück und ignorierte die Tatsache, dass sein Vater nicht mehr lebte.

[96] Daniel konnte nicht akzeptieren, dass sein Vater aus der gemeinsamen Wohnung ausgezogen ist. Er war so sehr mit dem Wunsch beschäftigt, dass alles wieder so wird wie früher, dass seine Schulleistungen stark abnahmen und er begann, die Realität in sehr vielen Lebensbereichen zu verleugnen.

Elisabeth Wöran

Zum Kontakt mit den Eltern(teilen)

RAINBOWS wendet sich grundsätzlich an beide Elternteile. Die Praxis zeigt, dass die Kinder jedoch vom obsorgeberechtigten Elternteil für die Gruppen angemeldet werden. Da dies in 88 % der Fälle die Mütter sind, sind auch bei den Elternkontakten und -gesprächen die Mütter in der Mehrzahl vertreten. Vermehrt wenden sich aber auch (Besuchs)Väter an RAINBOWS.

Das RAINBOWS-Konzept beinhaltet drei Elterngespräche. Das erste dieser Gespräche findet vor dem Beginn der Kindergruppe statt und dient den Eltern, die Arbeit von RAINBOWS näher kennenzulernen und ermöglicht der/dem GruppenleiterIn Einblick in die familiäre Situation (Zeitpunkt und Verlauf der Trennung/Scheidung bzw. des Todes, Kontakt zum nicht obsorgeberechtigten Elternteil, Gesprächsbasis zwischen den Eltern, ...). Darüber hinaus informiert die/der GruppenleiterIn über die Situation der Kinder bei Trennung/Scheidung oder Tod und über mögliche Reaktionen.

Die/der GruppenleiterIn wird bei den Elterngesprächen eine Atmosphäre der Wertschätzung und des Vertrauens schaffen. Diese kann den Eltern die Voraussetzung schaffen, über ihr Kind und dessen Situation offen zu sprechen und auch neue Lösungsmöglichkeiten anzunehmen.

Wichtige Informationen, die Eltern erhalten, sind folgende:
RAINBOWS ist eine Unterstützung *für* **Kinder,** daher ist absolute Vertrautheit der/des Gruppenleiterin/Gruppenleiters den Kindern gegenüber ein wesentlicher Aspekt der Gruppenarbeit.

Möglichkeiten und Grenzen von RAINBOWS

Eltern erhalten Information über Arbeitsweise, Intentionen und Ziele, aber auch die Grenzen des gruppenpädagogischen Programms werden angesprochen (z. B. Gruppenbegleitung versus Einzeltherapie).

Mögliche Reaktionen der Kinder im Laufe des Gruppenprozesses

Jedes psychisch gesunde Kind reagiert auf Verlust, selbst wenn die Reaktionen nicht sichtbar sind.

Durch die Arbeit mit den Kindern können Gefühle wie Wut und Ablehnung sowohl in der Gruppe als auch zu Hause ihren Ausdruck finden. Es ist wichtig, Eltern auf die Zusammenhänge aufmerksam zu machen und sie vorzubereiten, dass Kinder wieder beginnen *sichtbar* zu reagieren, sodass die Eltern Reaktionen als positive Entwicklungsschritte erleben und nicht verunsichert werden.

Im Rahmen des Gesprächs stellt sich die Frage, welche Möglichkeiten der Aufarbeitung der Trennung/Scheidung bzw. Todes des/der Partners/Partnerin die Eltern für sich in Anspruch nehmen. Bei Bedarf wird auf entsprechende Unterstützungsangebote (Selbsthilfegruppen, Beratungsstellen, TherapeutInnen ...) hingewiesen.

Beim zweiten Elterngespräch, das zwischen den beiden Blöcken stattfindet, informiert die/der GruppenleiterIn über den allgemeinen Eindruck, den sie/er vom Kind im Laufe der Zeit gewonnen hat. Die Eltern werden eingeladen, ihre Wahrnehmungen bezüglich eventueller Veränderungen, die sie bei ihrem Kind beobachten konnten, mitzuteilen.

Nach Beendigung der Kindergruppe treffen sich die Eltern und die/der GruppenleiterIn zum Abschlussgespräch. Dieses wird wie beim zweiten Treffen ein Austausch über die Beobachtungen von beiden Seiten sein aber auch eine Reflexion der Eltern bezüglich ihrer Erwartungen. Es ist auch abzuklären, ob eine weiterführende Begleitung des Kindes angezeigt ist.

Das Anliegen von RAINBOWS ist es, dass sich die Eltern in ihren Bemühungen unterstützt fühlen, ihr Kind durch diese Krise zu begleiten.

Christian Spiessberger

Die vergessenen Väter –
Gedanken zur Einbindung der Väter
in die Arbeit von RAINBOWS

Kinder **haben** eine Mutter und einen Vater – eine klare biologische Tatsache, bis auf seltene Ausnahmen, bescheinigt in der Geburtsurkunde.

Kinder **brauchen** Mutter und Vater – eine schon nicht mehr so klare Tatsache, erhebt sich doch unmittelbar die Frage nach dem Wozu und dem Entwicklungsabschnitt. Und dieses Wozu wurde, zumindest in unserer Gesellschaft zu unterschiedlichen Zeiten und je nach ideologischer Position recht unterschiedlich beantwortet.

Meine in diesem Beitrag vertretene Position ist, dass Kinder in den Jahren ihres Heranwachsens ein ausgewogenes Verhältnis von Bemutterung **und** Bevaterung brauchen, um zu liebes- und beziehungsfähigen jungen Menschen heranzuwachsen, dass dieses Verhältnis seit den Sechzigern mehr und mehr aus dem Gleichgewicht geraten ist und wir gut daran täten, die gesellschaftlichen Rahmenbedingungen zugunsten eines Mehr an gelebter Vaterschaft zu verändern.

10 Jahre RAINBOWS Österreich bedeuten für mich neben der Freude, dass es diese Organisation in Österreich gibt und ich seit einigen Jahren in ihr arbeite, auch einen Anlass, Fragen wie den folgenden ein Stück weit nachzugehen:

- Welchem Wandel waren Männer- und Väterbilder seit den Sechzigern bei uns unterworfen und welche Auswirkungen hat dies auf Kinder und Jugendliche?
- Wie lässt sich dieser Wandel hinterfragen und verstehen?

- Welchen Niederschlag fand diese Entwicklung im Verständnis der Vater-Kind-Beziehung und im gesellschaftlichen Umgang von Trennung und Scheidung?
- Auf welche Weise findet diese Entwicklung seinen Niederschlag in den Konzepten pädagogischer und psychosozialer Arbeit im Allgemeinen und im Besonderen in der Arbeit von RAINBOWS?

Als RAINBOWS-Gruppenleiter arbeite ich vorwiegend mit Kindern. Daher möchte ich anstelle einer Einleitung ein Kindergedicht aus meiner eigenen Volksschulzeit an den Anfang stellen.

Wenn mein Vater mit mir geht,
dann hat alles einen Namen.
Vogel, Falter, Baum und Blume.
Wenn mein Vater mit mir geht,
ist die Erde nicht mehr stumm.

Kommt die Nacht und kommt das Dunkel
zeigt mein Vater mir die Sterne
Er weiß, wie die Menschen leben,
weiß, was recht und unrecht ist
sagt mir, wie ich werden soll.
(Josef Guggenmoos)[97]

Diese liebevolle Charakterisierung des Vaters als einen im Leben des Kindes anwesenden, wissenden, erklärenden und prägenden Begleiter klingt heute nostalgisch und überholt, ruft im Zeitalter der Geschlechterdemokratie Einwände der Mütter hervor und scheint überdies weit entfernt von der alltäglichen Lebenswelt eines Großteils der heutigen Kinder und Jugendlichen:

- Der Anteil der Kinder, die in AlleinerzieherInnenfamilien heranwachsen, ist ständig im Steigen begriffen.
- Auch in den klassischen Zweielternfamilien ist vorwiegend die Mutter in Kontakt mit der Lebenswelt der Kinder, über sie läuft der Zugang des Vaters zu den Kindern, während er in der außerhäuslichen Arbeit vorwiegend mit der materiellen Versorgung der Familie befasst ist.
- Das institutionelle Erziehungssystem ist, vor allem im Kindergarten- und Grundschulbereich weitestgehend feminisiert (98 % Kindergärtnerinnen und

---

[97] Schnack, 1997.

Horterzieherinnen[98], 88 % Volksschullehrerinnen in Oberösterreich), der überwiegende Teil der Kinderbücher wird von Frauen verfasst.
- Bei Scheidung wird beinahe automatisch das alleinige Sorgerecht der Mutter übertragen.
- 80 % der von Trennung und Scheidung betroffenen Kinder und Jugendlichen haben vier Jahre nachher keinen regelmäßigen Kontakt mehr zu ihrem Vater[99].

Diese Tatsachen sind hinreichend bekannt und empirisch beforscht. Leider werden sie oft in der öffentlichen Diskussion kontraproduktiv eingesetzt: Männer werden des mangelnden Engagements bei ihren Kindern bezichtigt, sie sollten sich ändern, sagen ihnen Frauen. Viel zuwenig werden die Probleme der Männer, ihrer Vaterrolle gerecht zu werden, gesehen und was alles auf gesellschaftlicher und politischer Ebene getan werden müsste, um die Rahmenbedingungen für gelebte Vaterschaft nachhaltig zu verbessern.

Männer leisten enorm viel für die materielle Versorgung ihrer Familie. Dass sie damit materielle Machtpositionen innehaben, ist ebenso offensichtlich. Trotzdem verdient es Wertschätzung (der weitaus überwiegende Teil der Männer kommt auch nach Trennung und Scheidung ihren Unterhaltsverpflichtungen nach, selbstverständlich, oft unbedankt).

Andererseits sind sich Männer viel zu wenig der Bedeutung ihrer körperlichen Anwesenheit und ihrer emotionalen Anteilnahme an der Erziehung der Kinder bewusst. Dass Kinder »Väter zum Anfassen« brauchen, scheint mehr und mehr in Vergessenheit geraten zu sein.

Die Ursachen dafür sind komplex. Seit dem Aufbrechen der traditionellen Rollenverteilung und dem Erstarken der Frauenbewegung sind Frauen erfolgreich in bislang männliche Lebenswelten eingedrungen und haben dadurch an Selbstbewusstsein und neuen Lebensperspektiven gewonnen. Das ist gut so.
Weniger gut war, dass sich der feministische Mainstream, v. a. im politischen Bereich, zunehmend in Richtung öffentliche Abwertung von Männlichkeit und Vaterschaft entwickelt hat.

Zugleich wurde die Herausforderung »Was kann Männlichkeit unter diesen geänderten Bedingungen dann bedeuten?« von den Männern selbst zu diesem Zeitpunkt nicht angenommen. In ihrem Selbstverständnis verunsichert, zogen

---

[98] Krippen, Kindergärten, Horte, Berichtsjahr 1996/97. In: Beiträge zur österreichischen Statistik, 1.245. Heft, hg. v. ÖstZA Wien 1997.
[99] Haller, 1996.

sie sich noch mehr in die Bastionen ihrer Arbeitswelten zurück.

Die voranschreitende Feminisierung und Pädagogisierung der Erziehung führte zu einer nie dagewesenen Machtposition der Frau in der Familie: zu keiner Zeit haben Mütter soviel Zeit und Energie auf ihre Kinder verwendet, standen Kinder so vollständig unter mütterlicher Kontrolle, verlief der Zugang der Väter zu ihren Kindern in so hohem Ausmaß über ihre Partnerinnen.

Im Nachhinein betrachtet wäre es ein Gebot der Zeit gewesen, wären Männer in ähnlicher Weise zur Eroberung bis dato vorwiegend weiblicher Lebenswelten aufgebrochen, hätten sie die politischen Rahmenbedingungen für gelebte Vaterschaft verbessert. Diese Forderungen ergaben sich erst im Zuge der aufkommenden Männerbewegung der Neunziger, der Väterforschung und nicht zuletzt auch der Scheidungsforschung, die alle die katastrophalen Folgen der Vaterabwesenheit deutlich sichtbar werden ließen.

In diesen aktuellen Kontext eingebettet, in vieler Hinsicht in einer Vorreiterrolle erlebe ich die Arbeit von RAINBOWS, positioniert sich diese Organisation doch in einem Bereich, in dem die Bedeutung einer lebendigen Beziehung des Kindes zum Vater so überaus deutlich ins Auge springt.

RAINBOWS hat seit Beginn der öffentlichen politischen Diskussion auf die Chancen einer gemeinsamen Obsorge, die Bedeutung der Trennung von Elternschaft und Partnerschaft hingewiesen und damit einem Modell, das den Konsens mündiger ehemaliger PartnerInnen in den Vordergrund stellt den Vorzug gegeben vor einem Modell, das in einer konflikthaften Lebensphase nach dem Gewinner/Verlierer-Prinzip einem der PartnerInnen Rechte zuordnet.

Die Erkenntnis der Bedeutung der Vater-Kind-Beziehung hat auch im neuen Methodenkompendium für RAINBOWS-Gruppen sowie in der Ausbildung ihren Niederschlag gefunden.

Für die Zukunft bleiben genügend Herausforderungen:
- Neue Einbindungsmöglichkeiten für Väter in die Arbeit von RAINBOWS müssen überlegt und erprobt werden, v. a. im Hinblick auf die gemeinsame Obsorge.
- Konzepte der geschlechtersensiblen Erziehung werden verstärkt Eingang in die Methodik finden müssen, denn Buben brauchen andere Schwerpunktsetzungen als Mädchen.
- Dazu wird es erforderlich sein, gezielte Anstrengungen zur Erhöhung des Anteils männlicher Gruppenleiter zu unternehmen (so beträgt etwa das Ge-

schlechterverhältnis der aktiven GruppenleiterInnen in Oberösterreich im Jahr 2000 19:1!).

Diejenigen Räume, in denen Kinder Männer als fürsorglich und an ihnen interessiert erleben und damit als Identifikationsfiguren nutzen können, müssen erweitert werden.0

Und so schließt sich hier der Kreis meiner Überlegungen wiederum beim eingangs zitierten Gedicht:

Kommt die Nacht und kommt das Dunkel
zeigt mein Vater mir die Sterne
Er weiß, wie die Menschen leben,
weiß, was recht und unrecht ist
sagt mir, wie ich werden soll.

Auch wenn er sich, oberflächlich betrachtet, dem Verdacht eines patriarchalen Reliktes aussetzen mag – mir ist er sympathisch, der Guggenmoos-Vater: er ist gütig und liebend, an Kindern interessiert, aber auch streng in dem Sinne, dass er Grenzen setzt, Struktur schafft, Orientierung gibt. Er ist davon überzeugt, den Kindern etwas vermitteln zu können, das trägt und Bestand hat. Er lässt sich auch nicht abwerten, da er sich seiner Bedeutung bewusst ist und Anerkennung einfordert. Und vor allem ist er körperlich da, zum Angreifen und zum Erleben.

Ich wünsche mir, dass RAINBOWS eine Organisation bleibt, von der aus zeitgemäße Väterarbeit weiter vorangetrieben wird und dies weitere Kreise in der pädagogischen Arbeit und im öffentlichen Bewusstsein ziehen wird.

Literatur:

Biddulph S., Jungen! Wie sie glücklich heranwachsen, 1997, München 2000 (Beust).
Biddulph S., Männer auf der Suche, München 1996 (Beust).
Haller M., Kinder und getrennte Eltern, Schriftenreihe des Österr. Instituts f. Familienforschung Nr. 3, Wien 1996.
Krippen, Kindergärten, Horte, Berichtsjahr 1996/97 In: Beiträge zur österreichischen Statistik, 1.245. Heft, hg. v. Österreichischen Statistischen Zentralamt Wien 1997.
Schnack D./Neutzling R., Kleine Helden in Not, 1990, Reinbek bei Hamburg 1997 (rororo).
Fthenakis W. E. u. a., Engagierte Vaterschaft, Opladen 1999 (Leske + Budrich).
Schmidt A., Mehr Vater fürs Kind – auch nach Trennung oder Scheidung, Weinheim 1998 (Beltz)

Als sich meine Eltern getrennt haben, ging es mir nicht so gut. Ich fragte mich, warum und wieso das gerade mir passiert ist. Ich machte mir Vorwürfe. Dann schlug mir meine Mutter vor, dass ich zu RAINBOWS gehen könnte. Zuerst hab ich mir gedacht, wieso soll ich meine Sorgen anderen erzählen. Dann aber, als ich die Gruppe besser kennen gelernt habe, gefiel es mir sehr gut. Jetzt geht es mir wieder besser und ich freue mich, dass ich doch zu RAINBOWS gegangen bin.
Carola, 11 Jahre

RAINBOWS hat mich sehr beeindruckt. Ich hätte nicht gedacht, dass es so toll sein würde. Wir spielten viele Spiele und zeichneten große Plakate. Wir sprachen auch über Trennung, Scheidung und Tod. Es gefiel mir sehr und ich freute mich jede Woche auf RAINBOWS. Erika war sehr nett und man konnte mir ihr über alles sprechen. Ich würde mich wieder bei RAINBOWS anmelden, es ist einfach toll.
Jasmin

Wenn ich groß bin, stecke ich meine Kinder auch in eine RAINBOWS-Gruppe!
Alexander, 5 Jahre

Man ist nachher viel fröhlicher und hat nicht mehr so viele Sorgen! Wir basteln, zeichnen, spielen und reden über bestimmte Themen. Außerdem lernt man neue Freunde kennen. Wir machen auch Pausen und gehen manchmal hinaus!!!
Peter, 10 Jahre

Es gefällt mir sehr in der Gruppe, weil wir Spiele machen. Wir feiern auch Geburtstage. Wir reden auch über die Scheidung.
Julia, 9 Jahre

RAINBOWS ist Spitze! Hier kann man Freunde gewinnen und Kinder mit ähnlichen Problemen treffen.
Patrick, 10 Jahre

In der Schule reden wir nicht über diese Sache. Hier in der Gruppe schon. Hier machen wir dem Seelenvogel die Lade auf und können die Gefühle raus lassen.
Sabina, 8 Jahre

Es gibt kein »Muss«, du kannst jederzeit »Stop« sagen, wenn du etwas nicht willst. Es gibt kein Auslachen, das ist eine der Gruppenregeln. Du kannst leichter über das Thema Scheidung reden. Nach jeder Stunde wird man offener. Aber man redet dort nicht nur, sondern macht auch Spiele, Fantasiereisen, hat also viel Spaß! Man lernt andere Kinder kennen, die mit demselben Thema konfrontiert sind, deshalb kann man leichter darüber reden!
Verena, 14 Jahre

Mein Papa ist ~~gestorben~~ Tränchen gestorben

Ase
Michele

14 JAHRE RAINBOWS
– DIE ORGANISATION

Dagmar Bojdunyk-Rack

14 Jahre RAINBOWS
– Vom Pioniergeist
zur Professionalität

Das Leben jeder Organisation durchläuft unterschiedliche Entwicklungsphasen. Der Grundgedanke dieses Modells von Glasl und Lievegoed[100] ist, dass Organisationen, so wie dies auch bei Menschen zu finden ist, bestimmte Lebensphasen und Lebenskrisen durchlaufen. Jede dieser Phasen hat ihre spezifischen Merkmale, wobei jede nachfolgende Phase als Antwort auf die Grenze der vorhergehenden angesehen werden kann. Folgende Stufen können unterschieden werden: Pionier-, Differenzierungs-, Integrations- und Assoziationsphase. Auch bei Non-Profit-Unternehmen ist dieses Modell organisationaler Entwicklungsphasen anzuwenden.

Wo kann nun RAINBOWS – nach vierzehnjähriger Tätigkeit – in Österreich platziert werden?

Um diese Frage beantworten zu können und auch die Herausforderungen der nächsten Jahre herauszufiltern, möchte ich die einzelnen Phasen bzw. Übergänge anhand ihrer Charakteristika beschreiben und auf RAINBOWS übertragen:

In der Pionierphase – dem Start jeder Organisation – ist der zentrale Bezugspunkt jeden Handelns die Idee des Gründers/der Gründerin oder des Gründungsteams. Diese Pioniere begeistern durch ihre Vision und das, bzw. der Sinn der Organisation ist für alle unmittelbar deutlich erlebbar, das Klima ist geprägt von einer expansiven Aufbruchsstimmung, hoher Motivation, Leistungs- und Hilfsbereitschaft. Das Unternehmen wird als Familie angesehen und gelebt, alle MitarbeiterInnen sind Teil dieser großen Familie. Die Kommuni-

---

[100] Glasl F./Lievegoede B., 1993.

kationsstrukturen als auch die Führungstechniken sind direkt und personenbezogen. Führungsfunktionen werden in erster Linie von den PionierInnen wahrgenommen, Probleme oder Unklarheiten landen in der Regel bei diesen. Geprägt durch das persönliche Verhalten der Pioniere ist die Abhängigkeit von diesen Personen daher groß, die Beziehung zu den Kunden ist eng. Die Organisation ist sehr beweglich, gekennzeichnet durch Improvisation, d.h. Planungs- und Organisationsinstrumente kennt ein Pionierbetrieb nicht. Allen Bereichen, die nicht unmittelbar mit der Leistungserbringung zu tun haben, wird wenig Bedeutung beigemessen.

Das offizielle Geburtsdatum von RAINBOWS-Österreich ist der 14. April 1991[101]. Die Österreichische Plattform für Alleinerziehende übernahm die Trägerschaft für RAINBOWS. In diesem Jahr fand auch die erste Ausbildung zum/zur RAINBOWS-GruppenleiterIn (unter der Leitung von P. Rudi Kutschera) statt, 16 Kinder konnten in Wien und in der Steiermark die ersten 4 RAINBOWS-Gruppen (für die Altersstufen: 6–8, 9–11, 12–14 Jahre) besuchen.

Nach dieser Vorlaufphase (in der das Bundesministerium bereits die erste finanzielle Unterstützung gewährte) wurde von einer interdisziplinären Fachgruppe der amerikanische Methodenbehelf (jetzt: Methodenkompendium) übersetzt und modifiziert.

In dieser Zeit wurden – chronologisch geordnet – folgende Koordinationsstellen ins Leben gerufen: Steiermark, Wien, Niederösterreich, Oberösterreich, Tirol, Kärnten Salzburg und Burgenland. Die Leitung dieser Koordinationsstellen wurde speziell geschulten Personen übertragen (Grundlagen der RAINBOWS-Arbeit, Organisations- und Koordinationsfähigkeit). Ab 1995 konnten also österreichweit – bei unterschiedlicher Trägerschaft in den einzelnen Bundesländern – RAINBOWS-Gruppen angeboten werden, bis zu diesem Zeitpunkt erfuhren bereits über 1500 Kinder Unterstützung und Begleitung in diesen Gruppen. Gleichzeitig erfolgte die Erstellung des ersten österreichweiten Werbematerials sowie einer umfassenden Informationsbroschüre. Durch das rasche Wachstum in diesem Entwicklungsstadium wurde eine zunehmende Professionalisierung durch Delegierung von Aufgaben an die Koordinatorinnen in den Bundesländern und vor allem durch ein Loslösen der Organisation von einzelnen Personen, notwendig.

Ein Hinweis auf die Beendigung der Pionierphase stellt auch das Größenwachstum und die wachsende Komplexität der Beziehungen dar. Um dieses Wachstum auch qualitativ abzusichern und zu untermauern, entstand eine enge Zusammenarbeit mit Univ. Doz. Dr. Helmuth Figdor und Dr. Jorgos Canacakis, die das RAINBOWS Konzept und das Methodenkompendium (früher Methodenbehelf) einer Begutachtung unterzogen. Da bereits über 190 RAIN-

---

[101] *Lebenslauf* des Vereines. siehe Anhang.

BOWS-GruppenleiterInnen ausgebildet wurden, mussten unterschiedliche Kommunikations- und Interaktionsstrukturen installiert werden: Treffen aller Koordinatorinnen zweimal jährlich und regelmäßige Treffen der MitarbeiterInnen innerhalb eines Bundeslandes.

Das Ende der Pionierphase tritt auch dann ein, wenn es zu Kapitalmangel kommt und Planungsbedarf notwendig wird, denn knappe Ressourcen erfordern Vorausschau und Planung. Systematische Planung, Dokumentation und Strategieentwicklung fehlen in dieser Phase aber noch weitgehend. Das Ende der Pionierphase bei RAINBOWS war gleichzeitig auch der Schritt in die Selbstständigkeit: 1996 erfolgte die Loslösung vom Trägerverein sowie die Vereinsgründung des Bundesvereins RAINBOWS mit Sitz in Graz und der Installierung einer Geschäftsführung.

In der Differenzierungsphase ist die Organisation bemüht um Systematik, Logik und Steuerbarkeit. Charakteristisch sind Ansätze zur Standardisierung im Sinne von Aufgaben-, Funktions- und Rollendifferenzierung.

RAINBOWS erarbeitete in dieser Phase das erste Organisationshandbuch, in dem die Aufbau- und Ablauforganisation dokumentiert wurde, Stellenbeschreibungen der einzelnen Positionen und ein Organigramm angefertigt, und somit Kompetenzen und Verantwortlichkeiten nachvollziehbar geregelt wurden. Die Einzelfunktionen sind also ausdifferenziert, die Sicherung des inneren Zusammenhalts der Organisation liegt nun in der Verantwortung der Leitung, die für die notwendige Stabilität Sorge zu tragen hat. Eine solche Strukturentwicklung stellt auch neuartige Anforderungen an das Personal: Fachliche Qualifikationen zur eigentlichen Leistungserstellung müssen um bestimmte soziale und konzeptuelle Fähigkeiten erweitert werden, da Veränderungen der Organisationsstrukturen und Personalentwicklung einander bedingen.

Dieser Entwicklung entspricht die Überarbeitung und Erweiterung der Ausbildung zum/zur RAINBOWS-GruppenleiterIn. Es erfolgte eine Abänderung der formalen Auswahlkriterien zugunsten fundierter, spezifischer Ausbildung und vermehrter Erfahrung in der Arbeit mit Kindern und Jugendlichen. Zu den bewährten inhaltlichen Schwerpunkten kam eine verstärkte theoretisch-inhaltliche Auseinandersetzung aber auch intensivere Beschäftigung mit individuellen Trauerprozessen hinzu.

Neben der Ausweitung auf weitere Altersstufen (4-5jährige, 15-17jährige) erfolgte die Überarbeitung des gesamten Methodenkompendiums sowie die Erstellung des Handbuchs für GruppenleiterInnen. Um der hohen Qualität der Ausbildung gerecht zu werden, wurde das vergrößerte RAINBOWS-TrainerInnenteam einer speziellen Schulung (train the trainer) unterzogen.

Der Druck nach Professionalisierung muss im Allgemeinen auch in folgende

Maßnahmen münden: Gedanken über eine strategische Positionierung am Markt, Leistungsorientierung und Qualitätssicherung: Welche Leistungen sollen welchen Kundengruppen (Eltern, Kinder, GruppenleiterInnenbewerberInnen etc.) angeboten werden? Welches Image strebt RAINBOWS in der Öffentlichkeit an?

Um diesen Anforderungen gerecht zu werden, wurde 1999 in einer Organisationsentwicklungsklausur eine Teilung an der Spitze des Vereins als notwendige Maßnahme angesehen, um den künftigen Anforderungen gerecht zu werden.

Es erfolgte eine Teilung in Geschäftsführung und pädagogisch-psychologische Leitung. Dies ermöglicht einerseits ein hohes qualitatives Niveau im gesamten Aus- und Weiterbildungsbereich, andererseits kann ein Schwerpunkt Marketing, Erforschung von Marktnischen, verstärkte MitarbeiterInnenorientierung und eine Erweiterung der Organisationskompetenzen erreicht werden. So wurden anhand der »critical incidents-Methode«[102] die Anforderungsprofile der MitarbeiterInnen überarbeitet, die Zusammenarbeit (Kommunikations- und Informationsflüsse) auf allen Ebenen intensiviert, sowie durch unterschiedliche Möglichkeiten der Öffentlichkeitsarbeit eine Steigerung des Bekanntheitsgrads von RAINBOWS erreicht. Die Installierung der Homepage (www.rainbows.at) verbesserte nicht nur das mediale Produkt, sondern kann auch für potentielle SponsorInnen interessant sein. Als neue Angebote können nun auch Tagesseminare für Mütter/Väter/nahe Bezugspersonen und Weiterbildungsangebote für Fachpersonal aus dem psychosozialen, pädagogischen und juristischen Bereich angeboten werden.

Das Hauptmerkmal der nächsten Phase, der Integrationphase kann folgendermaßen beschrieben werden:

»Leitmotiv ist es, Situationen und Bedingungen zu schaffen, in denen es dem einzelnen und Gruppen möglich ist, selbstständig und intelligent im Sinne eines größeren Ganzen zu handeln.«[103]

Füllt man dieses Motiv mit Inhalten von RAINBOWS so bedeutet dies: Sicherstellung der finanziellen Basis, Personalentwicklung und MitarbeiterInnenorientierung, Qualitätssicherung und fundierte Öffentlichkeitsarbeit ebenso wie Entwicklung neuer Ideen und verstärkte Bewusstseinsbildung. Diese Herausforderungen müssen mit der Weiterentwicklung der Organisation einhergehen.

Ein erster Schritt in diese Richtung war die Überarbeitung des Tätigkeitsprofils der Koordinatorinnen. Im Sinne einer Aufgabenteilung und einer Übernahme der Verantwortung für die RAINBOWS-Arbeit in einem ganzen Bundesland wurde auch die Bezeichnung in »Landesleiterin« geändert.

---

[102] Erfassung kritischer Ereignisse im Berufsleben.
[103] Baumgartner I., 1992.

Um noch mehr auf die Bedürfnisse unserer KundInnen einzugehen wurden ein Konzept für RAINBOWS-Feriencamps für Kinder- mit Trennungs- und Verlusterlebnissen erarbeitet und auch umgesetzt. Ebenso erfolgte eine zunehmende Einbindung der nicht-anmeldenden Elternteile (in erster Linie Väter) durch das spezielle Angebot von Gesprächen für diese Zielgruppe.

Ein weiterer Schwerpunkt war die Erarbeitung einer bedürfnis- und bedarfsorientierten Unterstützung von Kindern/Jugendlichen und ihren Familien bei Tod naher Bezugspersonen. Einhergehend mit diesem Angebot wurde auch der Lehrgang »Verlust-Tod-Trauer« für RAINBOWS-MitarbeiterInnen ins Leben gerufen.

Durch diese zunehmende Komplexität der Angebote und der damit einhergehenden organisationalen Bedingungen für alle MitarbeiterInnen, wurde es notwendig, den Aufbau und die Abläufe des Vereins zu überprüfen. In einem Organisationsentwicklungsprozess, in dem alle MitarbeiterInnen (GruppenleiterInnen, Landesleiterinnen, TrainerInnen, Bundesverein und Vorstand) österreichweit mitwirkten, wurde gemeinsam ein Leitbild erarbeitet, die Kommunikationsstrukturen sowie die Informationsflüsse neu geregelt und das Organigramm entsprechend dieser Veränderungen erstellt. Großes Ziel dieses Prozesses – der noch nicht abgeschlossen ist – ist eine Transparenz der Entscheidungen innerhalb des Vereins, sowie die Verwirklichung der Vision der Themenführerschaft von RAINBOWS in den Bereichen Trennung/Scheidung und Tod in den nächsten Jahren gemeinsam mit allen MitarbeiterInnen zu verwirklichen.

Um die Qualität der RAINBOWS-Angebote zu erhalten bzw. auszubauen wurde auch das Aus- und Fortbildungsangebot den Anforderungen entsprechend überarbeit. So können fachlich Interessierte den Lehrgang zur »Unterstützung von Kindern und Jugendlichen bei Trennung/Scheidung oder Tod« (3 Wochenenden) besuchen. Im Anschluss daran kann der zweite Lehrgang »Ausbildung zur RAINBOWS-GruppenleiterIn« absolviert werden.

Ein Wehmutstropfen der uns auf diesem Weg begleitet, ist die finanzielle Situation von RAINBOWS – noch sind wir leider von einer Sicherstellung der finanziellen Basis für die nächsten Jahre ein großes Stück entfernt.

Und doch werden wir unser Ziel – nämlich der Unterstützung vieler Kinder und Jugendlicher mit Trennungs- und Verlusterlebnissen – gemeinsam erreichen!

In diesem Sinne – vielen Dank an alle, die uns in der Vergangenheit unterstützt haben – und viel Mut und Engagement für jene, die mit uns in Zukunft gehen werden! diesen Weg beschreiten werden!

Literatur:

Baumgartner I./Häfele W./Schwar M./Sohm K., OE-Prozesse systemisch initiieren und gestalten, Management Center Vorarlberg, Dornbirn 1992.
Glasl F./Lievegoede B., Dynamische Unternehmensentwicklung. Haupt 1993.

Das RAINBOWS-Leitbild

1. Unsere Ziele und Werte

RAINBOWS hilft Kindern und Jugendlichen in stürmischen Zeiten – bei Trennung, Scheidung oder Tod naher Bezugspersonen. Die Kinder lernen, Trauer aufgrund von Trennungs- und Verlusterlebnissen mitzuteilen und zu verarbeiten, damit das Leben in der veränderten Familiensituation trotz der traumatischen Erfahrungen positiv gestaltet werden kann. RAINBOWS steht für Hoffnung, Optimismus, Vielfalt und Buntheit in diesen stürmischen »Regenzeiten«. RAINBOWS unterstützt Kinder und Jugendliche dabei, Selbstvertrauen und Mut zu entwickeln oder auszubauen, die Möglichkeit sich selbst und die eigenen Bedürfnisse in schwierigen Zeiten wahrzunehmen und kindgerecht auszudrücken.

RAINBOWS achtet besonders auf Professionalität und Qualität.

Wir sind stolz auf unsere Leistungen. Wir achten auf die Kinder und Jugendlichen, die uns anvertraut wurden:

- im geschützten Rahmen einer Kleingruppe
- bei der Zusammensetzung der RAINBOWS-Gruppen, die einen Austausch mit Gleichaltrigen und gleich bzw. ähnlich Betroffenen ermöglichen
- bei den Methoden und Spielen, mit denen wir Kinder und Jugendliche unterstützen und fördern
- bei der Begleitung der gesamten Gruppe und der Begleitung jedes einzelnen Kindes.

Wir achten auf die Zeit, die Kinder und Jugendliche benötigen: um ihnen eine gute Chance zu geben, treffen sich RAINBOWS-Gruppen über den Zeitraum eines halben Jahres 14 Mal jeweils 1,5 Stunden. Diese Zeit ist notwendig, um nachhaltige Erfolge durch die gemeinsame Arbeit erzielen zu können.

Wir achten auf die Flexibilität, die die Kinder benötigen: RAINBOWS-Gruppen haben System, aber sie lassen auch genügend Raum für aktuelle Fragen, Anliegen und Probleme.

Der Ausbildung unserer GruppenleiterInnen gilt unsere besondere Aufmerksamkeit.

Alle GruppenleiterInnen haben eine RAINBOWS-spezifische Ausbildung absolviert und werden laufend weitergebildet. Sie bringen berufliche Erfahrung und vielfältige Methodenkompetenz mit.

Unsere RAINBOWS-TrainerInnen achten auf die Entwicklung der Aus- und Weiterbildung der GruppenleiterInnen.

Unsere LandesleiterInnen sind verantwortlich für die laufende Qualitätssicherung z.B. mittels Supervision, Reflexionstreffen und MitarbeiterInnengespräche und die Organisation von Weiterbildungsangeboten.

Bei RAINBOWS stehen die Kinder und Jugendlichen im Mittelpunkt

Im Zentrum unserer Arbeit und Bemühungen stehen Kinder und Jugendliche. Wir begegnen ihnen mit Respekt, Verständnis und Achtung vor ihren individuellen Erfahrungen und Bedürfnissen und nehmen sie als gleich- und vollwertige Individuen wahr. Durch Einfühlungsvermögen, Kontinuität und Verlässlichkeit schaffen wir ein Vertrauensverhältnis und eine stabile Beziehung als Basis unserer Arbeit. Neben der wertschätzenden, offenen Haltung vermitteln wir eine positive Lebenseinstellung.

Da für Kinder und Jugendliche die Bezugspersonen allgemein und als Orientierungshilfen sehr wichtig sind, ist für uns die Unterstützungsarbeit und Begleitung der Eltern als mittelbare Hilfe für die Kinder unerlässlich.

RAINBOWS unterstützt die Eltern

Durch die Unterstützung der Kinder und Jugendlichen erfahren auch die Eltern/-teile Entlastung in einer Zeit, in der sie selbst sehr belastet sind. Wir begegnen Eltern mit Offenheit, Verständnis, Respekt und Empathie. Wir nehmen sie in ihren Bedürfnissen in der Rolle als Mutter und Vater für ihre Kinder wahr.

Im Falle einer Scheidung oder Trennung unterstützen wir aktiv beide Elternteile, damit auch nach der Trennung beide ihre Rolle als Elternteil leben können.

Alleinstehende und Eltern nach Todesfällen erhalten von uns besondere und individuelle Unterstützung und Entlastung. Gerade bei einem Todesfall in einer Familie ist uns Begleitung sehr wichtig, um den Personen zu zeigen, dass sie mit allen ihren Gefühlen angenommen sind.

2. Unsere interne Zusammenarbeit

Wir achten auf ein gutes Arbeitsklima. Die Zufriedenheit aller MitarbeiterInnen ist uns ein großes Anliegen. Einander zuhören, Wertschätzung, Akzeptanz, Toleranz und Offenheit werden in unserer täglichen Zusammenarbeit gelebt.

RAINBOWS ist ein gemeinnütziger Verein, für den bezahlte Arbeit und ehrenamtliche Tätigkeiten geleistet werden. Wir achten dabei auf Grenzen: auf die persönliche Leistungsfähigkeit im Spannungsfeld beruflicher Tätigkeiten und den hohen Anforderungen der Arbeit für RAINBOWS. Nur wer auf sich selbst achtet, kann gut auf andere achten.

Wir überlegen gemeinsam, was machbar und umsetzbar ist – im Interesse der Kinder und Jugendlichen. Alle Leistungen der RAINBOWS-MitarbeiterInnen werden gegenseitig wertgeschätzt.

3. Unser Angebot
RAINBOWS-Gruppen

Zielgruppe: Kinder und Jugendliche zwischen 4 und 17 Jahren, die von einem Trennungs- oder Verlusterlebnis betroffen sind, auch wenn dieses Ereignis schon länger zurückliegt.

RAINBOWS wird in kleinen, altershomogenen Gruppen (4-7 Kinder) angeboten, im Zeitraum eines halben Jahres finden 14 Treffen statt. Die 14 Treffen gliedern sich in zwei Blöcke. Nach dem 7. Treffen findet eine 2-4wöchige Pause statt, welche der ersten Verarbeitung des Erlebten dient.

Jedes Treffen dauert eineinhalb Stunden, für Vorschulkinder eine Stunde. Ab einer Gruppengröße von 6 Kindern leiten zwei GruppenleiterInnen eine Gruppe.

Die RAINBOWS-Gruppe ist klar strukturiert, lässt aber genügend Freiraum, um flexibel auf die Bedürfnisse der einzelnen Kinder und Jugendlichen und der Gruppe einzugehen.

Jene Themen, die notwendig für die Verarbeitung eines Trennungs- und Verlusterlebnisses sind, werden in den einzelnen Treffen mit unterschiedlichen und altersgerechten Methoden bearbeitet.

Das erste Treffen ist als Schnupperstunde konzipiert. Danach entscheiden sich die Kinder und Jugendlichen, ob sie die Gruppe besuchen wollen. Durch diese Vorgangsweise wird die freiwillige Teilnahme gewährleistet.

Jedes Treffen beginnt mit einem Anfangs- oder Begrüßungsritual. Die Gruppenstunden gliedern sich in drei Teile: Einstieg – Vertiefung – Ausklang. Jedes Treffen endet mit einem Abschlussritual.

Das Ziel ist, Kinder und Jugendliche in ihrer spezifischen Lebenssituation zu stärken.

RAINBOWS-Elterngespräche als Begleitung zu den Gruppen

Zielgruppe: Eltern/-teile, deren Kinder eine RAINBOWS-Gruppe besuchen (anmeldend und nicht-anmeldend).

Begleitend zur RAINBOWS-Gruppe werden drei Elterngespräche angeboten, die dem gegenseitigen Kennen lernen sowie dem Informations- und Erfahrungsaustausch in der Gruppe dienen. Hierbei wird vor allem auf den Aspekt der Vertraulichkeit geachtet: Informationen über das einzelne Kind werden nur bei Handlungsbedarf und Absprache mit den betroffenen Kindern und Jugendlichen an die Eltern weitergeleitet. Themenspezifische konkrete Fragen werden von der GruppenleiterIn auf einem pädagogisch-psychologischen Hintergrund beantwortet. Die drei Gespräche finden vor Beginn der Gruppe, nach den ersten sieben Treffen und nach Beendigung der Gruppe statt.

RAINBOWS-Gespräche mit dem nicht-anmeldenden Elternteil

Zielgruppe: Jene Väter und Mütter, die ihr/e Kind/er nicht zur RAINBOWS-Gruppe angemeldet haben.

Diese Gespräche finden während des ersten Teils der RAINBOWS-Gruppe statt. Grundlage dieses Angebots stellt die Haltung von RAINBOWS dar, dass Kinder auch nach einer Trennung/Scheidung zwei Elternteile haben, die sie beide lieben dürfen und auch die Beziehung zum nicht mehr im gleichen Haushalt lebenden Elternteil, gelebt werden darf. Die nicht-anmeldenden Elternteile erhalten Informationen über die Situation der Kinder mit Trennungserlebnissen bzw. auch über die spezielle Beziehung der Kinder zu Vater und Mutter und werden in ihrer Rolle als Vater/Mutter gesehen. Auch die Ziele, Intentionen sowie Inhalte der RAINBOWS-Gruppe werden in diesen Gesprächen vermittelt.

RAINBOWS-Begleitung bei Sterben und Tod

Zielgruppe: Kinder und Jugendliche, die vom Sterben oder Tod einer nahen/naher Bezugsperson/en betroffen sind, sowie deren Eltern(-teile).

Fachkräfte, die in ihrem Berufsalltag mit Kindern und Jugendlichen arbeiten, die vom Sterben oder Tod einer nahen/naher Bezugsperson/en betroffen sind.

Dieses Angebot erfolgt zeitlich und örtlich flexibel, angepasst an die Bedürfnisse der Betroffenen. Kinder und Jugendliche können einzeln oder mit ihrer Familie oder in einer RAINBOWS-Gruppe nach einem Todesfall begleitet werden.

Die betroffenen Kinder werden in ihren eigenen Stärken im Umgang mit dem Tod unterstützt, erfahren eine kreative Förderung ihres Trauerprozesses und lernen auf ihre Bedürfnisse angepasste Abschiedsrituale kennen.

Ebenso werden die Elternteile bzw. nahen Bezugspersonen in ihrer Rolle gestärkt und erhalten jene Informationen, die es ihnen ermöglichen, die Kinder und Jugendlichen bei deren Trauer zu unterstützen. Die Unterstützung kann sich je nach Bedarf über einen längeren Zeitraum erstrecken, oder auch einmalig sein.

Die betroffenen Berufsgruppen können während des Trauerprozesses in ihrem beruflichen Umfeld (Schule, Kindergarten,...) begleitet werden und so dem Kind/der Kindergruppe Stütze sein.

RAINBOWS-Feriencamp: »Schiffsreise ins Regenbogenland«

Zielgruppe: Kinder zwischen 8 und 12 Jahren mit Trennungs- und Verlusterlebnissen, auch wenn dieses Ereignis schon länger zurückliegt. Die Gruppengröße beträgt max. 16 Kinder.

Die RAINBOWS-Feriencamps dauern eine Woche (Sonntag bis Samstag).

Im Mittelpunkt dieser Woche stehen die Stärkung der Ressourcen der Kinder sowie ihre eigene Position in der Familie und die Erfahrung von Gemeinschaft, im Rahmen von Erholung und Ferien, mit viel Spiel und Spaß.

RAINBOWS-Jugendworkshop

Zielgruppe: Jugendliche in Schulen und außerschulischen Jugendeinrichtungen.

Jugendliche sind im Laufe des Erwachsenwerdens mit verschiedenen Trennungs- und Verlusterlebnissen konfrontiert. Diese unterschiedlichen Erfahrungen können in dieser Lebensphase des Übergangs und der Veränderungen zusätzliche Stressfaktoren bedeuten.

Ziele und Inhalte der 4stündigen Workshops:

• Auseinandersetzung mit eigenen Trennungs- und Verlusterfahrungen
• Stärkung der Kompetenzen im Umgang und Ausdruck mit Gefühlen
• Auseinandersetzung mit der eigenen Beziehungsfähigkeit.

Tagesseminar für Mütter/Väter und nahe Bezugspersonen:

Zielgruppe: Mütter/Väter und nahe Bezugspersonen von Kindern und Jugendlichen, die von einem Trennungs- und Verlusterlebnis betroffen sind.

Durch die Auseinandersetzung mit der psychischen Situation von Kindern und Jugendlichen mit Trennungs- und Verlusterlebnissen können erwachsene Bezugspersonen Stütze sein und das Kind/den Jugendlichen bei seiner Neuorientierung begleiten. In diesem Seminar sollen die Bezugspersonen für Erlebniswelt der Kinder und Jugendlichen bei Trennungs- und Verlusterlebnisse sensibilisiert werden. Die eigenen Ressourcen sollen gestärkt werden, die Selbstreflexion angeregt, der Erfahrungsaustausch mit anderen Betroffenen ermöglicht sowie konkrete Unterstützungsmöglichkeiten vermittelt werden.

Der Lehrgang für Interessierte zur Unterstützung von Kindern und Jugendlichen bei Trennung/Scheidung oder Tod (Lehrgang 1)

Zielgruppe: Fachkräfte aus dem psychosozialen, pädagogischen oder rechtlichen Bereich, Interessierte.

In ihrem beruflichen Alltag sind Fachkräfte aus Kindergarten, Schule, etc. mit Kindern und Jugendlichen konfrontiert, die von einem Trennungs- und Verlusterlebnis betroffen sind. Ziel dieses Lehrgangs ist die Erweiterung der Kompetenz in der Wahrnehmung entwicklungs-, persönlichkeits- und situationsbedingter Bedürfnisse der betroffenen Kinder und Jugendlichen sowie eine erhöhte Sensibilität. Eine Ausweitung des Interventionsrepertoires in der Auseinandersetzung mit den betroffenen Kindern und Jugendlichen stellt einen weiteren Schwerpunkt dar.

Lehrgang für RAINBOWS-Gruppenpädagogik (Lehrgang 2)

Zielgruppe: Jene Personen, die den Lehrgang 1 absolviert haben und als RAINBOWS-GruppenleiterInnen tätig sein möchten. Voraussetzung: Entscheidungsgespräch.

Der Lehrgang stellt die Erweiterung der methodischen Kompetenzen und die Auseinandersetzung mit der spezifischen Arbeitsweise sowie den Zielen und Intentionen von RAINBOWS in seiner Arbeit mit betroffenen Kindern und Jugendlichen dar.

Workshop für spezifische Berufsgruppen

Zielgruppe: Fach- und Berufsgruppen sowie Teams einer Organisation/Einrichtung

Wenn Kinder/Jugendliche mit Trennung/Scheidung oder Tod konfrontiert werden, sind professionelle BegleiterInnen besonders herausgefordert. Diese Kinder/Jugendlichen zu motivieren, ihre vielfältigen Gefühle individuell auszudrücken, sie in ihren eigenen Kräften zu unterstützen und ihnen gleichzeitig Hoffnung zu vermitteln sind wesentliche Aspekte der Begleitung.

In diesem Workshop ist neben der Vermittlung von entwicklungs- und persönlichkeitsspezifischen kindlichen/jugendlichen Reaktionen auf Trennungs- und Verlusterlebnisse sowie die theoretische Beschäftigung mit Trauerprozessen auch eine persönliche Auseinandersetzung mit eigenen Trennungs- und Verlusterfahrungen möglich. Den eigenen Umgang bewusster wahrzunehmen, stärkt die Fähigkeit, Kinder/Jugendliche mit Verlusterlebnissen kompetenter zu begleiten.

Weiters ermöglicht die Analyse hilfreicher Interventionen und die Vorstellung von Literatur eine intensive Beschäftigung mit diesen Themen.

Lehrgang: »Verlust – Trauer – Tod«

Zielgruppe: RAINBOWS-GruppenleiterInnen, die Kinder/Jugendliche sowie deren Eltern(-teile) begleiten, die vom Sterben oder Tod einer nahen Bezugsperson betroffen sind. Ebenso können dieses GruppenleiterInnen Fachkräften, die in ihrem Berufsalltag mit Kinder/Jugendlichen arbeiten, die vom Sterben oder Tod einer nahen Bezugsperson betroffen sind, während des Trauerprozesses unterstützen.

In diesem Lehrgang werden Kompetenzen für qualifizierte Interventionen bei Sterben, Tod und traumatischen Vorlusterlebnissen von Kindern/Jugendlichen und nahen Bezugspersonen vermittelt.

4. Unsere NetzwerkpartnerInnen

Wir schätzen und achten die Arbeit unserer NetzwerkpartnerInnen.
Unsere NetzwerkpartnerInnen wiederum schätzen die hohe Qualität unseres Angebotes und unserer Arbeit.

Wir arbeiten in enger Kooperation mit vielen Einrichtungen zusammen: für eine gute Kooperation ist kontinuierlicher Informationsaustausch notwendig, daher informieren wir laufend über unsere Angebote und Aktivitäten.

Wir pflegen persönliche Kontakte, um die Anforderungen und Erfahrungen unserer NetzwerkpartnerInnen in unserer Arbeit berücksichtigen zu können.
Die Vernetzung steht im Dienste der Kinder und Jugendlichen.

5. Unsere Zukunft

RAINBOWS-Gruppen zeichnen sich durch besondere Qualität und Professionalität aus. Diese wollen wir bewahren und weiter entwickeln.

Wir werden unsere Flexibilität erhöhen, indem wir Beginnzeiten unserer Gruppen variabel gestalten und die optimale Zusammensetzung der Gruppen individuell prüfen (welche Kinder passen zusammen, mehr Flexibilität bei Alterszusammensetzung, da auch Familien oft unterschiedlich zusammengesetzt sind).

Eine besondere Herausforderung in unserer Arbeit stellt das Spannungsfeld zwischen geschiedenen Eltern und ihren Kindern dar. Gespräche mit beiden Elternteilen sind insbesondere für die Kinder von wesentlicher Bedeutung. Wir arbeiten daher laufend an der Professionalität der Gespräche mit den nichtanmeldenden Elternteilen, sorgen für die notwendige Qualifikation der GruppenleiterInnen und entwickeln die Vorgehensweise in Abstimmung mit den Erfahrungen in den einzelnen Bundesländern weiter.

Wir achten auf neue Impulse in unserer Aus- und Weiterbildung. Die Aus- und Weiterbildung entwickelt sich weiter, indem wir laufend die Erfahrungen unserer GruppenleiterInnen reflektieren und als Basis für unsere zukünftigen Entwicklungen berücksichtigen.

Wir werden laufend mit ExpertInnen und WissenschaftlerInnen unsere Arbeit analysieren, die Qualität prüfen und den neuesten Erkenntnissen Rechnung tragen.

Wir werden verstärkt auf die Verbesserung der laufenden Kommunikation und den persönlichen Kontakt mit unseren NetzwerkpartnerInnen achten.

Wir wissen dadurch auch über andere Institutionen und Vereine Bescheid, die Kinder und Eltern unterstützen. Bei Fragen und Problemen, die wir nicht lösen können, kennen wir die kompetenten PartnerInnen und machen auf deren Angebote aufmerksam.

Wir verbessern unsere Kommunikation und interne Zusammenarbeit durch Qualitätszirkel bzw. faschspezifischen Arbeitsgruppen, welche alle Funktionen des Vereins miteinander verbinden.

Wir organisieren regelmäßig Treffen, welche einen Austausch zwischen allen Ebenen des Vereins möglich machen und größtmögliche Transparenz gewährleisten.

Wir haben das Ziel, dass RAINBOWS die Themenführrerschaft in Österreich in Bezug auf »Kinder und Jugendliche mit Trennungs- und Verlusterlebnissen« bis zum Jahr 2008 haben wird.

EINE IDEE WIRD KONKRET UND WEITET SICH AUS ...

Monika Prettenthaler

Schiffsreise ins Regenbogenland – RAINBOWS-Feriencamps

Eine Woche dauert die Reise, die Kinder im Alter von 8 -12 Jahren, die von Trennung/Scheidung der Eltern oder dem Tod eines Elternteils betroffen sind, auf vier ‚Inseln' führt. Begleitet von RAINBOWS-GruppenleiterInnen und FreizeitbetreuerInnen erleben sie während des Camps den geschützten Rahmen, in dem sie ihrer Erfahrungen, Gedanken und Gefühle ausdrücken können. In einer Gemeinschaft von Gleichaltrigen erfahren sie einerseits Begleitung in ihrer spezifischen Situation und andererseits naturnahe Ferientage mit einem Mix aus Bewegung und Entspannung, kreativem Gestalten und Ausflügen.

Auf der RAINBOWS-Insel und der Künstler-Insel ist die vielfältige und altersadäquate Auseinandersetzung mit ihrer Situation nach dem familiären Verlusterlebnis das zentrale Thema. Auf den beiden anderen Inseln – der Leseschatz-Insel und der Abenteuer-Insel – stehen individuelle und gemeinschaftliche Freizeitgestaltungsangebote im Vordergrund.

Die Kinder haben in dieser ‚komprimierten' Form der Begleitung durch RAINBOWS die Möglichkeit, eigene Ressourcen zu entdecken und zu stärken, die Strategien anderen Kinder zu erleben und eventuell Aspekte davon für sich zu übernehmen und neue Sichtweisen zu gewinnen. In einem Klima, das von grundlegender Wertschätzung und von Vertrauen geprägt ist und auch durch klare Strukturen Sicherheit vermitteln möchte, kann es Kindern gelingen, ihrer eigenen Lebenssituation neu ‚Platz zu geben', mehr Vertrauen in sich selbst und andere (wieder) zu finden und selbstbewusst zu den eigenen Fragen, Wünschen und Vorstellungen stehen zu können.

Nicht nur erholt und eine Woche älter, sondern meist auch innerlich ein Stück größer und vor allem stärker und selbstbewusster fahren die Kinder nach dem Feriencamp wieder nach Hause, wo sie die Ideen zur Bewältigung ihrer Trauer und dem Umgang mit ihrer Situation weiter entfalten, leben und verwirklichen können.

Monika Prettenthaler

Umhüllt von einem Regenbogen – nach dem Tod eines Elternteils
RAINBOWS-Begleitung von Kindern bei Sterben und Tod

Leben in seinem Wert und seiner Bedeutung bemisst sich auch aus der Anerkenntnis seiner Begrenztheit und Endlichkeit. Eine Gesellschaft wie unsere, die ein Bild des Lebens vermittelt, das sich vor allem in Stärke, Jugendlichkeit und Wellness zeigt, Krankheit, Alter und Trauer hingegen weitgehend ausklammert, nimmt Kindern und Jugendlichen die Möglichkeit zu Erfahrungen, dass das Leben facettenreich, vielfältig und wandelbar ist.

Waren Sterben und Tod in der Vergangenheit in den Alltag (familiärer) Gemeinschaften integriert und von entlastenden bzw. Sinn gebenden Ritualen und Gebräuchen begleitet, so erleben Kinder heute einerseits den nahen Tod entfernt – der Großteil der Menschen in unserem Kulturkreis stirbt nicht mehr im familiären Umfeld, sondern in Krankhäusern, Alten- oder Pflegeheimen. Andererseits wird der ferne Tod als Medien- oder Filmereignis tagtäglich ins Haus geliefert. Diese Kontrasterfahrung – Nichterleben bzw. Uneigentlichkeit des Todes (M. Leist) in den Medien oder anders ausgedrückt totschweigen auf der einen und totreden auf der anderen Seite, macht es Kindern und Jugendlichen schwer, das Leben in seiner Endlichkeit und den Tod in seiner Endgültigkeit anzunehmen.

Als eine Antwort auf diese Entwicklung hat RAINBOWS nun ein differenziertes Angebot zur Begleitung von Kindern und Jugendlichen entwickelt, die das Sterben bzw. den Tod eines Elternteils oder naher Bezugspersonen zu bewältigen haben. Diese RAINBOWS-Begleitung bei Sterben und Tod ist in mehrfacher Hinsicht eine innovative Modifikation des ‚klassischen' Angebotes von RAINBOWS:

Das Erleben des Sterbens und des Todes eines Elternteils bzw. einer nahen Bezugsperson führt zu einer Erschütterung des inneren Gleichgewichtes, aber nur in seltenen Fällen und unter besonderen Umständen ist es krankmachend und therapeutisch zu betreuen. Die eigene Betroffenheit der Angehörigen macht es diesen aber oft unmöglich, die Kinder in dieser belastenden Situation wahrzunehmen und in ihrem Trauerprozess ausreichend unterstützen und begleiten zu können. Die spezifisch weitergebildeten RAINBOWS-MitarbeiterInnen, mit pädagogischer oder psychosozialer Grundausbildung können als situationsneutrale Bezugspersonen eine zeitlich und örtlich flexible Begleitung anbieten, die sich an den Bedürfnissen der Betroffenen orientiert. So können Kinder und Jugendliche einzeln oder gemeinsam mit ihrer Familie oder in einer RAINBOWS-Gruppe nach einem Todesfall begleitet werden. Schwerpunkte dieser Begleitung sind die Unterstützung der kindlichen Ressourcen und Stärken im Umgang mit dem Tod und die kreative Förderung ihres Trauerprozesses.

Dies geschieht auf vielfältige Weise:

- Grundsätzlich lernen die Kinder in der/dem RAINBOWS-MitarbeiterIn eine Person kennen, die sich an das Thema Tod herantraut. Das hilft ihnen Fragen oder Gedanken zu formulieren, die sich ihnen im Kontext des Todeserlebnisses stellen und die sie in der Familie – aus einem oft unbewussten Schonungsbedürfnis heraus – für nicht ansprechbar halten.

- Der oft erlebten Sprachlosigkeit wird versucht mit Impulsen zu begegnen, welche die Kinder dazu motivieren, ihre eigene, bunte Gefühlswelt nach einem familiären Todeserlebnis wahr- und anzunehmen und sowohl verbal als auch nonverbal zum Ausdruck zu bringen. Der kindliche Trauerprozess ist nicht nur abhängig von Alter und jeweiligen Entwicklungsstand, sondern insgesamt komplex und zeigt sich im Spannungsfeld zwischen ‚auffällig unauffällig' und dem Ausdruck widersprüchlichster Gefühle wie Wut, Angst, Schmerz, Hass, Enttäuschung, Sehnsucht, Ohnmacht, etc. Wie auch immer Kinder ihr inneres Ungleichgewicht ausdrücken: Gefühle sind was sie sind und nie steht es uns zu, sie zu bewerten, sondern ihr Ausdruck ist meist ein Hilferuf, wahrgenommen und gesehen zu werden. Einer Person – wie die/der RAINBOWS-MitarbeiterIn -, die nicht in den familiären Trauerprozess involvierten und die außerdem gelernt hat, sich vom Bild eines ideal trauernden Kind zu distanzieren, kann Kindern in dieser Situation Raum bieten, in dem sie sich erlauben, die breite Gefühlspalette auch zuzulassen und zu zeigen.

- Eine weitere Unterstützung im Trauerprozesse ist die Anregung zur Erinnerungsarbeit. Sich an den verstorbenen Menschen zu erinnern ist manchmal schmerzhaft und doch so wichtig. Auf dem Weg der Trauer kann durch das Erinnern eine neue Art von Beziehung zum verstorbenen Angehörigen entstehen. Das Kennenlernen verschiedener Möglichkeiten der Erinnerung – z. B.: über den verstorbenen Menschen sprechen, gemeinsame Erlebnisse erzählen, Erinnerungsstücke aufbewahren, Gedenkorte und -tage kultivieren – kann Kinder unterstützen, ihre eigenen, wertvollen Ressourcen im Leben-Lernen mit dem Tod zu entdecken und weiterzuentwickeln.

- In Abschiedritualen, die gemeinsam mit den Kindern entsprechend ihren Bedürfnissen entfaltet werden, erfahren sie die stärkende Entlastung von Ritualen überhaupt und im Umgang mit dem Tod im Besonderen. Die praktische Handlung eines Rituals ermöglicht es der Hilflosigkeit, Angst, Unsicherheit, Wut oder Verwirrung einen ‚fassbaren Rahmen‘ zu geben und sie so ein Stück ‚in den Griff‘ zu bekommen und deren heilsame Bedeutung zu erfahren. Gerade in diesem Bereich erleben wir Kinder immer wieder als sehr fantasievoll und kreativ im Herausbilden von Verhaltensweisen, die ihnen in der Situation gut tun.

Zu den bisherigen Erfahrungen mit diesem spezifischen Begleitangebot gehört, dass nicht nur die Kinder und Jugendlichen durch diese Form Unterstützung bekommen, sondern dass dadurch auch die Elternteile bzw. nahen Bezugspersonen in ihrer Rolle gestärkt werden. In zusätzlichen Gesprächen mit der/den RAINBOWS-MitarbeiterInnen erfahren einerseits Entlastung, andererseits erhalten sie jene Informationen (z.B. über die Entwicklung des kindlichen Todeskonzeptes, den entwicklungspsychologischen Hintergrund mancher Fragen), die es ihnen ermöglichen, ihre Kinder in deren Trauer zu unterstützen. Manchmal geht es in den Gesprächen mit den betroffenen Elternteilen auch einfach darum, ihre Fragen zu hören, ihre Sorge wahrzunehmen und sie in ihren natürlichen – und meist passenden – Ideen für den Umgang mit dem Todeserlebnis in der Familien zu bestärken. Die Begleitung der Eltern kann sich über einen längeren Zeitraum erstrecken oder auch einmalig sein.

Eine weitere Gruppe, der das Angebot einer RAINBOWS-Begleitung bei Sterben und Tod offen steht, sind Fachkräfte, die in ihrem Berufsalltag mit Kindern und Jugendlichen arbeiten, die vom Sterben oder Tod einer nahen Bezugsperson betroffen sind. Sie können sich als in ihrem beruflichen Umfeld (Kindergarten, Schule) sowohl direkt (z.B. Tod einer Schülerin/eines Schülers) als auch indirekt Betroffene mit einer Begleitung durch RAINBOWS Unterstützung holen, um dem betroffenen Kind bzw. der Klasse oder Kindergruppe entsprechend beistehen zu können. Zu den grundlegenden Aspekten des Umganges mit dem Tod kommen in diesen Feldern viele gruppendynamische Herausforderungen. Ihre Bewältigung verlangt natürlich spezifisches Hintergrundwissen und theoretische Auseinandersetzung, vor allem aber authentische, mutige, selbstreflektierte, sozial und pädagogisch kompetente Persönlichkeiten, die bereit sind, bei Tod, Sterben und Trauer nicht wegzuschauen.

Unsere Erfahrungen zeigen, wie viele Ressourcen Kinder haben, trotz dem Verlust eines Elternteils aktiv nach Bewältigungsmöglichkeiten zu suchen und diese auch zu finden. Darin müssen sie von den Erwachsenen darin wahr- und ernstgenommen werden. Wenn Mutter oder Vater stirbt, so führt dies zu einer Erschütterung des seelischen Gleichgewichtes. Nichts ist mehr so wie es war und es wird auch nie wieder so sein. Die Endlichkeit des Lebens und die Endgültigkeit des Todes zu begreifen, stellt nicht nur Kinder sondern uns Menschen allgemein, vor hohe Anforderungen, die im individuellen Trauerprozess zu bewältigen sind. Dass sich Trauer nicht lebenshemmend, sondern lebensfördernd entwickelt, setzt unter anderem eine verständnisvolle Umgebung voraus, die nicht einengt, sondern Möglichkeiten eröffnet.

RAINBOWS möchte mit dem Angebot der pädagogischen Begleitung bei Sterben und Tod dazu beitragen, dass sich diese verständnisvolle Umgebung in unserer Gesellschaft ein Stück weiter entfalten kann.

Dagmar Bojunyk-Rack

Jugendworkshop »breaking up is hard to do«

Jugendliche sind im Laufe des Erwachsenwerdens mit verschiedenen Trennungs- und Verlusterlebnissen konfrontiert (Ende von Beziehungen, Abschied von dem/der besten FreundIn, Schulwechsel, Trennung/Scheidung der Eltern; Tod naher Bezugspersonen...). Diese unterschiedlichen Erfahrungen können in der Pubertät zusätzliche Stressfaktoren bedeuten.

Diese Jugendworkshops können sowohl in Schulen, als auch in außerschulischen Jugendeinrichtungen mit mindestens 6 und maximal 15 Jugendlichen angeboten werden. Ziel dieses Angebotes ist es, eine Auseinandersetzung der Jugendlichen mit Gleichaltrigen zu folgenden Schwerpunkten zu ermöglichen:

Workshop 1: »Alles Familie« – Auseinandersetzung mit unterschiedlichen Familienformen

Die Scheidung der Eltern oder der Tod von nahen Bezugspersonen konfrontiert die Jugendlichen mit dem Aufbrechen gewohnter familiärer Strukturen. Im Workshop können sich die Jugendlichen mit unterschiedlichen Familienformen auseinandersetzen und erfahren, dass diese gleichwertig und nebeneinander/oder zu verschiedenen Zeiten bestehen können. Wo bin ich »verwurzelt« und welche Menschen sind innerhalb bzw. außerhalb des familiären Bezugsfeldes wichtig?

Workshop 2: »Bedeckte Wolken – klarer Himmel«

Wahrnehmung der eigenen Gefühle in Bezug auf unterschiedliche Abschiede und Verlusterfahrungen (z.B. Abschied von der Schule, von FreundInnen etc.).

Die Ziele dieser beiden Workshops sind eine Bewusstseinsbildung in Bezug auf Trennungs- und Verlusterfahrungen, das Wahrnehmen eigener Gefühle in Veränderungssituationen und bei Verlusterfahrungen sowie die Stärkung der Eigen- und Sozialkompetenz im Umgang mit bzw. im Ausdruck von Gefühlen.

Dagmar Bojdunyk-Rack

»Gespräche mit dem nicht-anmeldenden Elternteil«

Die im Rahmen der RAINBOWS-Gruppe angebotenen drei begleitenden Elterngespräche werden in erster Linie von jenen Elternteilen wahrgenommen, die ihre Kinder für die RAINBOWS-Gruppe angemeldet haben – aus heutiger Sicht zu 90% die Mütter.

Grundlage der Arbeit von RAINBOWS ist u.a., dass die Kinder auch nach der Trennung/Scheidung zwei Elternteile haben, die sie beide lieben dürfen und somit ist der Kontakt zum nicht mehr im gemeinsamen Haushalt lebenden Elternteil – in den meisten Fällen der Vater – sehr wichtig.

RAINBOWS bietet daher den nicht anmeldenden Elternteilen einen gesonderten Gesprächstermin an, bei dem einerseits ein Einblick in die konkrete Arbeit in der RAINBOWS-Gruppe vermittelt, andererseits Informationen über die Situation von Kindern mit Trennungserlebnissen bzw. über die spezielle Beziehung des Kindes zu Vater und Mutter gegeben wird. Ebenso haben die Teilnehmenden in diesem Rahmen die Möglichkeit sich untereinander über ihre spezifische Situation auszutauschen. Unterschiedliche regionale Unterstützungsangebote werden vorgestellt und bei Bedarf empfohlen.

Dagmar Bojdunyk-Rack

Tagesseminar für Mütter/Väter und nahe Bezugspersonen: »Was braucht (m)ein Kind nach Trennung/Scheidung/Tod?«

Wenn es in einer Familie zu einer Trennung/Scheidung oder zum Tod eines Elternteils kommt, so stellt dies für jedes Kind eine Krise dar.

Neben der Persönlichkeit des Kindes ist das Verhalten als nahe erwachsene Bezugsperson wesentlich für die Bewältigung dieser Krisenzeit. Durch ausführliche Beschäftigung mit der psychischen Situation des Kindes können die Bezugspersonen dem Kind/Jugendlichen notwendige Stütze sein und es bei seiner Neuorientierung begleiten.

Inhalte:
- Inhaltliche Grundlagen zur Situation des Kindes oder Jugendlichen bei Trennung/Scheidung oder Tod eines Elternteiles
- Spezielle Bedürfnisse des Kindes
 – Einführung in Trauerprozesse
- Einfluss externer Faktoren auf den kindlichen Verarbeitungsprozess
- Individuelle Unterstützungs- und Hilfsmöglichkeiten
- Informationen über institutionelle Hilfsangebote.

Ziele:
- Sensibilisierung für kindliche Trennungs- und Verlusterlebnisse
- Stärkung eigener Ressourcen
- Vermittlung von Unterstützungsmöglichkeiten.

Monika Prettenthaler

Kinder in stürmischen Zeiten begleiten und unterstützen kann man lernen ...
Fort- und Ausbildungsangebote von RAINBOWS

1. Lehrgang für fachliche Interessierte

Fachkräfte aus dem psychosozialen, pädagogischen oder rechtlichen Bereich, die in ihrem Berufsalltag mit von familiären Trennungs- und Verlusterlebnissen betroffenen Kindern und Jugendlichen arbeiten, können in diesem Lehrgang ihre Kompetenz in der Wahrnehmung entwicklungs-, persönlichkeits- und situationsbedingter Bedürfnisse der betroffenen Kinder und Jugendlichen erweitern und eine erhöhte Sensibilität für diese Situationen entwickeln. Einen weiteren Lehrgangsschwerpunkt stellt die Ausweitung des persönlichen Interventionsrepertoires im Umgang mit den Kindern und Jugendlichen dar. Aber auch Personen, die betroffene Kinder und Jugendliche im Rahmen der verschiedenen Angebote von RAINBOWS begleiten möchten, erarbeiten in diesem Lehrgang die theoretische Basis für ihr späteres pädagogisches Handeln in der konkreten Gruppenarbeit.

Die Inhalte

An drei Lehrgangswochenenden wird sowohl inhaltlich als auch methodisch der Zugang von RAINBOWS zu den Themen Trennung/Scheidung/Tod vermittelt: Der grundlegende systemische Blick sieht und reflektiert auch jene Felder mit, die die kindliche Situation unmittelbar bedingen. So widmet sich das erste Wochenende des Lehrgangs (Modul A) vorrangig der Auseinandersetzung mit den gesellschaftlichen und familiären (Rahmen)Bedingungen sowohl für Trennung/Scheidung als auch bei Tod eines Elternteils und schafft damit den nötige theoretischen Hintergrund für die Weiterarbeit im nächsten Modul (Aufbau, Erweiterung, Reflexion, Differenzierung, Positionierung des Wissens über Trennung/Scheidung/Tod und der persönlichen Einstellungen und Sichtweisen).

Während des zweiten Wochenendes (Modul B) wendet sich die Lehrgangsgruppe primär der Bedeutung und Auswirkungen von Trennung oder Scheidung für Kinder/Jugendliche zu. Bereits hier wird der ressourcenorientierte Fokus von RAINBOWS sichtbar, der sich dann besonders auch in der RAINBOWS-Gruppenpädagogik zeigt.

Das dritte Wochenende (Modul C) thematisiert und reflektiert ausführlich das kindliche/jugendliche Erleben von Tod und Trauer.

Das Setting

Die gemischte Gruppe von fachlich interessierten bzw. beruflich mit der Thematik befassten Personen und Personen, die später als RAINBOWS-GruppenleiterInnen tätig werden wollen, bringen unterschiedliche Voraussetzungen und Erwartung mit. Diese soll und kann für den Arbeitsprozess positiv genutzt werden, da damit die für das Thema so wichtige ‚Multiperspektivität' immer präsent ist. Da RAINBOWS darüber hinaus der Vernetzungsgedanke wichtig ist, kann während des Lehrgang durch das persönliche Kennenlernen eine spätere Vernetzung mit verschiedenen Institutionen gut grundgelegt werden.

Die Methodik

Da die Themenfelder Familie, Verlust, Trennung, Abschied, Trauer, Tod nie nur Bereiche sind, mit denen Menschen in beruflichen bzw. professionellen Kontexten zu tun haben, sondern immer existenziell betreffend sind, weil es sich dabei um anthropologische Grundgrößen handelt, schwingt in jeder inhaltlichen Auseinandersetzung auch die persönliche Erfahrungsebene mit. Professionalisierung auf diesem Gebiet heißt für RAINBOWS auch, sich dieser – oft unbewussten – Prägungen durch persönliche Erfahrungen bewusst zu werden. Aus diesem Grund spielen neben der theoretischen Erarbeitung auch selbstreflektive Elemente (implizit und explizit; Empathieübungen; Anregung sich diskursiv mit verschiedenen Positionen auseinander zu setzen; Zugänge, die das persönliche Beurteilungssensorium für Sichtweisen zu Trennung/Scheidung/Tod und ‚Umfeld' erweitern helfen wollen; ...) eine wichtige Rolle für alle TeilnehmerInnen-Gruppen.

2. Lehrgang für zukünftige RAINBOWS-GruppenleiterInnen

Nach Absolvierung des 1. Lehrgangs und eines Entscheidungsgespräches zielen die ersten beiden Wochenende dieses Lehrgangs für zukünftige GruppenleiterInnen, die über eine Ausbildung im psychosozialen oder pädagogischen Bereich und fundierte Erfahrungen in der (Gruppen)Arbeit mit Kindern und/oder Jugendlichen verfügen, auf die Erweiterung ihrer methodischen Kompetenzen in der Begleitung von Kindern und Jugendlichen, die familiäre Verlusterlebnisse zu bewältigen haben. Diese Teile der GruppenleiterInnen-Ausbildung (Modul D und E) umfassen neben dem Kennenlernen und Erarbeiten der spezifischen Methodik für die Arbeit in den RAINBOWS-Gruppen, dem Leitbild und den Intentionen dieser pädagogischen Kinderbegleitung, vor allem die Auseinandersetzung mit Impulsen zur Entwicklung einer GruppenleiterInnen-Grundhaltung, die Kindern und Jugendlichen Raum für Entfaltung und Struktur für Orientierung geben kann.

Ein Informationsblock (Modul F) über die konkreten Arbeitsspezifika im jeweiligen Bundesland und ein Selbsterfahrungsmodul führen zum Praxisteil dieses Lehrgangs. Begleitet von einer/einem erfahrenen GruppenleiterIn als MentorIn sammeln die TeilnehmerInnen im Paxismodul (Modul G) erste Erfahrungen in der Leitung einer RAINBOWS-Gruppe.

Eine theoretische Abschlussarbeit und ein Reflexionswochenende (Modul H), das sich der vertieften und ‚erstpraxiserprobten‘ Auseinandersetzung mit den themenspezifischen Inhalten widmet, schließen und runden den Ausbildungsgang zur/zum RAINBOWS-GruppenleiterIn ab.

3. Lehrgang ‚Verlust-Trauer-Tod‘

Dieser arbeitsbegleitende Lehrgang hat RAINBOWS-MitarbeiterInnen im Blick, deren Schwerpunkt in der Begleitung von Kindern/Jugendlichen sowie deren Eltern(-teilen) stehen, die vom Sterben und/oder Tod einer nahen Bezugsperson betroffen sind. In diesem Lehrgang, der mehrere Seminarblöcke, Einzel- und Gruppensupervision, Selbsterfahrung und das Verfassen einer schriftlichen Arbeit umfasst, werden Kompetenzen für qualifizierte Interventionen bei Sterben, Tod und traumatischen Verlusterlebnissen von Kindern/Jugendlichen und ihren nahen Bezugspersonen vermittelt und erweitert.

ANHANG

Verzeichnis der AutorInnen

Monika Aichhorn, Mag. Studium der Psychologie, Klinische Psychologin und Gesundheitspsychologin, Psychotherapeutin in freier Praxis, RAINBOWS-Gruppenleiterin, Landesleiterin von RAINBOWS-Salzburg.

Simone Baumgartner, Mag. phil. Studium der Psychologie, RAINBOWS-Gruppenleiterin. Mitarbeit an der Konzepterstellung für die RAINBOWS-Kinderbegleitung des Modells Trennungsbegleitung für Eltern(teile) und ihre Kinder und Durchführung dieser. Seit 1999 Mitarbeiterin im Kinderschutzzentrum Deutschlandsberg. Mitarbeiterin RAINBOWS-Begleitung bei Sterben und Tod.

Gertrude Bogyi, Dr., Klinische Psychologin und Psychotherapeutin an der Universitätsklinik für Neuropsychiatrie des Kindes- und Jugendalters in Wien (AKH) und in freier Praxis. Präsidentin und Lehranalytikerin im Österreichischen Verein für Individualpsychologie. Lehrbeauftragte an der Medizinischen Fakultät und an der Fakultät für Human- und Sozialwissenschaften der Universität Wien. Arbeitsschwerpunkt: Krisenintervention bei schwer traumatisierten Kindern.

Dagmar Bojdunyk-Rack, Mag. phil, Studium der Pädagogik und Fächerkombination, Erwachsenenbildnerin, Ausbildung Personal- und Organisationsentwicklung, seit September 1999 Geschäftsführerin des Bundesvereins RAINBOWS, Graz.

Christina Eisenbacher, Diplomsozialarbeiterin und Mediatorin, Mitarbeiterin der steirischen Kinder- und Jugendanwaltschaft seit 1997.

Reinhard Firlinger, Dr. jur., Richter, Wien.

Helmuth Figdor, Dr. phil., Univ.Doz. am Institut für Erziehungswissenschaften der Universität Wien. Psychoanalytiker, Kinderpsychotherapeut und Erziehungsberater in privater Praxis. Vorsitzender der ARGE Psychoanalytische Pädagogik, Wien. Zahlreiche Veröffentlichungen.

Astrid Görtz, Mag. phil, Klinische Psychologin, Psychotherapeutin in freier Praxis, leitende Tätigkeit im Pädagogisch-Psychologischen Zentrum (Familienberatungsstelle) in Perchtoldsdorf bei Wien, Mitarbeit im Institut für Klinische Psychotherapie und Gesundheitspsychologie in Wien; mehrjährige Erfahrung in der therapeutischen Arbeit mit Kindern und Jugendlichen mit dem Schwerpunkt »Bewältigung von Trennungs- und Scheidungsfolgen«.

Christine Haselbacher: Dipl. Sozialarbeiterin, Systemische Familienberatung, Familienintensivbetreuung, Lehrtätigkeit an der Akademie für Sozialarbeit in Wien, RAINBOWS-Gruppenleiterin und -Trainerin.

Astrid Jedlicka-Niklas, Dr. jur, Juristin, Familienberaterin am Gericht und Mediatorin, Aus- und Fortbildungstätigkeit. Teilnahme am Modellprojekt 1994 »Familienberatung am Gericht – Mediation – Kinderbegleitung bei Trennung der Eltern«.

Birgit Jellenz-Siegel, Dr. phil., Studium der Psychologie, Soziologie und Germanistik, Mediationsausbildung. Trauerbegleiterin, Trainerin und Seminarleiterin. Mitbegründerin des Bundesvereins RAINBOWS.

Christina Kohlfürst, Mag. phil., Sozial- und Spielpädagogik, Seit 1996 RAINBOWS Gruppenleiterin und Trainerin.

Beate Kopp-Kelter, Mag. Phil., Mutter von zwei Kindern, verwitwet seit 1998. Pädagogin und systemische Familientherapeutin, Mitbegründerin von RAINBOWS und seit 1991 Mitarbeit in den verschiedensten Bereichen (Gruppenleiterin, Trainerin, Vorstand). Landesleiterin von RAINBOWS-Steiermark.

Karin Madensky, Kindergartenpädagogin, Studentin der Pädagogik und Sonder- und Heilpädagogik sowie der Psychologie; RAINBOWS-Gruppenleiterin und -Trainerin, Wien.

Eva Meingaßner, Dr., Psychotherapeutin in freier Praxis (Existenzanalyse und Logotherapie). Ehemalige Mitarbeiterin von RAINBOWS (Gruppenleiterin, Trainerin, Mitautorin des Methodenkompendiums). Langjährige Leiterin des Pädagogisch-Psychologischen Zentrums (Schwerpunkt Beratung für Menschen in Beziehungskrisen) in Mödling und Perchtoldsdorf.

Anneliese Ofner, Mag.phil. Pädagogin, Lebens- und Sozialberaterin, Mitarbeiterin der steirischen Kinder- und Jugendanwaltschaft seit 1997.

Ernst Pock DI, Vater von vier Kindern, verwitwet seit September 1999; Studium des Wirtschaftsingenieurwesens/Maschinenbau, Tätigkeit im mittleren Management (Präzisionsmaschinenbau, wissenschaftliche Instrumente), Gemeindeberater in der Diözese Graz-Seckau

Monika Prettenthaler, Dr. theol, Studium der Theologie und Religionspädagogik; Vertragsassistentin am Institut für Katechetik und Religionspädagogik der Universität Graz, Religionslehrerin an einem Gymnasium, Seit 1991 Mitarbeit bei RAINBOWS in den verschiedensten Bereichen (Gruppenleiterin, Trainerin, Vorstand). Mitarbeiterin RAINBOWS-Begleitung bei Sterben und Tod.

Inge Pröstler, Mag., Heilpädagogin und psychoanalytisch-pädagogische Erziehungsberaterin, Bildungsreferentin der Katholischen Jungschar Österreichs mit den Schwerpunkten Pädagogik und feministische Mädchenarbeit, psychoanalytisch-pädagogische Erziehungsberaterin in einer Familienberatungsstelle der Wiener Kinderfreunde und in freier Praxis, Seminartätigkeit für professionelle PädagogInnen zu den Bereichen schwierige Kinder, Umgang mit Aggression und Scheidung.

Karin Skop, Kindergartenpädagogin und RAINBOWS-Gruppenleiterin, Wien.

Christian Spiessberger, Mag., Pädagoge, Lehrer an einer Höheren Technischen Lehranstalt, freiberuflicher Trainer und Seminarleiter (männliche Sozialisation, Sucht, ...), seit 1997 RAINBOWS-Gruppenleiter, OÖ.

Stephi P., 16 Jahre; besuchte 1999 eine RAINBOWS-Gruppe.

Anton Strahlhofer, Mag. Religionslehrer an der HTL Weiz; RAINBOWS-Gruppenleiter, Systemischer Familientherapeut i.A., Mitarbeiter RAINBOWS-Begleitung bei Sterben und Tod.

Silvia Tuider, Mutter, Systemische Familienberaterin, Seit 1996 RAINBOWS-Gruppenleiterin und -Trainerin, Wien.

Günther Urányi, studierte Architektur, Tätigkeit in einer Bauträgergesellschaft (Planungsabteilung). Vater von zwei Kindern. Beide Kinder leben bei ihren Müttern, Wien.

Elisabeth Waibel-Krammer, Diplomsozialarbeiterin, seit 1994 RAINBOWS-Gruppenleiterin, lebt und arbeitet in Knittelfeld/Stmk.

Georg Wögerbauer, Dr., verheiratet, 3 Kinder, Arzt für Allgemeinmedizin und Psychotherapeut; NÖ

Hans Wögerbauer, Mag. Dr., verheiratet, 3 Kinder, Arzt für Allgemeinmedizin, psychosomatische Medizin und Sportmedizin; NÖ.

Elisabeth Wöran, Diplomsozialarbeiterin, Gestaltpädagogik, Leiterin der Kontaktstelle für Alleinerziehende der KA Wien. Seit 1991 verschiedene Tätigkeiten bei RAINBOWS (Gruppenleiterin, Trainerin, Vorstand). Mitarbeiterin RAINBOWS-Begleitung bei Sterben und Tod.

RAINBOWS Österreich Lebenslauf

Geburtsdaten: 14.04.1991 in Graz

Meilensteine meines Lebens in Österreich:

1991:

* Nach 6jähriger Erfahrung in den USA: »Sprung über den Teich«
* Übernahme des »Projektes RAINBOWS« durch die Österreichische Plattform für Alleinerziehende als Trägerverein
* Übersetzung, Überarbeitung und Modifizierung des amerikanischen Methodenbehelfs
* Erste Ausbildung zur RAINBOWS-GruppenleiterIn (10 TeilnehmerInnen)
* 16 Kinder besuchten in Wien und in der Steiermark 4 RAINBOWS-Gruppen

1992:

* Begutachtung des RAINBOWS-Konzepts und des Methodenbehelfs durch Univ. Doz. Dr. Helmuth Figdor
* 34 GruppenleiterInnen wurden ausgebildet (Tirol, Steiermark)
* Begleitung von 33 Kindern in »stürmischen Zeiten« (Wien, Steiermark)

1993:

* 16 neue GruppenleiterInnen (Oberösterreich, Vorarlberg)
* 76 Kinder / 19 Gruppen (Wien, Steiermark, Vorarlberg, Tirol, Oberösterreich, Niederösterreich)

1994:

* österreichische RAINBOWS-MitarbeiterInnen wurden mittels »Certified Director Trainings« (Leitung: Suzy Yehl Marta und Birgit Jellenz-Siegel) zum »Certified Director« bzw. »National registered Director« zertifiziert
* 42 TeilnehmerInnen an der Ausbildung zur GruppenleiterIn (Steiermark, Niederösterreich, Vorarlberg)
* 142 Kinder / 37 Gruppen

1995:

* RAINBOWS erhielt in der Steiermark die Anerkennung als freier Träger der Jugendwohlfahrt des Landes
* Begutachtung des RAINBOWS-Konzepts und des Methodenbehelfs durch Dr. Jorgos Canacakis (Trauerforscher, Gestalttherapeut)

* 49 GruppenleiterInnen wurden ausgebildet
* 286 Kinder / 69 Gruppen

1996:
* Gründung des Bundesvereins RAINBOWS mit Sitz in Graz und Installierung der Geschäftsführung (Dr. Birgit Jellenz-Siegel)
* RAINBOWS erhielt in Tirol die Anerkennung als freier Träger der Jugendwohlfahrt des Landes
* 57 TeilnehmerInnen absolvierten die Ausbildung zur GruppenleiterIn
* 482 Kinder wurden österreichweit in 109 Gruppen begleitet

1997:
* Mitarbeit Pilotprojekt: Familienberatung bei Gericht – Mediation – Kinderbegleitung bei Trennung der Eltern vom BMfUJF
* Preisverleihung Fa. Hausmann: Harlekin Preis (Verleihung an Institutionen, die auf das Heranwachsen von Kindern einen positiven Einfluss nehmen, um psychosoziale Schäden zu vermeiden)
* Workshop und Präsentation bei der 2. Ökumenischen Versammlung in Graz
* RAINBOWS erhielt in Kärnten die Anerkennung als freier Träger der Jugendwohlfahrt des Landes
* Erstellung des Organisationshandbuchs
* 76 neue GruppenleiterInnen
* 535 Kinder / 121 Gruppen

1998:
* Teilnahme am Fachausschuss Familie im Parlament
* »Trennen? Aber richtig!« 3 AusWege (in Zusammenarbeit mit BMfUJF, BMfJ und Verein Co-Mediation)
* Stellungnahme zum Entwurf des Ehe- und Scheidungsrechtsänderungsgesetzes (BM für Justiz)
* Entwicklung eines speziellen Kinderbegleitungskonzeptes für das Projekt »Trennungsbegleitung für Eltern/-teile und ihre Kinder«.
  Gemeinsam mit der Österreichischen Plattform für Alleinerziehende ist RAINBOWS für Qualitätssicherung und Entwicklung des Projektes verantwortlich. Start der ersten Seminarreihe in der Steiermark
* Überarbeitung des Methodenkompendiums für die Arbeit in den RAINBOWS-Gruppen
* Neukonzipierung der Ausbildung zur GruppenleiterIn
* Ausbildung der neuen TrainerInnen für die Ausbildung zur GruppenleiterIn

(train the trainer)
* 64 TeilnehmerInnen an der GruppenleiterInnenausbildung
* 561 Kinder / 131 Gruppen

1999:
* Umstrukturierung des Bundesvereins, neben der Geschäftsführung (Übernahme durch Mag. Dagmar Bojdunyk-Rack) entsteht die pädagogisch-psychologische Leitung (Dr. Birgit Jellenz-Siegel)
* Stellungnahme zum Kindschaftsrechtsänderungsgesetz (BM für Justiz)
* Erweiterung des Angebots für die Altersstufe der 4 bis 5 Jährigen und der 15 bis 17 Jährigen
* Sechzehn Fortbildungsveranstaltungen für GruppenleiterInnen
* Acht Fortbildungsveranstaltungen für MediatorInnen, FamilienrichterInnen, Ehe- und FamilienberaterInnen
* Aktualisierung des Organisationshandbuchs
* 59 TeilnehmerInnen wurden nach dem neuen RAINBOWS Curriculum ausgebildet
* 686 Kinder / 152 Gruppen
* Angliederung RAINBOWS-Oberösterreich und Salzburg an den Bundesverein

2000:
* Fachartikel: RAINBOWS-Kinderbegleitung bei Trennung und Scheidung. In: Mediation in Österreich, Orac 2000
* Teilnahme an ExpertInnengesprächen des Bundesministeriums für soziale Sicherheit und Generationen
* Mitarbeit im Redaktionsteam der Broschüre »Wenn Eltern sich trennen...« in Zusammenarbeit mit dem BMfSG und dem Forum Beziehung, Ehe und Familie
* RAINBOWS erhielt in Salzburg die Anerkennung als freier Träger der Jugendwohlfahrt
* Fortbildungen für Fachpersonal aus dem psychosozialen, pädagogischen und juristischen Bereich: 182 TeilnehmerInnen
* Tagesseminare für Mütter/Väter und nahe Bezugspersonen
* Erstellung der homepage: www.rainbows.at
* Erstellung und Herausgabe der neuen RAINBOWS-Informationsbroschüre: »Umhüllt von einem Regenbogen«
* Gestaltung der Flyer und Plakate für Jugendliche
* 811 Kinder / 179 Gruppen
* 48 TeilnehmerInnen: Ausbildung zur RAINBOWS-GruppenleiterIn

2001:
* Workshop bei der Tagung »Neue Wege im Umgang mit Konflikten bei Trennung und Scheidung?« Veranstalter: BMfSG
* 10-Jahres-Feier RAINBOWS in Österreich
* Herausgabe des Fachbuches anlässlich des 10-jährigen Bestehens: ....und was ist mit mir? Kinder im Blickpunkt bei Trennungs- und Verlusterlebnissen
* Start der »Trennungsbegleitung für Eltern/-teile und ihre Kinder« in Oberösterreich
* 882 Kinder / 198 Gruppen
* 49 TeilnehmerInnen: Ausbildung zur RAINBOWS-GruppenleiterIn
* Fortbildungen für Fachpersonal aus dem psychosozialen, pädagogischen und juristischen Bereich: 61 TeilnehmerInnen
* Tagesseminare für Mütter/Väter und nahe Bezugspersonen: 24
* Angliederung RAINBOWS-Tirol an den Bundesverein

2002:
* 1066 Kinder / 235 Gruppen
* 55 TeilnehmerInnen: Ausbildung zur RAINBOWS-GruppenleiterIn
* Fortbildungen für Fachpersonal aus dem psychosozialen, pädagogischen und juristischen Bereich: 52 TeilnehmerInnen
* 2 RAINBOWS-Feriencamps in der Obersteiermark und im Waldviertel: 29 Kinder
* Tagesseminare für Mütter/Väter und nahe Bezugspersonen: 53 TeilnehmerInnen
* Einschulung von 3 neuen RAINBOWS-TrainerInnen

2003:
* 1044 Kinder / 228 Gruppen
* 51 TeilnehmerInnen: Ausbildung zur RAINBOWS-GruppenleiterIn
* Fortbildungen für Fachpersonal aus dem psychosozialen, pädagogischen und juristischen Bereich: 49 TeilnehmerInnen
* 4 RAINBOWS-Feriencamps in der Obersteiermark, in Kärnten und im Waldviertel: 46 Kinder
* Tagesseminare für Mütter/Väter und nahe Bezugspersonen: 49 TeilnehmerInnen
* Angliederung RAINBOWS-Steiermark an den Bundesverein
* Start des Lehrgangs: »Verlust-Tod-Trauer in der Familie«
* Start der RAINBOWS-Begleitung bei Tod in den Bundesländern Steiermark, Kärnten, Wien, Niederösterreich und Tirol

* Beginn der Überarbeitung der Aus- und Fortbildungsangebote des Bundesvereins RAINBOWS

2004:

* 1003 Kinder / 221 Gruppen
* RAINBOWS-Begleitung bei Sterben und Tod: über 111 Begleitungsstunden
* 58 TeilnehmerInnen: Ausbildung zur RAINBOWS-GruppenleiterIn
* Fortbildungen für Fachpersonal aus dem psychosozialen, pädagogischen und juristischen Bereich: 48 TeilnehmerInnen
* 3 RAINBOWS-Feriencamps in der Obersteiermark und im Waldviertel: 40 Kinder
* Tagesseminare für Mütter/Väter und nahe Bezugspersonen: 61 TeilnehmerInnen
* Fortbildung für spezifische Berufsgruppen: KindergartenpädagogInnen, LehrerInnen:182 TeilnehmerInnen
* Fertigstellung des neuen Aus- und Fortbildungsangebots (RAINBOWS-Lehrgänge)
* Glocalist: »RAINBOWS: NGO des Jahres 2004«
* RAINBOWS-Leitbild wird mit allen MitarbeiterInnen erstellt

Mai 2005

KONTAKTADRESSEN von RAINBOWS in Österreich

RAINBOWS-Bundesverein
Geschäftstührerin: Mag. Dagmar Bojdunyk-Rack
Theodor Körner Straße 182/1, 8010 Graz
Tel: 0316/68 86 70, Fax 0316/68 86 70-21, office@rainbows.at,
www.rainbows.at

RAINBOWS Steiermark
Gerlinde Hierzer-Bacher, Mag. Beate Kopp-Kelter
Theodor Körner Straße 182/1, 8010 Graz
Tel: 0316/67 87 83, Fax 0316/67 87 83-21, office@stmk.rainbows.at,
www.rainbows.at

RAINBOWS Wien: DSA Ursula Malek
RAINBOWS Niederösterreich-Ost: Mag. Veronika Richter
Erzdiözese Wien
Stephansplatz 6/V/31, 1010 Wien
Tel: 01/515 52-33 93, Fax 01/515 52-37 31, alleinerziehende@edw.or.at,
www.rainbows.at

RAINBOWS Niederösterreich-West
Katholische Aktion der Diözese St. Pölten
Angela Wippel
Schreinergasse1/Stiege 2, 3100 St. Pölten
Tel: 02742/26 6 19, rainbows.ka.stpoelten@kirche.at, www.rainbows.at

RAINBOWS Oberösterreich
Sylvia Spiessberger
Stelzhamerstraße 5a, 4810 Gmunden
Tel: 07612/63 0 56, Fax 07612/67 2 40, ooe@rainbows.at, www.rainbows.at

RAINBOWS Salzburg
Mag. Monika Aichhorn
Augustinergasse 9a , 5020 Salzburg
Tel:/Fax 0662/82 56 75, salzburg@rainbows.at, www.rainbows.at

RAINBOWS Tirol

Mag. Martina Lechner
Gutenbergstraße5 , 6020 Innsbruck
Tel:/Fax 0512/57 99 30, tirol@rainbows.at, www.rainbows.at

RAINBOWS Burgenland

Caritas Eisenstadt
Monika Schuster
St. Rochusstraße 15, 7000 Eisenstadt
Tel: 02682/73600-313, Fax 02682/73600-306, rainbows@eisenstadt.caritas.at,
www.rainbows.at

RAINBOWS Kärnten

Katholisches Familienwerk
Mag. Ulla Nettek
Tarviserstraße 30, 9020 Klagenfurt
Tel: 0463/58 77-441, Fax 0463/58 77-399, rainbows@kath-kirche-kaernten.at,
www.rainbows.at

Literatur

Familie – Familienbilder – Familienformen

* Beck-Gernsheim, Elisabeth, Was kommt nach der Familie? Einblicke in neue Lebensformen, München 1998
* Bopp, Annette / Nolte-Schefold, Stiefkinder-Rabeneltern-Rabenkinder-Stiefeltern. Leben in einer Patchworkfamilie: Probleme erkennen, Perspektiven gewinnen, Reinbeck 1999
* Chisholm, Gloria, Halbe Eltern – ganze Familie. Als Alleinerziehende zwischen Frust und Freude, Wuppertal 1991
* Hill, Paul Bernhard, Kopp, Johannes, Familiensoziologie, Stuttgart 1995
* Kiel-Hinrichsen, Monika, Die Patchworkfamilie. Vom Beziehungschaos zur intakten Lebensgemeinschaft, Stuttgart 2003
* Krähenbühl, Verena / Jellouschek, Hans / Kohaus-Jellouschek, Margret / Weber, Roland, Stieffamilien. Struktur-Entwicklung-Therapie, Freiburg 1995
* Napp-Peters, Familien nach der Scheidung, München 1995
* Nave-Herz, Rosemarie, Familie heute. Wandel der Familienstrukturen und Folgen für die Erziehung, Darmstadt 1994
* Nestmann, Frank, Stiehler, Sabine, Wie allein sind Alleinerziehende? Soziale Beziehungen alleinerziehender Frauen und Männer in Ost und West, Opladen 1998
* Niepel, Gabriele, Alleinerziehende. Abschied von einem Klischee, Opladen 1994
* Pfister, Margit, Steine im Weg. Aus dem abenteuerlichen Alltag einer Alleinerziehenden, Bern/München 1995
* Scheer, Peter / Dunitz-Scheer, Marguerite, meine-deine-unsere. Leben in der Patchworkfamilie, Wien 2002
* Vackovics, Laszlo A. (Hg.), Familienleitbilder und Familienrealitäten, Opladen 1997
* Wilk, Lieselotte / Zartler-Grießl, Ulrike, Leben mit Stieffamilien. Wie Kinder sich fühlen und was sie brauchen, Wien 2004
* Zoja, Luigi, Das Verschwinden der Väter, Düsseldorf-Zürich 2002

Kinder/Jugendliche und Trennung/Scheidung

* Amendt, Gerhard, Scheidungsväter, Ikanu 2004
* Beal, Edward W., Hochman, Gloria, Wenn Scheidungskinder erwachsen sind. Psychische Spätfolgen der Trennung, Frankfurt/Main 1992
* Deixler-Hübner, Astrid, Scheidung, Ehe und Lebensgemeinschaft. Rechtliche

Folgen der Ehe, Scheidung und Lebensgemeinschaft, Wien 2003

* Dolto, Francoise, Scheidung. Wie ein Kind sie erlebt, Stuttgart 1996
* Figdor, Helmuth, Kinder aus geschiedenen Ehen: Zwischen Trauma und Hoffnung. Eine psychoanalytische Studie, Mainz 1997
* Figdor, Helmuth, Scheidungskinder – Wege der Hilfe, Gießen 1998
* Friedrich, Max H., Die Opfer der Rosenkriege. Kinder u. die Trennung ihrer Eltern, Wien 2004
* Haller, Max, Kinder und getrennte Eltern, Wien 1996
* Heiliger Anita / Traudl Wischnewski, Verrat am Kindeswohl, Frauenoffensive 2003
* Hetherington, Mavis E. / Kelly, John, Scheidung. Die Perspektiven der Kinder, Weinheim 2003
* Bojdunyk-Rack, Dagmar / Jellenz-Siegel, Birgit / Prettenthaler, Monika / Tuider, Silvia (Hg.), ... und was ist mit mir? Kinder im Blickpunkt bei Trennungs- und Verlusterlebnissen, Graz 2005
* Klosinksi, Gunther, Scheidung – Wie helfen wir den Kindern? Walter-Verlag 2004
* Largo, Remo H. / Czernin, Monika, Glückliche Scheidungskinder. Trennungen und wie Kinder damit fertig werden, Zürich 2003
* Lehmkuhl, Gerd, Lehmkuhl Ulrike (Hg.), Scheidung – Trennung – Kindeswohl. Diagnostische, therapeutische und juridische Aspekte, Weinheim 1997
* Menne, Klaus, Schilling, Herbert, Weber, Matthias (Hg.), Kinder im Scheidungskonflikt. Beratung von Kinder und Eltern bei Trennung und Scheidung, Weinheim-München 1993
* Niederle, Monika, Weninger Karl, Kinderängste, Wien 1992
* Ricci, Isolina, Mutters Haus – Vaters Haus. Wenn sich Eltern scheiden lassen: Wie Kinder dennoch glücklich bleiben, Zürich 1980
* Staub, Liselotte / Felder, Wilhelm, Scheidung und Kindeswohl. Ein Leitfaden zur Bewältigung schwieriger Übergänge, Bern 2004
* Strobach, Susanne, Scheidungskindern helfen. Übungen und Materialien, Weinheim/Basel 2002
* Swan-Jackson, Alys, Zwischen den Stühlen. Wie Jugendliche mit der Scheidung ihrer Eltern klarkommen, Freiburg 1998
* Türkmen-Barta, Lieselotte, »Geschiedene« Kinder?, Wien 1992
* Wallerstein, Judih S./ Lewis, Julia M. / Blakeslee, Sandra, Scheidungsfolgen – Die Kinder tragen die Last, Weinheim 2002
* Walper, Sabine, Schwarz, Beate (Hg.), Was wird aus den Kindern? Chancen und Risiken für die Entwicklung von Kindern aus Trennungs- und Stieffamilien, München 1999

* Werneck, Harald / Werneck-Rohrer, Sonja (Hg.), Psychologie der Scheidung und Trennung. Theoretische Modelle, empirische Befunde und Implikationen für die Praxis, Wien 2003
* Zartler / Ulrike u.a., Familien ....

Kinder/Jugendliche und Tod

* Amuat, Renate (Hg.), Last minute. Der Tod macht auch vor der Schule nicht Halt, Zürich 1999
* Assmann, Jan / Trauzettel, Rolf (Hg.), Tod, Jenseits und Identität, München 2002
* Brumann, Uta / Knopff, Hans Joachim / Stascheit, Wilfried, Projekt Tod, Mülheim / Ruhr 1998
* Fässler-Weibel, Peter (Hg.), Wenn Eltern sterben, Kevelaer 2004
* Franz, Margit, Tabuthema Trauerarbeit. Erzieherinnen begleiten Kinder bei Abschied, Verlust und Tod, München 2002
* Fredman, Glenda, Wenn einer von uns stirbt. Wie wir darüber reden können, Mainz 2001
* Grollmann, Earl A., Mit Kindern über den Tod sprechen, Konstanz 1991
* Itze, Ulrike / Plieth, Martina, Tod und Leben. Mit Kindern in der Grundschule Hoffnung gestalten, Donauwörth 2003
* Jones, Constance, Die letzte Reise. Eine Kulturgeschichte des Todes, München 1999
* Leist, Marielene, Kinder begegnen dem Tod, Gütersloh 1999 (4. Aufl.)
* Mark Zengaffinen, Petra, Abschied von Oma. Geschichten und Gesprächsimpulse zum Thema Tod, Düsseldorf 1997
* Neulinger, Klaus-Ulrich, Schweigt die Schule den Tod tot? Untersuchungen-Fragestellungen-Analysen, München 1975
* Plieth, Martina, Kind und Tod. Zum Umgang mit kindlichen Schreckensvorstellungen und Hoffnungsbildern, Neukirchen-Vluyn 2001
* Scheilke, Christoph Th., Schweitzer, Friedrich (Hg.), Musst du auch sterben? Kinder begegnen dem Tod, Gütersloh 2000
* Schwikart, Georg, Der Tod ist ein Teil des Lebens, Düsseldorf 2003
* Specht-Tomann, Monika, Tropper, Doris, Wir nehmen jetzt Abschied. Kinder und Jugendliche begegnen Sterben und Tod, Düsseldorf 2000
* Sölle, Dorothee, Mystik des Todes, Stuttgart 2003
* Specht-Tomann, Monika / Tropper, Doris, Wir nehmen jetzt Abschied. Kinder und Jugendliche begegnen Sterben und Tod, Düsseldorf 2000
* Stapferhaus Lenzburg (Hg.), Last minute. Ein Buch zu Sterben und Tod, Baden 2002

* Student, Johann-Christoph, Im Himmel welken keine Blumen. Kinder begegnen dem Tod, Wien 2000 (= 5. Neubearbeitete Auflage)
* Reitmeier, Christine / Stubenhofer, Waltraud, Bist du jetzt für immer weg? Mit Kindern Tod und Trauer bewältigen, Freiburg 1998
* Tausch-Flammer, Daniela, Bickel, Lis, Wenn Kinder nach dem Sterben fragen. Ein Begleitbuch für Kinder, Eltern und Erzieher, Freiburg 1994
* Tüngel, Hanne / Bezjak Roman, Trauer – Abschied und Neubeginn, in: Geo 12/Dez 2003
* Wittkowski, Joachim, Psychologie des Todes, Darmstadt 1990
* Wittkowski, Joachim (Hg.), Sterben, Tod und Trauer, Stuttgart 2003

Trauer

* Baßler, Margit / Schins, Marie-Therese (Hg.), Warum gerade mein Bruder? Trauer um Geschwister. Erfahrungen-Berichte-Hilfen, Reinbeck bei Hamburg 1992
* Canacakis, Jorgos, Ich sehe deine Tränen. Trauern, Klagen, Leben können, Zürich 1997
* Fässler-Weibel, Peter, Nahe sein in schwerer Zeit. Zur Begleitung von Angehörigen Sterbender, Freiburg 2001
* Fässler-Weibel, Peter (Hg.), Gelebte Trauer. Vom Umgang mit Angehörigen bei Sterben und Tod, Freiburg 2003
* Finger, Gertraud, Mit Kindern trauern, Zürich 1998
* Kopp-Breinlinger, Karina / Rechenberg-Winter, Petra, In der Mitte der Nacht beginnt ein neuer Tag. Mit Verlust und Trauer leben, München 2003
* Müller, Monika / Schnegg, Matthias, Unwiederbringlich – Vom Sinn der Trauer. Hilfen bei Verlust und Tod, Freiburg-Basel-Wien 2001
* Langenmayr, Arnold, Trauerbegleitung. Beratung-Therapie-Fortbildung, Göttingen 1999
* Nijs, Michaela, Trauern hat seine Zeit. Abschiedsrituale beim frühen Tod eines Kindes, Göttingen 1999

KONTAKTADRESSEN
für Alleinerziehende in Österreich,
Deutschland und der Schweiz

Österreichische Plattform für Alleinerziehende
Carnerigasse 34, 8010 Graz
Tel:/Fax:0316/67 53 44
oepa@gmx.at

Südtiroler Plattform für Alleinerziehende
Poststraße 16/2. Stock
I-39100 Bozen
plattform@dnet.it
Tel: 0039/471/30 00 38

Verband alleinerziehender Mütter und Väter
Hasenheide 70
D-10967 Berlin
Tel: 0049/30/69 59 78 6, Fax: 0049/30/69 59 78 77,
kontakt@vamv-bundesverband.de, www.vamv.de

Schweizerischer Verband alleinerziehender Mütter und Väter
Zentralsekretariat
Postfach 199
CH-3000 Bern 16, Tel:/Fax: 0041/31/3 51 77 71, svamv@bluewin.ch,
www.svamv-fsfm.ch

Weitere Angebote für Eltern und Kinder in Wien:
Arbeitsgemeinschaft Psychoanalytische Pädagogik (APP)
Psychoanalytisch-pädagogische Gruppen für getrennte oder sich trennende
Eltern, 1060 Wien, Mariahilferstraße 53/15
Informationen: Mag. Inge Pröstler 01/47 84 075

»Villa Kunterbunt« – Gruppen für Kinder und Jugendliche
1090 Wien, Lustkandlgasse 29/7,
Informationen: Brigitte Posch Tel. 01/315 59 81
information@villakunterbunt.org